京津冀供给侧协同改革效率的双重异质性及空间相关性分析

张　伟　王韶华　著

燕山大学出版社
·秦皇岛·

图书在版编目(CIP)数据

京津冀供给侧协同改革效率的双重异质性及空间相关性分析/张伟,王韶华著. —秦皇岛:燕山大学出版社,2023.8
ISBN 978-7-5761-0556-8

Ⅰ.①京… Ⅱ.①张… ②王… Ⅲ.①区域经济—经济改革—研究—华北地区 Ⅳ.①F127.2

中国版本图书馆 CIP 数据核字(2023)第 159362 号

京津冀供给侧协同改革效率的双重异质性及空间相关性分析

张 伟 王韶华 著

出 版 人:陈 玉
责任编辑:柯亚莉
封面设计:吴 波
出版发行:燕山大学出版社 YANSHAN UNIVERSITY PRESS
地　　址:河北省秦皇岛市河北大街西段 438 号
邮政编码:066004
电　　话:0335-8387555
印　　刷:廊坊市印艺阁数字科技有限公司
经　　销:全国新华书店

开　　本:710 mm×1000 mm 1/16　**印　　张**:15.75　**字　　数**:300 千字
版　　次:2023 年 8 月第 1 版　**印　　次**:2023 年 8 月第 1 次印刷
书　　号:ISBN 978-7-5761-0556-8
定　　价:78.00 元

目　录

第 1 章　绪论 …… 1

1.1　研究背景及意义 …… 1

1.1.1　研究背景 …… 1

1.1.2　研究意义 …… 12

1.2　国内外研究现状 …… 13

1.2.1　为什么需要供给侧改革 …… 13

1.2.2　供给侧改革的分析视角 …… 14

1.2.3　国内外研究述评 …… 15

1.3　总体思路和主要内容 …… 15

1.3.1　总体思路 …… 15

1.3.2　主要内容 …… 15

1.4　创新之处 …… 16

第 2 章　京津冀供给侧协同改革效率的双重异质性分析 …… 18

2.1　区域供给侧改革效率指标体系构建与研究方法 …… 18

2.1.1　概念界定 …… 18

2.1.2　指标选取 …… 22

2.1.3　研究方法 …… 25

2.1.4　数据来源及描述性统计分析 …… 32

2.2　京津冀供给侧改革效率的双重异质性分析 …… 52

2.2.1　时间异质性分析 …… 53

2.2.2　空间异质性分析 …… 56

2.3　京津冀供给侧改革区域协同的双重异质性分析 …… 72

2.3.1 时间异质性分析 …… 72
2.3.2 空间异质性分析 …… 85
2.4 京津冀供给侧改革效率与其区域协同的格兰杰因果检验 …… 103
2.5 本章小结 …… 107

第3章 京津冀供给侧协同改革效率障碍因素的双重异质性分析 …… 109

3.1 改进障碍度模型 …… 109
3.1.1 时点障碍度模型 …… 109
3.1.2 时间加权障碍度模型 …… 110
3.2 京津冀供给侧改革效率障碍因素的双重异质性分析 …… 111
3.2.1 时间异质性分析 …… 112
3.2.2 空间异质性分析 …… 114
3.3 京津冀供给侧改革区域协同障碍因素的双重异质性分析 …… 154
3.3.1 时间异质性分析 …… 154
3.3.2 空间异质性分析 …… 157
3.4 本章小结 …… 198

第4章 京津冀供给侧协同改革效率的空间相关性分析 …… 199

4.1 探索性空间数据分析 …… 199
4.1.1 全局 Moran's *I* …… 200
4.1.2 局部 Moran's *I* …… 200
4.1.3 空间权重矩阵的选择 …… 201
4.1.4 变形地图 …… 202
4.2 京津冀供给侧改革效率的空间相关性分析 …… 202
4.2.1 全局 Moran's *I* 检验 …… 202
4.2.2 局部 Moran's *I* 检验 …… 203
4.3 京津冀供给侧改革区域协同的空间相关性分析 …… 206
4.3.1 全局 Moran's *I* 检验 …… 206
4.3.2 局部 Moran's *I* 检验 …… 206
4.4 京津冀供给侧改革效率与其区域协同的空间关联分析 …… 210

4.5　本章小结 …… 211

第 5 章　京津冀供给侧协同改革效率的提升策略分析 …… 212

5.1　提升要素供给效率 …… 212
5.2　提升产业供给效率 …… 217
5.3　提升制度供给效率 …… 219
5.4　本章小结 …… 224

第 6 章　结论 …… 225

参考文献 …… 229
附表 …… 237

第1章　绪论

1.1　研究背景及意义

1.1.1　研究背景

1.1.1.1　绿色低碳发展的重要性与急迫性

气候变化已上升为全球性的政治、经济和社会问题。越来越高的温室气体浓度严重威胁着人类生存环境，二氧化碳是温室气体的主要来源，减少碳排放、实现低碳经济已成为当今世界的共识。2019 年，中国碳排放量约为 98.26 亿吨，约占全球排放量的 28.75%，碳排放过高映射出我国经济发展方式的问题。随着经济快速增长和人口数量的增加，国民经济发展越来越依赖于能源消费，化石燃料占比约 80%，由此带来的能源短缺、气候变暖和大气污染等现象呈高发态势，发展不平衡、不协调、不可持续问题十分突出，成为制约可持续发展的“瓶颈”。

2020 年 9 月，国家主席习近平在第七十五届联合国大会一般性辩论上的讲话中提出：中国二氧化碳排放力争于 2030 年前达峰，努力争取 2060 年前实现碳中和。2021 年出台的《“十四五”工业绿色发展规划》指出，为“碳达峰、碳中和”目标的如期实现，要坚持走生态优先、绿色低碳的高质量发展道路，系统推进工业产业结构转型及生产方式绿色化数字化的融合发展。实现“双碳”目标是重新定义人类社会的资源利用方式，自此，中国成为全球主要碳排放国里首个设定碳中和目标期限的发展中国家，相比于发达国家 40~70 年的过渡期，我国碳达峰到碳中和仅间隔 30 年，我国仍处在工业化、新型城镇化快速发展的历史阶段，实现碳达峰无疑将面临更大的挑战，需付出巨大的努力。

这一郑重承诺开启了我国碳减排治理工作的新阶段。碳达峰标志着碳排放与经济发展实现脱钩；碳中和的本质是催生新经济增长点，最终实现经济、能源、环境几个方面的多赢局面。实现碳达峰、碳中和是一场广泛而深刻的经济社会系统性变革。2030 年前碳达峰实现与否直接关系到 2060 年前碳中和能否顺利实现，碳达峰越早实现，峰值越低，越有可能实现碳中和愿景。由于能源消费总量和能源消费结构决定了碳排放总量，因而第十三个五年规划规定能源消费总量和能源结构阈值来约束能源消费碳排放总量；第十四个五年规划中，又加入碳排放总量和碳强度约束指标，以敦促碳达峰工作进程。2020 年底的中央经济工作会议提出，支持有条件的地方率先达峰，在保证经济合理运行的前提下，实事求是地制定碳排放达峰行动方案，注重提升跨区域产业链的整体碳排放效率。实现"双碳"目标对我国高质量发展起到了支撑和引领作用，因此是构建人类命运共同体的大国担当，也是国内可持续发展的迫切要求。

1.1.1.2 供给侧改革的必要性

实现碳达峰碳中和是经济社会系统性变革，除调控能源结构之外，还包括增长方式和生活方式的调控与转变，供给和需求是调控宏观经济社会的两个基本视角。因此从供给侧和需求侧出发设计碳减排调控思路是经济社会高质量发展的必然之理。

供给侧和需求侧管理对于宏观调控来说都非常重要，只是在经济社会发展到不同的历史阶段，因其主要矛盾不同而有所侧重。供给侧是从要素、产业、制度三个层面入手，主要通过促进要素资源合理配置、优化产业结构、改革不合理的制度障碍，以激发经济主体活力。更突出长远的转型升级和活力再造，重在解决经济结构性问题，注重长期调控。需求侧是从投资、消费、出口三方面入手，根据经济形势变化，采取反周期宏观调控措施，主要采取扩大投资、鼓励消费等方式扩大需求，从而拉动经济增长。重在解决经济总量性问题，注重短期调控。在供给侧改革中，人力资本通过创新可以变革资源利用方式，甚至通过开发新的绿色能源对工业体系的发展产生革命性的影响；多渠道的融资方式以及对于高新技术产业的基础设施供给降低了研究新能源和新生产方式的成本；能源供给的结构和质量直接影响了资源利用率；制度对资源利用的直接影响体现在环境规制方面，传统化石能源消费是大气污染的主要来源，在能源市场体制未建立之前，环境规制可以有效限制高污染、低效率能源的使用，倒逼企业改进生产工艺。与资源利用相似，人力资本创新能力的提升以及产业结构的优化升级一方面可以减少生产过程中的污染排放，另一方面利用先进的技术将污染物再处理，待达到排放标准后再排出；而制度通过制定详细的行业标准和严格的排污许可管理来约束企业的行为。绿色发展的最终目标是实现经济增长和环境污染、资源消耗的脱钩，让经济发展可持续。因此经济增长既要追求数量也要强调质量，二者缺一不可。在“政府引导，市场主导”的供给侧改革过程中，人力资本的提升和创新能力的提高以及能源供给结构的优化都会促进产业从劳动密集型向技术密集型逐步发展，同时制度提供约束和激励机制，这样要素、产业和制度三者将共同拉动增长质量的提高。

改革开放以来，我国经济增长多依靠低成本环境要素投入和高耗能产业发展模式驱动，创造了举世瞩目的经济增长奇迹，我国作为世界第二大经济体的地位不断巩固提升。但自 2012 年我国经济发展进入新常态以来，传统要素红利衰减，经济增长速度跌破 7%，我国面临经济下行与环境污染的双重压力，长期支撑经济增长的“三驾马车”边际效益递减趋势已刚性存在，过剩产能挤压新业态发展空间，新兴产业欠缺市场适应力，有效供给难以续接。经济发展中面临的资源环境约束压力不断显现，碳排放治理赤字问题排在首位。如图 1-1 所示，绿色低碳发展中面临的供给侧问题主要表现在以下方面：

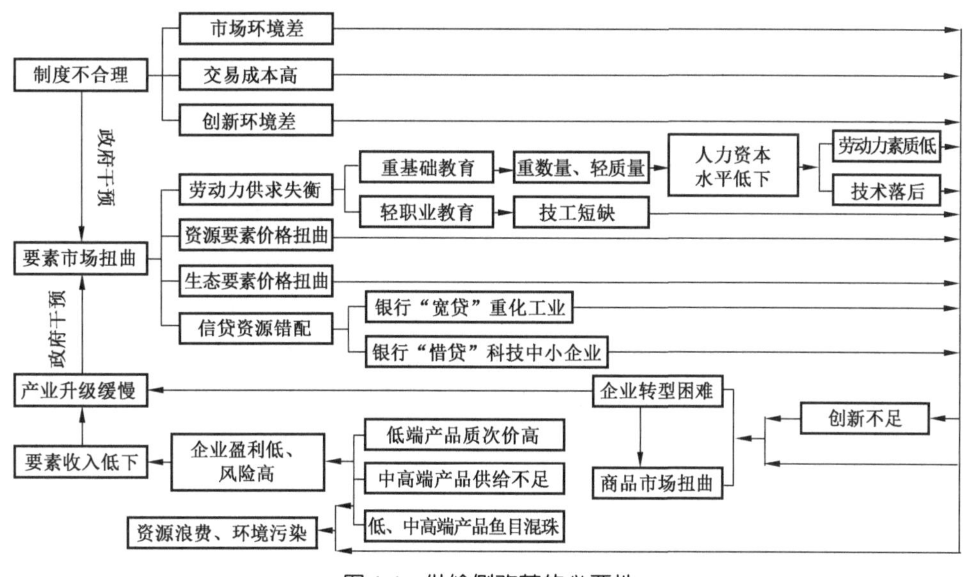

图 1-1　供给侧改革的必要性

（1）劳动力供求失衡

英国经济学家哈比森认为，人力资源包括劳动力数量和劳动力质量两方面。从数量上说，人力资源等同于我们通常所说的劳动力；从质量上说，人力资源等同于人力资本。

2021 年 5 月，第七次全国人口普查结果出炉，根据国家统计局公布的数据，

2020年中国大陆年龄在60岁以上的人口占总人口的18.7%。与20年前相比,老年人口比例持续增加且增长速度在加快。与发达国家的“先富后老”不同,我国出现了“未富先老”现象,这将成为我国经济发展的一个沉重拖累。一方面,可能导致某些地区某些产业劳动力供不应求,如南方地区劳动密集型产业近年来持续性的“民工荒”难题,使得劳动力成本上升,我国外向型劳动密集型产业的竞争优势在逐步丧失,向东南亚等地区外迁趋势明显;与此同时,代替传统产业的新兴产业并未及时出现,致使某些地区出现了“产业空心化”问题,地方政府为急于摆脱这一“空窗期”,通过行政干预降低资本、资源等其他要素成本,提供各种优惠政策,以抵消增加的劳动力成本,抹杀了产业升级的动力,造成了落后产能过剩、要素效率低下等诸多问题。另一方面,退休的老年人是储蓄的净消费者,可能导致负储蓄行为逼近正储蓄行为,全社会储蓄下降,直接影响投资行为;而且养老金供给压力上升,加大了社会负担。

除了年龄结构,劳动力供给在区域之间的分布差异也造成了一系列问题。由于各地的经济发展状况、公共服务供给、基础设施建设等均不相同,大城市的极化效应使得劳动力从乡村转移到城市,导致大城市资源紧张、生态脆弱,城市热岛效应等“城市病”凸显;而一些地区则无人可用,经济衰退,区域发展差距进一步扩大。

人力资本包括生产能力和生产技能两个方面;生产能力基于身体素质,可以通过充分的医疗保健和营养获得;生产技能基于能力素质,主要通过良好的教育获得。阿玛蒂亚·森基于人的生存能力提出了“能力贫困”的概念,主张让穷人接受更多的教育,为他们提供基本的保健服务。可见,生产能力和生产技能的提升有助于提高居民人均可支配收入,减少贫困。注重教育脱贫,不让贫困代际传递,走出贫困恶性循环的怪圈,在一定程度上也可以避免由于贫困而破坏生态污染环境。由于人力资本投资具有报酬递增的特征,因此发展中国家加大教育投入的收益显著。进入21世纪以来,我国越来越重视教育投入,高中教育已经普及,大学毕业生人数逐年增加,对研究生教育的需求旺盛,教育投入取得的成效显著,劳动力素质明显提高,对环境服务、绿色产品的需求以及环境保护、资源节约的意识都有了大幅提高。但也存在诸多问题,比如教育质量差强人意,素质教育任重道远;教育与经济发展需求脱节,出现了“教育过度”现象,导致知识失业,进一步刺激了教育深化,同时也造成了严重的智力外流,浪费了大量社会资源。

(2) 信贷资源错配,融资渠道单一

资本要素对绿色发展的影响主要包括资本总量和资本结构两个方面。资本总量主要受经济发展水平、储蓄率等因素的影响,我国的经济发展水平逐年提高,储蓄率位于世界前列,因此资金供给总量充裕,但另一方面却是中小企业融资难、融资贵的困境,陷入了“资金短缺—技术创新能力不足—盈利水平低下—融资难、融资贵—资金短缺”的恶性循环[1],主要原因之一是资金供给的结构性失衡。资本结构主要受投资回报率、利率、投资倾斜政策、投资者的偏好等因素的影响。其中,投资者的偏好容易受投资倾斜政策的影响,在过去一段时间内地方政府基于国家产业政策的指导,偏好对地方经济总量贡献较大的重化工业进行布局,为此地方政府通过行政干预扭曲要素价格,降低要素成本,从而提高了投资回报率。可见,这几个因素在一些情况下又是统一的,共同作用下使得一些传统工业项目出现了重复性建设现象,从而产生了产能过剩问题;而且由于一些地方政府对传统重化工业的高污染、高排放等放松管制,用环境代价换取经济增长,致使环境污染严重。即使产能过剩面临破产倒闭,但很多企业仍然能够存活,甚至仍有大量资金涌入,形成了“产能过剩—资金涌入—产能过剩”的恶性循环,主要原因包括企业将前期得到的稀缺资源作为“救命稻草”获取担保、地方政府为了保护政绩的庇护性“协商续贷”、债权银行为了减少不良贷款的“被绑架”式放贷[2]。这就导致“僵尸企业”占用大量资源而创新型的中小企业却面临预算软约束的难题。

中小企业融资难、融资贵的另一个原因是我国目前的融资渠道较为单一,多元化的融资体系还未健全。创新型企业的前期投入多、风险大,传统的融资方式不能满足其需求,但是目前我国金融市场发育还不成熟,金融监管也不能立即放开,这一定程度上阻碍了金融创新,也不利于发挥金融对实体经济的支持作用。

(3) 资源利用效率低下

随着我国经济的快速发展,工业化进程加快,大量农业劳动力离开土地,向非农部门转移,农村人口向城市流动,带动了城镇化的飞跃。工业化和城镇化绝不仅仅是农村人口进入城市,而是农村人口城市化和城市现代化的统一。城镇化最直接的表现就是城镇人口规模的扩张,消费水平和生活质量的提高必然导致对生活性基础设施的需求上升,建设用地规模急需扩大。城市人口聚集规模上升,不仅促进了文化多样性、包容性,还进一步带动了高效基础设施升级,促进了城镇现代化。

但工业化和城镇化不只是发展城镇,也是农村和农民的生产方式和生活方式的文明程度不断提高、不断现代化的过程。工业化的载体是城镇化,城镇化的载体是土地。城镇化不仅仅是农村和城镇在人口上的此消彼长,也是土地的置换。一方面农业用地不能无限制地被征用于非农建设;另一方面随着农业劳动力向非农部门的转移,所承包土地被遗弃,产生了极大的资源浪费。因此土地制度改革的核心就是提高土地要素的使用效率,完善土地流转制度,既保证耕地保有量,促进农业规模化经营,又能满足建设用地需求,构建节约集约用地新机制,降低单位 GDP 建设用地面积。农业劳动力宁可将土地遗弃变为荒地也不积极参与土地流转的原因除了思想保守、土地流转制度不明朗外,还在于职业的转换和身份的转换是不一致的,即使他们从事非农业工作,但依然是农民身份,不能变为城市居民,他们只是城市里的暂住人口,将来是要返回农村的,土地是他们最后的依靠。

对于工业绿色协同发展来说,能源利用也是非常重要的一环。根据国家统计局的数据,2020 年我国煤炭、石油以及天然气占能源消费总量的比重为 84. 1%,而一次电力及其他能源仅占能源消费总量的 15. 9%,对于黑色能源的过度依赖不仅会导致能源枯竭和环境污染,消费升级带来的产能过剩也使得重化工业的利润率下降,投入产出效率降低,昔日作为后盾支持中国经济腾飞的重化工业体系现在已经开始阻碍中国工业绿色发展。进一步地,环境污染还会阻碍高技术企业的集聚和人才的流动,使得产业转型更为困难,形成恶性循环。

(4) 创新不足

进入新常态后,经济发展面临的一个重要命题就是新旧动能转换问题。劳动力、资本、资源等传统要素投入的增长只能带来经济总量的增加,无法实现结构转变。唯有创新能够在质上产生新的现象,创新是推动经济高质量发展的根本动力。创新能够让社会发展熵减而不是熵增。熊彼特认为,创新应该作为一种新的生产要素引入生产函数,创新是“生产要素的重新组合”,而企业家是实现“生产要素的重新组合”的创新者,企业家能够创造性地破坏市场均衡,把创新作为一种新的生产要素等同于把企业家作为一种新的生产要素来看待。在当前我国产能过剩的困局中,一方面急需企业家创造性发现新需求,消化产能;另一方面急需企业家通过生产要素的重新组合实现产品创新,满足人们日益增长的物质文化需要,从而推动产业结构高度化。若创新带来的是原有产品生产效率的提高,即采用了资本密集型技术,如果这些产品的需求缺乏弹性,就会导致该产业部门收缩,最直接的表现就是劳动力数量的锐减,此时如果第三产业发展缓慢、吸纳劳动力的能力不足,就会造成大量城市失业以及逆城市化问题。熊彼特将技术进步分为发明、创新和技术扩散三个阶段,创新的实质是发明成果的产业化,企业和企业家作为产业化的组织者是创新的主体,创新的成本巨大,需要投入足够的资金进行长期的研究开发,一旦创新失败将承担巨大亏损,因此一般来说,大企业包括国有企业有实力进行创新,但国有企业包括某些行业的大企业依靠垄断地位生存,丧失了创新的动力。与创新的巨大成本形成对照的是违法侵权成本较小,由于相关法律不完善,加之监管不力,一些不法企业钻法律空子,与法律打擦边球,严重损害了创新企业的利益,打击了创新积极性。

综上,如图 1-2 所示,R&D 投入不足,科技创新水平低下,究其原因一方面在于市场机制不完善、创新环境不良导致创新收益率低下,企业创新意愿不强烈;另一方面在于政府过度干预,表现在制度性交易成本过高、基础产业领域效率低下的国企依靠价格垄断生存等导致要素配置扭曲,企业生产成本居高不下,进而陷入“降低 R&D 投入—产品品质下降—企业盈利能力—融资难—R&D 投入不足”的恶性循环,企业创新能力较差。

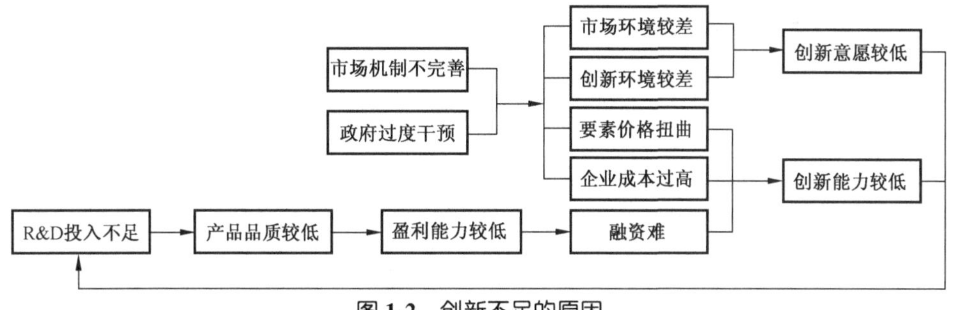

图 1-2 创新不足的原因

(5) 基础设施不健全

基础设施一般具有不可分性,需要的投资规模巨大,回收期长,并且在一定程度上具有非排他性,通常来说都需要政府全资或者政府和企业共同提供。基础设施投资对于产业发展的促进作用是非常明显的,且其具有公共物品的非竞争性,可以让区域内的企业共同使用,使用效率较高。但是目前我国对于某些行业尤其是软件、信息技术服务业等高新技术产业的基础设施供给仍显不足,而企业出于自身资金不足或者搭便车的心态也无法提供全部的基础设施建设,这在一定程度上限制了高新技术产业的发展。

(6) 产业结构优化升级遇阻

经历了改革开放初期高投资高回报的阶段后,我国重化工业的经营效益开始逐渐下降。除了边际效用递减规律的作用外,我国很多地区为了增加就业,鼓励发展劳动密集型产业也是一个重要原因。一方面生产过程中科技含量不高,在产品质量方面无法与使用先进机器的外国企业相比;另一方面随着我国人口红利的消失,劳动力成本上升,也压缩了企业的利润,因此产业升级势在必行。但是在产业转型升级的过程中,重化工业前期投入大,依靠后期高产出高回报来获得收益,在目前投资边际效益下降的情况下,如果骤然要求关停或者转型就会使企业产生巨额亏损。另外在重化工业集聚的地区,已经完成以配合生产为目的的家属生活区等基础设施建设,企业关停就会造成资源的浪费[3]。

对于高技术产业来说,不仅在研发创新方面的投入大、风险高,而且对于所在地区的生态环境也要求较严格。另一方面,目前大量的资源都被"僵尸企业"占用,导致高新技术产业需要以较高的代价才能获取资源。所以无论从其内部原因还是外部原因出发,高新技术产业在我国的发展并不理想。除了总体发展水平不高,高新技术产业在区域间的分布也极不平衡,多集中在东部大城市,这使得各地区之间的发展差距扩大,进一步阻碍了高新技术产业在中西部等不发达地区的发展。

传统重化工业主动进行转型升级的积极性不高,再加上高新技术产业发育不成熟,对我国产业结构优化升级产生了不利影响。

(7) 产业结构转型硬着陆带来社会问题

消费升级引发的高端供给不足和无效产能过剩是产业结构失衡的突出表现,在引导产业结构优化升级的过程中,如果没有合理的利益协调机制来做缓冲,很容易会激起社会矛盾,引起经济的短期剧烈波动。例如高污染的重化工企业在关闭时的工人转岗以及下岗补偿工作等。

(8) 政企界限不清,部分领域被国企垄断而社会资本参与较少

政府是社会发展中唯一具有垄断性、权威性的制度供给者[4],企业和个人都必须在政府制定的规则下活动。制度供给虽然相对于制度需求来说有一定的时滞,但其具有稳定性、长期性,并且对经济发展有显著推动作用。合理的制度供给应该

理顺政府与市场的关系,政府管理不缺位、不越位,从我国过去的“强政府-弱市场”逐渐转变为“强政府-强市场”[5]。在这个过程中,强化市场的作用与政府简政放权缺一不可,与此同时,通过制度安排推动转变社会发展的驱动力,并且协调各主体之间的关系,促进京津冀绿色低碳协同发展。

国企往往可以以较低的价格拥有较多的资源。在经济繁荣时,国企往往有扩大生产而忽略风险的趋势;经济萧条时,由于融资成本较低,经营压力也较小,国企主动调整业务结构和方向的动力不大[6]。在日常生产中,国企为了避免承担失败的风险,其创新的动力也不足。因此,数量可观的国企出现了产能过剩的状况,成为了“僵尸企业”,但是地方政府出于避免国有资本流失以及防止失业率过高的考量,会采取各种措施尽量避免国企倒闭,政府既是“裁判员”又是“运动员”,国企“大而不倒”[7]。

除此之外,国家为了保证人民用水用电等基本生活需要,使国有企业在一些关系国计民生的关键领域占有垄断地位,但这也在一定程度上造成国企人浮于事、生产效率低下的现象。所以迫切需要适当引入社会资本,倒逼国企主动改革。

(9) 政府规制对于经济的影响较大,市场的资源配置作用没有发挥完全

过去十几年中我国一直采用需求侧的管理方法,主要就是通过增加投资、出口、消费来促进经济增长,其中政府直接投资和利用行政手段鼓励出口和消费占了很大的比重。积极的财政政策见效快、效果显著,对于经济的短期促进作用明显,但是也会抑制市场的作用,阻碍要素的自由流动。所以如何平衡“看得见的手”和“看不见的手”是供给侧改革中的重要命题。

(10) 创新激励制度不足

由于当前国际环境和形势不明朗且国际社会仍处于经济危机的缓慢恢复期,国内政府和企业债台高筑,因此靠出口和投资拉动的需求侧刺激乏力,国内消费成为近几年拉动经济增长的主要动力,但消费需要同时满足消费能力和消费欲望,当前的“代购”“海淘”“海外扫货”等现象说明我国消费者具备了一定的消费能力,但对国内产品缺少消费欲望。这些现象根源在供给侧,即企业无法生产适销对路的产品。首先体现在创新能力缺乏,中小企业融资难、融资贵,研发投入不足。其次体现在创新意愿不足,一些大企业,尤其是国企取得一定垄断地位后,失去了创新动力;而且由于创新环境较差,制度不健全,创新收益不足以弥补巨大的创新成本,

中小企业即使有能力创新也不愿创新,宁可采取市场跟随者的策略进行产品模仿。最后体现在创新产品缺乏竞争力。一方面是由于制度性交易成本较高,且国企占有过多社会资源但产出效率较低,抬高了社会成本,因此同国外同类产品相比,我国产品即使品质相当,价格却高出不少,消费者依然选择国外产品;另一方面是由于市场环境较差,监管不力,市场中产品鱼目混珠,消费者缺乏辨别产品品质的能力,国内产品缺乏公信力,致使质优价廉产品无法畅销[8]。因此,创新激励机制亟待完善。

(11)利益协调机制不完善

在京津冀协同发展中,势必会涉及利益的协调与补偿。目前的利益协调机制并不完善,主要体现在各地区政府之间缺乏高频率的沟通机制、企业与政府之间关于生态破坏与修复的博弈、企业与个人之间存在人才流动障碍三方面。因此,利益协调的主体就是政府、企业和个人,协调的对象就是要素和产业内部及二者之间的关系,目的是通过制度保障要素的跨区域调配、促进产业结构升级与分工细化,最后推动京津冀工业绿色协同发展。

“十四五”规划中强调以供给侧结构性改革为主线,说明缓解当前矛盾的解决方案更侧重于从供给侧打通经济循环堵点,调整经济结构。同时明确碳达峰、碳中和要加快调整优化产业结构、能源结构,推动煤炭消费尽早达峰,大力发展新能源。优化产业结构和能源结构也是供给侧改革的主要内容,可见,供给侧改革与碳达峰、碳中和工作具有高度重合性。一方面,供给侧改革对于宏观经济结构影响较大;另一方面,供给侧因素改革的重要方面是解决要素错配的结构性问题,而要素错配与碳排放效率之间存在紧密关系,可以通过解决要素错配问题一定程度上提高我国碳排放效率。供给侧结构性改革作为中国经济走出困境的对症良方和破解生态环境约束的必由之路,无疑会助推碳达峰碳中和目标实现。

1.1.1.3 京津冀协同发展纵深化

2014 年,习近平总书记在听取京津冀协同发展专题汇报时,提出要将京津冀协同发展上升到国家战略层面。同年,京津冀协同发展领导小组成立。中央将从规划一体化、交通一体化、产业一体化、市场一体化等多个方面打造以首都为核心的世界级城市群。这表明中央高度重视京津冀协同发展,力推三地优势互补,使“一加一大于二、一加二大于三”。京津冀历来是全国主要的重工业基地,也是人口密集地区和能源消费的集聚地。2019 年,京津冀地区总人口占全国总人口的 8.1%,能源消费总量占全国能源消费量的 10%,碳排放量占全国的 9.4%。同时,京津冀作为协同发展战略的先行地,也担负着建设北方新增长极的使命。《中华人民共和国国民经济和社会发展第十四个五年规划和 2035 年远景目标纲要》提出,要深入实施区域重大战略,加快推动京津冀协同发展,深化大气污染联防联控联治,对于京津冀区域生态协同治理寄予厚望。

当前京津冀是经济发展和资源环境矛盾最为尖锐的地区之一,依靠过去传统要素的红利贡献工业规模快速扩张,粗放型的发展模式不可避免地带来了环境污染和资源浪费,以煤为主的能源结构和以高耗能行业为主的产业结构导致低效能源消费和大量碳排放。近年来“低附加值、低技术化、低集约化”问题凸显,造成了低质无效产能过剩与高质有效供给不足并存的局面,体现在经济社会上就是京津冀经济低速运行而碳排放量逐年升高,结构性矛盾尤为突出。

分析京津冀结构性矛盾成因,一方面在于传统要素推进力消耗殆尽。资源红利对经济增长的贡献逐步衰减。同时,生产要素规模及质量在三地间的分布差异显著,受城市极化效应影响,要素在区域和产业间的流动阻力较大,市场化程度低。另一方面在于除旧立新尚未续接。河北传统制造业产能过剩严重,产业转移后战略性新兴制造业发展缺乏自主性和适应能力,导致京津冀的产业升级进程差异加大。京津冀间区域发展不均衡、不协调和不可持续的问题依旧显著,结构性矛盾十分突出。

当前发达国家“再工业化”竞争加剧,京津冀具备打造区域先进制造业集群的天然优势,肩负攻关制造业发展难题的重大任务,北京计划“十四五”期间建设万亿级先进制造产业集群,天津培育壮大一批千亿级先进制造业集群,河北将打造具有全球影响力的先进制造业基地,京津冀工业规模继续扩大,能源消费碳排放规模绝对量也存在继续扩大的可能性。规划中同时提到,北京争取在 2025 年前率先达峰,河北争取在 2035 年前碳达峰。由此可知,在经济体系中工业保持适当规模和比重的情况下完成碳达峰是京津冀下一步的调控方向。目前,北京服务业比重达到 80%以上,天津及河北的产业结构也均以第三产业为主导。继续压缩工业份额显然已难以持续产生显著的碳减排效应,经济结构的低碳转型是调控重点。因此碳达峰碳中和的工作要求对京津冀协同发展提出了新的要求。

综上,供给侧改革作为新常态下推进我国经济工作的主线,必然会对经济高质量发展起到积极的促进作用;京津冀协同发展作为新时代实施区域协调发展战略的重要组成部分,必定会对供给侧协同改革发展起到良好的带动作用。为了认清京津冀供给侧协同改革的现状、识别障碍因子,从而明确发展重点、制定有针对性的措施,有必要对京津冀供给侧协同改革进行科学合理的测度,由于供给侧改革的阶段化特征[9-11],以及京津冀经济发展的不平衡性,还必须考虑时间和空间双重异质性;同时,京津冀协同发展战略的推进,决定了空间相关性分析的重要性。

1.1.2 研究意义

京津冀协同发展作为新时代实施区域协调发展战略的重要组成部分,是探索生态文明建设有效路径、促进人口经济资源环境相协调的需要,是一个重大国家战略。但在“三期叠加”的经济新常态下,京津冀经济发展面临劳动力成本上升、资本边际效率下降、资源短缺、环境污染等供给侧约束加剧,因此供给侧结构性改革是适应和引领经济新常态的必然要求,京津冀高质量协同发展必须坚持以供给侧结构性改革为主线不动摇。然而,京津冀经济发展十分不平衡,在协同推进供给侧结构性改革的同时必须兼顾差异性。因此,探讨京津冀供给侧协同改革效率的双重异质性及空间相关性具有重要的理论意义和现实价值。

(1) 理论意义

首先,明确供给侧改革与供给侧结构性改革间的区别和联系,有助于对供给侧结构性改革的政策解读和理论溯源,也能够为供给侧改革理论分析框架的建立提供参考;其次,经过理论遴选和实证筛选选取指标,兼顾主观与客观确定最优权重,统筹相对水平和绝对水平,能够促进供给侧改革效率测度的系统化与规范化,也能为供给侧改革的实证研究提供思路;再次,基于传统障碍度模型建立个体单指标时点(时间加权)障碍度模型、个体多指标时点(时间加权)障碍度模型、总体(时间加权)障碍度模型,能够为供给侧改革研究提供一些创新视角,为供给侧改革理论增添新内容;最后,对京津冀供给侧协同改革效率的空间相关性分析,有助于增强京津冀高质量协同发展研究的科学性和前瞻性。

(2) 现实价值

首先,通过对京津冀供给侧改革效率及其区域协同指数的双重异质性总结,有助于认清现状、量化差距,从而促进供给侧改革理论的实践化,为高质量新动能的培育提供方向和思路;其次,通过障碍度分析识别障碍因子有助于找准问题,为不同地区不同行业量身制定供给侧改革的政策措施提供理论依据；最后，通过对京津冀供给侧协同改革效率的空间相关性分析，能够增强京津冀协同发展的自觉性、主动性、创造性，推动京津冀协同发展取得新的更大进展；也能够增强工业绿色竞争力，推动我国在新一轮工业革命中抢占领先地位。

1.2　国内外研究现状

本书主要通过考察国内外学者关于为什么需要供给侧改革、供给侧改革分析视角等方面的研究成果客观地总结国内外研究达到的水平与研究趋势。

由于在过去相当长的一段时间里，中国政府的宏观经济调控主要集中于需求侧管理[12]，因此“供给侧改革”一词一经提出，学术界立刻围绕着“为什么”和“是什么”等问题展开了热烈讨论[11]。

1.2.1　为什么需要供给侧改革

学者们从不同角度揭示了当前我国进行供给侧改革的必要性，归纳起来主要包括以下几种观点：

（1）政策基础变化论。由供给和需求相互关系可知，经济发展政策是以供给侧为重点还是以需求侧为重点，取决于经济社会发展的主要矛盾[9,13]。当前我国经济处于“三期叠加”的“经济新常态”阶段，有效需求不足只是经济下行的一个次要原因，主要矛盾在供给侧。龚刚（2016）更是指出，中国已由“需求决定型经济”转变为“供给决定型经济”[10]。由于“三驾马车”无法完成从需求侧对接供给侧的结构性动力机制构建，因此不能成为经济增长的根本动力[14]；而供给侧改革则从源头入手，通过实体性、长期性和结构性的对策措施推动经济的持续健康发展[15-16]。但也有学者对供给管理的短期调控效果持怀疑态度[7]。与以上认识不同，文建东、宋斌（2016）认为中国经济政策的重心一直在供给方面，需求刺激只是从属于供给刺激[17]。

（2）需求侧政策难以维持论。需求侧管理并不理想，主要体现在两方面：一是效率递减[18]；二是副作用显现，需求侧政策追求短期均衡，短期效果显著，但在供给侧积累了大量问题[2]，而且有可能会延误经济结构调整的最佳时机[19-21]。

（3）供需结构失衡论。持此观点的学者主要从供给和需求这对立统一的两个方面入手。供给方面，无效和低端供给过多导致了行业性全面过剩态势，周密、刘秉镰（2017）指出，中国式产能过剩及其引发的“三难”选择困境是供给侧结构性改革提出的主要动因[22];需求方面,高端产品需求旺盛,但得不到满足。洪银兴(2018)将问题归结为有效供给不足和无效供给过剩的结构性矛盾[23],李翀(2016)将其概括为"供给失灵"[24],黄群慧(2016)指出问题的本质在于供给结构不能适应需求结构变化的结构性矛盾[25]。

1.2.2 供给侧改革的分析视角

已有研究对供给侧结构性改革的分析视角主要如下[26]:

(1) 基于供给侧结构性改革的任务和目标。供给侧结构性改革的任务是"三去一降一补"[27],洪银兴(2016)指出不能将这些任务归结为目标,建立有效供给的体制机制才是目标[13];李翀(2016)则认为长期任务是以转变经济发展方式为目标[24]。方福前(2021)[28]、郭克莎(2022)[29]指出最终目的是满足需求,就是满足人民日益增长的美好生活需要。孙忠娟等(2022)基于中关村4421家科技型企业2008—2015年面板数据,探索并验证供给侧和需求侧政策支持对企业创新的影响差异及其内在机制,结果发现,供给侧政策支持对大企业有积极影响,供需政策支持组合在超过一定规模门槛的大型企业中呈现互补性[30]。任保平、苗新宇等(2022)利用"三去一降一补"五维度分析框架,融入供给侧结构性改革的延伸内容,构建指标体系,在全国层面和区域层面上对我国2016—2019年的供给侧结构性改革进行绩效评价研究。结果发现:经过"十三五"时期的"三去一降一补",我国供给侧整体状况明显好转,不同地区的改革绩效差异显著[31]。丁志国等(2020)[32]、朱方明等(2022)[33]以2015年供给侧结构性改革的启动为准自然实验,构建双重差分模型分别证实了供给侧结构性改革对"去产能"和提升制造业供给质量的政策效果明显。

(2) 基于供给侧结构性改革的体制机制。供给侧结构性改革需要从产业、要素、制度三个层面解决供给问题,重中之重是制度供给,必将体现为一系列的体制机制改革[9]。王赫奕、王义保(2018)通过辨析政府与市场的博弈关系,提出供给侧结构性改革最关键的是深化市场制度改革[5];黄群慧(2020)认为疫情对供给侧冲击的短期影响体现在要素层面、企业层面和产业层面,长期影响集中于技术创新和制度创新[34]。

(3) 基于经济增长的动力结构。经济增长的主要动力机制包括劳动力、资本、土地、科技创新、制度五大要素[4]。罗良文、梁圣蓉(2016)认为供给侧结构性改革主要通过对供给端要素的结构性调整化解经济难题,其中创新驱动是供给侧结构性动力机制的内核动力[35]。孙久文、李承璋(2022)通过构建计量模型比较分析了需求侧的收入提高和供给侧的技术进步分别对消费升级的影响,指出应当从供需两侧推进消费升级[36]。贺灿飞、陈韬(2021)从出口比较优势中分解出供给侧比较优势和需求侧比较优势,分析产业出口比较优势提升如何受其与本地供给侧优势产业、需求侧优势产业在关联网络中邻近程度的影响。实证结果说明产业演化理论可能需要从单一的供给侧路径分析转向供给侧和需求侧双重路径的理论建构[37]。高照军、张宏如(2022)以供给侧结构性改革为背景,针对制造业服务化探讨了企业人均能源消耗、产业链升级、创新能力对企业生产率的共同影响机制[38]。

(4) 基于经济结构。供给侧结构性改革可从企业、产业和区域三个层面来分析:企业层面深化国企改革、降低成本;产业层面化解过剩产能;区域层面注重差异化[25]。

1.2.3　国内外研究述评

国内外学者对供给侧改革的研究已经取得了很大进展,为我们开展研究提供了理论基础和参考。但前期成果多为规范性研究,缺乏实证研究,仅有的实证研究一方面多选择政策作为代理变量,难以全面反映供给侧改革效率;另一方面鲜有对京津冀这一国家战略区域的针对性研究。

1.3　总体思路和主要内容

1.3.1　总体思路

本书基于现实背景和理论动态的梳理,将供给侧协同改革界定为供给侧改革效率上升及区域差距的缩小(供给侧改革区域协同),探讨京津冀供给侧协同改革效率问题。立足供给侧改革实践始于 2012 年、“供给侧结构性改革”提出于 2015 年的理论认知,通过分阶段比较,总结时间异质性;立足京津冀发展不平衡的现实基础,通过分地区比较,总结空间异质性;立足京津冀协同发展的战略推进,论证空间相关性,提炼能够实现京津冀优势互补、错位发展、协同共进的供给侧改革路径。

1.3.2　主要内容

本书的研究内容主要包括:

(1) 京津冀供给侧协同改革效率的双重异质性分析。在界定供给侧改革、供给侧结构性改革、供给侧协同改革、供给侧改革区域协同等核心概念的基础上,建立供给侧改革的理论分析框架,从要素供给、产业供给和制度供给三个维度构建供给侧改革效率测度指标体系,兼顾主观与客观,综合运用 AHP 和引入时间变量的改进熵权法计算权重,在此基础上:①对 2012—2018 年京津冀供给侧改革效率进行测度并总结时间变化趋势,进而引入时间加权向量描述供给侧改革效率的空间格局;②综合运用协同度模型和收敛性模型,设置分级标准,对 2012—2018 年京津冀供给侧改革区域协同的相对指数和绝对指数进行测度并总结时间变化趋势,进而引入时间加权向量描述供给侧改革区域协同的空间格局;③对京津冀供给侧改革效率与供给侧改革区域协同的互动关系进行格兰杰因果检验。

(2) 京津冀供给侧协同改革效率障碍因素的双重异质性分析。通过个体累加求和改进传统障碍度模型,对 2012—2018 年京津冀供给侧改革效率及其区域协同障碍因素的障碍度进行测算并总结时间变化趋势,进而引入时间加权向量描述障碍因素的空间格局。

(3) 京津冀供给侧协同改革效率的空间相关性分析。运用探索性空间数据分析方法对京津冀供给侧改革效率及其区域协同的空间相关性进行检验与判别,并运用变形地图识别二者空间关联,利用格兰杰因果检验二者互动关系。

(4) 京津冀供给侧协同改革效率的提升策略分析。基于前文对京津冀供给侧协同改革效率的双重异质性总结、障碍因素诊断及空间相关性分析,从要素供给效率、产业供给效率和制度供给效率三方面提出提升策略。

1.4 创新之处

(1) 基于供给侧改革分析框架的构建,设计供给侧改革的实证研究

目前关于供给侧改革的研究,大多为理论解读或规范分析,缺乏实证研究。有鉴于此,本书基于供给侧改革的理论分析框架,建立供给侧改革效率的概念逻辑及测度指标体系,综合运用 AHP 和改进熵权法计算权重,对京津冀供给侧改革效率及其区域协同的时间和空间异质性、空间相关性进行实证分析。

(2) 基于现实背景和理论动态的梳理,探讨京津冀供给侧协同改革问题

目前关于供给侧改革的研究,大多集中在企业和产业层面,缺乏区域层面差异

性的研究;虽然已经认识到区域供给侧改革效率的空间相关性,但缺乏对供给侧协同改革效率的进一步探讨。有鉴于此,本书基于已有成果,立足京津冀协同发展、供给侧结构性改革等现实背景,考虑时空双重异质性,对京津冀这一重大国家战略区域供给侧改革效率及其区域协同问题进行针对性探索,并进一步运用变形地图识别二者空间关联,利用格兰杰因果检验分析二者互动关系。

(3) 基于改进障碍度模型的构建,诊断京津冀供给侧改革效率的障碍因素

目前关于障碍因素识别的研究,大多基于研究对象的测度,通过发展水平的时间变化趋势或区域差异性分析进行提炼,忽略了障碍因素及其障碍度的动态性和空间差异性。有鉴于此,本书基于传统障碍度模型建立个体单指标时点障碍度模型、个体多指标时点障碍度模型;通过同一时点同一指标不同个体累加求和的方式建立总体障碍度模型,引入时间加权向量建立个体和总体时间加权障碍度模型,对京津冀供给侧改革效率的障碍因素进行全面科学诊断。

第 2 章　京津冀供给侧协同改革效率的双重异质性分析

京津冀绿色低碳发展面临着要素市场扭曲、产业结构失衡、制度供给不足等供给侧问题，供给侧改革势在必行。但在供给侧改革过程中可能会出现区域差距扩大等新问题，在深入推进京津冀协同发展战略的大背景下，供给侧协同改革成为必然。供给侧协同改革包括供给侧改革效率上升和供给侧改革区域协同（即区域之间供给侧改革效率差距的缩小），其中供给侧改革是基础。供给侧改革内涵丰富，具有多维性，单一指标无法表征，因此为了全面、准确地把握京津冀供给侧改革效率现状，须建立供给侧改革效率测度指标体系，并构建测度模型进行综合测度。立足供给侧改革实践始于 2012 年、“供给侧结构性改革”提出于 2015 年的理论认知，为了明确 2015 年前后供给侧改革效率的变化，须通过分阶段比较，总结时间异质性；京津冀经济发展的不平衡性决定了空间异质性分析的必要性。

2.1　区域供给侧改革效率指标体系构建与研究方法

2.1.1　概念界定

（1）供给侧改革

学术界关于供给侧的讨论由来已久，供给侧和需求侧的管理实践此消彼长，在竞争中发展，见图 2-1。19 世纪初提出的“萨伊定律”——生产自动创造需求被视为供给侧学派的开篇之作[39]，自此在长达一个世纪内成为主流经济思想。然而 20 世纪 30 年代爆发的大萧条让供给侧学派的观点面临极大挑战，以凯恩斯为代表强调需求侧管理的凯恩斯主义登上历史舞台。20 世纪 70 年代，由于资本主义固有矛盾，“滞胀”席卷全球，这使得学术界对于凯恩斯主义的有效性提出了质疑，以蒙代尔等为代表的供给学派重新提出要从供给侧入手进行改革，并得到了里根以及撒切尔政府的肯定和应用。但是供给学派提出的一系列改革措施在美国效果并不明显，且减税导致的财政赤字连年扩大，引发了一系列问题，使得供给学派黯然失色，以萨缪尔森为代表的凯恩斯主义复辟。到了 2008 年,美国次贷危机又一次给经济以沉重打击,美国政府再次采用了供给管理,标志着供给侧管理方法的回归。

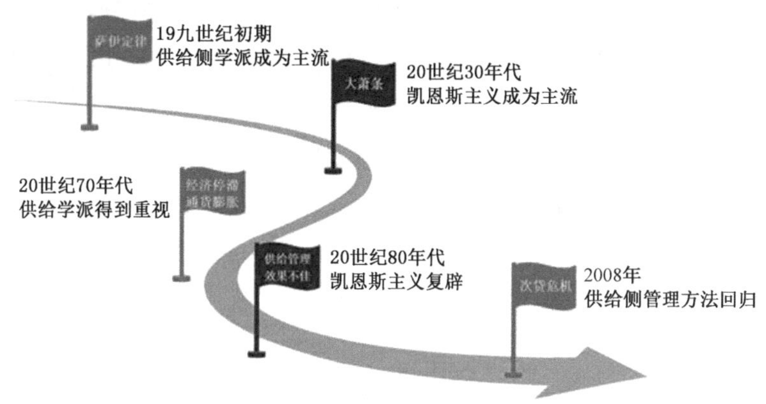

图 2-1　供给侧学派发展历史

对于我国而言,供给侧改革有更深远更丰富的含义。在改革开放之初,我国还是一个贫穷落后的发展中国家,经济发展和增加总供给是压倒一切的任务。为了尽快建立完整的工业体系,提高国民收入和人民生活水平,我国选择了粗放型的经济发展方式,高投入高产出的规模经济让我国经济高速发展,实现了“从 0 到 1”的突破。1978 年,为了解放和发展生产力,我国对计划经济体制进行了改革,并在之后的发展中不断调整政策,让市场在资源配置中逐步占据主导地位。这都是从供给侧的角度进行改革。20 世纪 90 年代开始,我国经济逐渐从供给不足转变为需求不足,再加上 2008 年经济危机的影响,我国开始采取积极的财政政策和稳健的货币政策来刺激总需求,通过投资、消费和出口“三驾马车”来拉动经济增长。

粗放型的发展模式不可避免地带来了环境污染和资源浪费,同时随着国民收入的提高,人们的消费需求也转型升级,不再满足于“有没有”,而开始追求“好不好”,这就造成了低质无效产能过剩与高质有效供给不足并存的局面。一方面“僵尸企业”占有大量低价优质的生产要素却生产不出市场需要的产品,另一方面创新型企业无资源无资金得不到发展,供给侧矛盾凸显[40]。2012 年,中国经济增速首次低于 8%,发展进入了经济增长动力减弱、人口红利消失、生产成本上升、资本密集型特征明显的“新常态”[10]。如果不及时进行改革,我国很容易会陷入中等收入陷阱的泥淖。因此,中央作出《中共中央关于全面深化改革若干重大问题的决定》,对于深化改革进行了全面部署,此后又对财税体制改革、创新发展、国有企业改革等多个方面进行深化和丰富[11]。参考庆祝改革开放40周年系列选题研究中心对改革开放以来我国供给侧改革与需求侧改革的节点研判[9],本书认为,自2012年开始,供给侧改革重新受到重视。供给侧改革是相对于需求侧改革而言的,着眼于生产端的劳动力、资本、土地(资源)、创新、制度等要素的有效供给,通过改革的方式解放和发展生产力,进而促进经济增长[41-42]。2015年,习近平总书记首次提出了"供给侧结构性改革"的概念,代表中央对于我国经济形势的研判达到了新的高度。基于学理论证和政策连贯的认知,供给侧结构性改革属于供给侧改革的范畴,更加强调改革的系统性和层次性,是对供给侧改革更精准和更高层面的深化[16]。

我国的供给侧结构性改革与供给学派提出的观点有相似之处,但并不是一脉相承的[43-44],而是根据我国所处的历史阶段和具体国情,融合制度经济学、发展经济学[14]等多种理论提出的拥有丰富理论内涵的具有中国特色的供给侧结构性改革。与需求侧强调投资、消费、出口等短期刺激不同,供给侧结构性改革是将经济的长期均衡发展视为目标,从调整经济结构以及经济增长动力转换下手[45],根本上解决中长期问题。

学术界和实际工作部门对供给侧结构性改革内涵的理解主要基于政策解读和理论溯源。《人民日报》权威人士将供给侧结构性改革拆解为"供给侧+结构性+改革",基于这种拆解,学术界和实际工作部门对供给侧结构性改革的内涵进行了解读。黄群慧(2016)认为这种拆解正好对应了"问题-原因-对策",即问题突出表现在供给侧,本质是结构性矛盾,对策是改革[25]。《供给侧结构性改革研究的基本理论与政策框架》课题组(2017)认为"供给侧"意味着生产函数;"结构性"意味着问题所在;"改革"意味着制度供给[43]。贾康(2018)认为新意表现在供给侧,着力点落在改革上,改革离不开制度供给,制度供给首先涉及结构性[8]。除此之外,洪银兴(2016)基于马克思的劳动价值理论[13]、金碚(2017)基于马克思经济学的价值论范式和供求论范式[46],以及杨继国、朱东波(2018)基于马克思结构均衡理论[47]分别从不同侧重点对与供给侧结构性改革有关的理论问题进行了深入解析。

基于以上分析,本书认为供给侧结构性改革是指通过一系列制度性改革,厘清政府与市场的关系,降低交易成本,扩大要素的有效供给,激发企业活力,通过创新提高产品质量，促进产业结构的高度化和合理化，推进经济高质量发展。供给侧结构性改革分为要素层面、产业层面和制度层面，涵盖微观、中观和宏观。

(2) 供给侧协同改革

各区域处于经济发展的不同阶段，资源禀赋和政策条件各异，因此地理位置相近的区域之间就有了以大城市为中心形成都市圈的天然优势，各城市分工协作，通过大城市发展的扩散效应，共同促进区域繁荣。所以区域协同发展逐渐被各国重视，出现了以东京、纽约等为中心的国际大都市圈，我国也将京津冀协同发展、长三角一体化、粤港澳大湾区建设等上升为国家战略高度[48-49]。早在20世纪80年代，"首都圈"的概念就已经被提出[50]，2015年中央政治局审议通过了《京津冀协同发展规划纲要》，完成了京津冀协同发展的顶层设计。但是在我国上述三大经济圈中，京津冀却是区域发展差距最大的[51]，甚至出现了"环首都贫困带"。究其原因，还是北京、天津和河北之间的区域协调机制不完善，导致北京、天津协同发展的积极性和主动性不高，河北有心却无力[52]。

"协同"一词最早出现在《汉书·律历志(上)》中，意为"谐调一致，和合共同"，"发展"则强调事物的前进和变化过程。因此，协同发展是在系统性、全局性和开放性原则下事物的螺旋式上升、波浪式前进。引申至经济学领域，广义的协同发展是指区域间按照地域优势原则分工协作，实现了整体效益大于各区域效益之和，不仅包括发展水平的上升，还包括结构有序、区域差距的缩小；狭义的协同发展侧重于发展水平的上升及区域差距的缩小[48-49,53-54]。

在协同发展的总基调下，供给侧结构性改革作为发展主线也必须加以重视，且随着经济发展进入新常态，以破坏生态环境为代价的粗放型发展方式已经不合适目前的中国，所以要从追求速度转为追求质量，由生产低质量、低附加值的产品转为生产优质高效、环境友好的创新导向产品，因此无论从重要性还是必要性来说，供给侧结构性改革都是推进区域高质量协同发展的必由之路。如图2-2所示，区域供给侧协同改革中的"协同"包含两层含义：一是各区域内部要素间的协调，即经济、资源与环境在发展的同时能够相互服务、相互促进，实现良性互动；二是各区域间的协同，即各区域供给侧改革的同时能够缩小区域差距，实现社会公平。

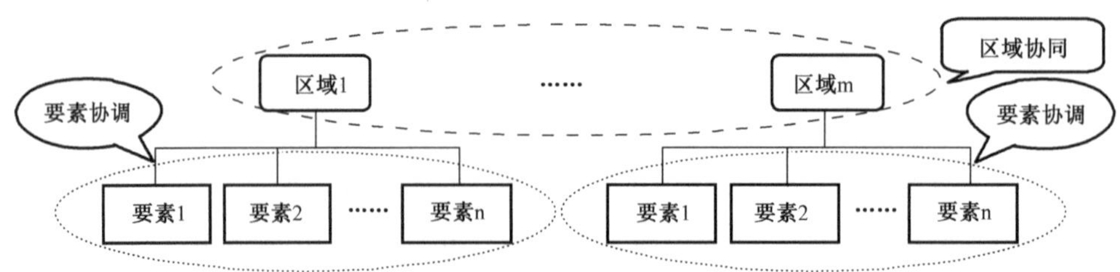

图 2-2　供给侧协同改革的概念示意图

具体到京津冀供给侧协同改革,由于京津冀协同发展主要通过行政主导的方式明确城市功能定位以实现当前的阶段性目标,因此本书主要考察由此导致的供给侧改革效率及区域差距变化。为表述方便,后文统一将供给侧改革效率的区域差距称为“供给侧改革区域协同”。

2.1.2　指标选取

基于前文分析,供给侧结构性改革是通过制度性改革,厘清政府与市场的关系,降低交易成本,扩大要素的有效供给,激发企业活力,通过创新提高产品质量,促进产业结构的高度化和合理化,推进经济高质量发展。参考国内外已有研究成果[9,11,16,26,55-60],学术界和实际工作部门对于供给侧结构性改革拆解为要素、产业、制度三个方面达成了基本共识。因此,依据供给侧结构性改革内涵的理解,在遵循可获性、系统性、科学性等原则的基础上,构建了涵盖要素供给、产业供给和制度供给 3 个准则 8 个指标的区域供给侧改革效率测度指标体系,如表 2-1 所示。依据初始指标体系设计专家咨询表,采用五标度打分法,其中“5”表示该指标非常合理,“4”表示该指标合理,“3”表示该指标一般合理,“2”表示该指标不合理,“1”表示该指标非常不合理。受疫情影响,专家咨询表主要通过线上方式发放给京津冀科研院所、大型工业企业等 24 所单位共 58 位专家学者。将各指标得分取平均值,若大于 3,则保留该指标;若小于 3,则删除该指标,最终全部指标得以保留。

表 2-1 区域供给侧改革效率测度指标体系

<table>
<tr><th rowspan="4">目标层</th><th colspan="4">准则层</th><th colspan="5">指标层</th></tr>
<tr><th rowspan="3">名称-符号</th><th colspan="3" rowspan="2">权重</th><th rowspan="3">名称-单位-符号</th><th colspan="4">权重</th></tr>
<tr><th colspan="3">单层权重</th><th rowspan="2">综合权重</th></tr>
<tr><th>AHP权重</th><th>熵权法权重</th><th>组合权重</th><th>AHP权重</th><th>熵权法权重</th><th>组合权重</th></tr>
<tr><td rowspan="8">供给侧改革</td><td rowspan="4">要素供给B_1</td><td rowspan="4">0. 142 4</td><td rowspan="4">0. 563 8</td><td rowspan="4">0. 311 0</td><td>人力资本(+)(%)B_{11}</td><td>0. 281 1</td><td>0. 201 1</td><td>0. 249 1</td><td>0. 077 5</td></tr>
<tr><td>第二产业固定投资效益(+)(%)B_{12}</td><td>0. 120 8</td><td>0. 268 2</td><td>0. 179 7</td><td>0. 055 9</td></tr>
<tr><td>工业能源效率(+)B_{13}</td><td>0. 084 9</td><td>0. 281 6</td><td>0. 163 6</td><td>0. 050 9</td></tr>
<tr><td>万人专利申请授权量(+)(件/万人)B_{14}</td><td>0. 513 2</td><td>0. 249 1</td><td>0. 407 6</td><td>0. 126 7</td></tr>
<tr><td rowspan="2">产业供给B_2</td><td rowspan="2">0. 428 8</td><td rowspan="2">0. 280 8</td><td rowspan="2">0. 369 6</td><td>基础设施投资占比(+)(%)B_{21}</td><td>0. 250 0</td><td>0. 355 4</td><td>0. 292 2</td><td>0. 108 0</td></tr>
<tr><td>产业结构高度化(+)(%)B_{22}</td><td>0. 750 0</td><td>0. 644 6</td><td>0. 707 8</td><td>0. 261 6</td></tr>
<tr><td rowspan="2">制度供给B_3</td><td rowspan="2">0. 428 8</td><td rowspan="2">0. 155 3</td><td rowspan="2">0. 319 4</td><td>国企改革(-)(%)B_{31}</td><td>0. 250 0</td><td>0. 556 4</td><td>0. 372 6</td><td>0. 119 0</td></tr>
<tr><td>市场调控(+)(%)B_{32}</td><td>0. 750 0</td><td>0. 443 6</td><td>0. 627 4</td><td>0. 200 4</td></tr>
</table>

注：(+)表示正向指标、(-)表示逆向指标。

(1) 要素供给。要素市场扭曲与产能过剩是当前经济面临的主要问题[2]。供给侧结构性改革的主要任务就是促进要素自由流动，扩大要素的有效供给[9]，实现要素的最优化配置。供给侧要素主要包括劳动力、资本、土地与自然资源、科技创新等[4,57-61]。习近平总书记强调"发展是第一要务，人才是第一资源"，高质量发展不仅需要人才数量的支撑，更需要高质量人才的引领，因此，劳动力要素利用人力资本来表示。目前，有关人力资本的测算主要包括"收入法"、"成本法"和"支出法"。由于"收入法"需要接受诸多假设和折现率等主观因素而影响，容易陷入逻辑陷阱，而"成本法"计算需要长期的数据支持，因此，本书基于支出法，由地方财政教育支出与地方财政支出之比来表示劳动要素质量水平的提高。近年来,由于资本的边际效益逐渐降低,企业对于资本的吸收能力也大幅度下降,虽然市场上资本总量较多,但却没有有效的投资途径和机会来发挥效益。随着供给侧改革的逐渐深化,“僵尸企业”的市场出清,要素市场逐渐开放,资源配置得到优化,逐渐流向技术型产业[62]。因此选用工业投资效益来表示供给侧改革以来资本投资的经济活动成效,但由于无法获取河北省各地级市工业固定资产投资总额,且基于已有数据显示,京津冀工业固定资产投资占二产投资的85%以上,因此由第二产业固定资产投资效益反映资本供给效率。工业部门对能源的需求较高,针对京津冀而言,传统能源消费既是环境问题的主要污染源,又是经济发展的主要物质基础,因此土地(自然资源)质量用工业能源效率加以表示。供给侧改革就是要推进经济高质量发展,“创新”作为五大发展理念之首,是引领经济高质量发展的第一动力。创新高质量意味着创新成果丰硕与创新成果转化能力的显著提升[63],专利申请授权量不仅能够体现创新投入产出的结果,而且其来源更加广泛,包括企业、高校、政府机关等部门,能更加全面的体现供给侧相关信息,因此选用万人专利申请授权量表示科技创新的供给效率。

(2) 产业供给。要素供给必须落实到产业部门才能发挥作用,产业供给主要解决供给结构与需求结构的协调性问题,为匹配人民对优质工业品、高科技产品、现代服务业等的需求,实现供给结构和需求结构的协调,必须加强基础设施产业发展,加快产业结构高度化、合理化发展。2003 年以来,我国基础设施建设进入快速发展阶段,虽基础设施投资总量上升较快,但存在一定短板,如基础设施供应不足,行业分化较为明显以及创新能力、行政效率较低等。供给侧改革应借助疏解非首都功能的红利,促使基础设施合理分布,提高基础设施投资效率,因此本书选用基础设施建设投资占投资总额比重来表示基础设施的供给效率。供给侧改革主要解决的问题为结构性问题,即面对消费需求结构的转型,产业结构也要进行高度化调整。经济结构、产业发展的不平衡作为京津冀的短板之一,各地区应聚焦特色产业,形成以科技创新为引领,以生产性服务业为主体的高质量产业体系。因此,高技术产业发展在一定程度上可以反映产业供给水平。由于通过查阅公开资料和调研等均无法获取河北省各地级市高技术产业增加值等相关数据,因此选用第三产业增加值与第二产业增加值之比表示产业结构高度化。

(3) 制度供给。扩大要素的有效供给、提高产品供给的有效性和优质性的关键在于有效的制度供给,包括深化国企改革,营造良好的市场环境,降低制度性交易成本,强化市场的资源配置地位,减少政府非必要干预,激发企业创新活力[9,64]。大量国企占用了过多社会资源,依靠行政性垄断抬高了资源价格,无形中增加了交易成本[4]。国企改革利用城镇国有经济就业人数与城镇就业人数的比值来表示,反映了制度性交易成本的高低和国企改革进程,因此为逆向指标。为促进市场对资源配置优化效率,政府应适当减少对于市场的干预,政府干预的高低主要依赖于政府财政,因此利用政府财政支出与地区生产总值之比反映政府干预,剩余项表示市场调控。

2.1.3 研究方法

完整的区域供给侧改革效率测度指标体系包括测度指标及其权重,在完成了指标遴选后,须计算权重;为明确京津冀 13 市供给侧协同改革效率的时空格局,须分别构建供给侧改革效率测度模型和供给侧改革区域协同指数测度模型。

2.1.3.1 权重计算

计算指标权重的方法主要有主观赋权法和客观赋权法,本书将综合运用两类方法,兼顾主观赋权法能够充分发挥人的智慧的优势和客观赋权法客观可靠的优势。其中主观赋权法选择层次分析法(AHP);客观赋权法选择熵权法,该方法主要基于对指标数据离散化程度的衡量进行赋权,数据离散化程度越高,指标权重越大,相反则反。但传统的熵权法仅适用于横截面数据或时间序列数据,无法处理具有时间和空间双重属性的面板数据[65-67]。为了同时实现不同年份不同研究对象的纵横比较,本书通过将同一指标不同年份横截面数据累加求和的方式对传统熵权法进行了改进,具体步骤如下:

(1) 改进熵权法

① 数据标准化

第 m 个测度对象第 i 个准则第 j 个指标第 t 年观测数据 X_{mijt} 的标准化值 X'_{mijt} 为:

$$X'_{mijt}=\begin{cases}\dfrac{X_{mijt}-\min_{m,t}X_{mijt}}{\max_{m,t}X_{mijt}-\min_{m,t}X_{mijt}}, X_{mijt}\text{ 为正向指标}\\[2ex]\dfrac{\max_{m,t}X_{mijt}-X_{mijt}}{\max_{m,t}X_{mijt}-\min_{m,t}X_{mijt}}, X_{mijt}\text{ 为逆向指标}\end{cases}\quad i=1,2,\cdots,r, j=1,2,\cdots s \tag{2-1}$$

② 数据平移处理

由于离差标准化会导致正向指标最小值和逆向指标最大值为0,不满足熵值计算取对数的要求,因此需对标准化数据做平移处理：

$$U_{mijt} = X'_{mijt} + F \tag{2-2}$$

式中, U_{mijt} 为平移处理后数据, $F(F>0)$ 为平移幅度。

③ 数据归一化处理

与传统熵权法基于截面数据或时间序列进行归一化处理不同,在此基于面板数据,即对不同年份累加求和,进行归一化处理：

$$\theta_{mijt} = \frac{U_{mijt}}{\sum_t \sum_m U_{mijt}} \tag{2-3}$$

④ 熵值计算

第 i 个准则第 j 个指标的熵值 e_{ij} 为：

$$e_{ij} = - M \sum_t \sum_m \theta_{mijt} \ln(\theta_{mijt}) \tag{2-4}$$

式中, $M>0$, $M = \frac{1}{\ln k \cdot n}$ (k 为指标年份个数, n 为测度对象个数), $e_{ij} \geqslant 0$。

⑤ 权重计算

第 i 个准则第 j 个指标的权重 w_{ij} 为：

$$w_{ij} = ((1 - e_{ij}) / \sum_j ((1 - e_{ij}), i = 1, 2, \cdots, r \tag{2-5}$$

其中,各准则层权重为 $W_i = \sum w_{ij}$ $(i=1,2,3)$,将准则层下各指标的综合权重进行归一化,得到各指标的单层权重 w'_{ij} 。

(2) 组合权重

设 W_i、w'_{ij} 为改进熵权法计算得到的准则层与指标层的单层权重, φ_i、φ_{ij} 为层次分析法得到的准则层与指标层的单层权重,则最终的准则层与指标层单层组合权重为：

$$\vartheta_i = \alpha W_i + (1 - \alpha) \varphi_i \text{ ; } \vartheta_{ij} = \alpha w'_{ij} + (1 - \alpha) \varphi_{ij} \tag{2-6}$$

(3) 综合权重

将各准则层的单层组合权重(ϑ_i)分别与该准则层各指标的单层组合权重(ϑ_{ij})相乘,得到各指标的综合权重：

$$\psi_{ij} = \vartheta_i \vartheta_{ij} \tag{2-7}$$

2.1.3.2　测度模型

(1) 供给侧改革效率测度模型

① 个体时点效率测度模型

第 m 个对象第 t 年测度值利用各指标的标准化数据与对应的指标综合权重加权求和得到,即:

$$Z_{mt} = \sum_{ij} X'_{mijt} \psi_{ij}, t = 1,2,\cdots,k, m = 1,2,\cdots,n \tag{2-8}$$

② 个体时间加权效率测度模型

为了消除时间属性,进一步概括个体特征,遵循“厚今薄古”原则,引入时间加权向量改进时点效率测度模型。

将时间序列 $\{X_t\}$, $t=1,2,3,\cdots,k$, 中的元素 X_t 视作时间属性 T_t 和数值属性 D_t 的集合,即 $X_t=(T_t,D_t)$,则定义时间有序加权算子(TOWA)的表达式为[68-69]:

$$f(X_1,X_2,\cdots,X_k)=f((T_1,D_1),(T_2,D_2),\cdots,(T_k,D_k))=\sum_{t=1}^{k}\gamma_t b_t$$

其中,b_t 是 D_t 中第 t 个最大数据;向量 $\boldsymbol{\gamma}=(\gamma_1,\gamma_2,\cdots,\gamma_k)^{\mathrm{T}}$ 为时间加权向量,$0\leqslant\gamma_t\leqslant 1$,且 $\sum\gamma_t=1$;γ_t 与元素 X_t 的数值属性 D_t 无关,但取决于 D_t 的顺序。时间加权向量主要通过“时间度”指标来体现时间序列中时间属性的重要性:

$$\tau = \sum_{t=1}^{k}\frac{k-t}{k-1}\gamma_t$$

为使得时间加权向量能够反映时间序列数据的最大信息,在计算时采用最大熵原理建立目标规划方程

$$\begin{cases} \max\left(-\sum_{t=1}^{k}\gamma_t\ln\gamma_t\right) \\ \tau = \sum_{t=1}^{k}\frac{k-t}{k-1}\gamma_t \\ \sum_{t=1}^{k}\gamma_t = 1 \\ 0\leqslant\gamma_t\leqslant 1 \\ t=1,2,\cdots,k \end{cases} \tag{2-9}$$

$0 \leqslant \tau \leqslant 1$,若接近于1,表示近期数据不重要;若接近于0,表示近期数据比较重要。τ 的具体取值说明如表2-2所示。

表2-2　τ 取值说明

取值	说明
0.1	近期数据非常重要
0.3	近期数据比较重要
0.5	所有数据同样重要
0.7	远期数据比较重要
0.9	远期数据非常重要
0.2、0.4、0.6、0.8	对应上述中间情况

引入时间加权向量后,建立个体时间加权效率测度模型:

$$Z_m = \sum Z_{mt}\gamma_t, m = 1,2,\cdots,n \tag{2-10}$$

③ 总体时点效率测度模型

为了消除空间属性,进一步描述总体的时间变化趋势,通过同一时点个体求均值的方式建立总体时点效率测度模型:

$$Z_t = \frac{\sum_{m=1}^{n} Z_{mt}}{n}, t = 1,2,\cdots,k \tag{2-11}$$

(2) 供给侧改革区域协同指数测度模型

① 相对指数测度模型

a. 总体时点相对指数测度模型

衡量区域间发展差距的方法主要有差值法和比值法。差值法主要通过计算区域间某一指标的极差、标准差等表现差距,该方法只能得到区域间的绝对差距,无法消除单位量纲,具有不可比性。比值法中包括极值比、均值比等绝对系数,也包括基尼系数、赛尔系数等相对系数,其中绝对系数由发展总量决定,测量结果亦为绝对差距,在已有研究中较为少见;而一般相对系数不仅计算复杂,而且难以将因子分析与时间分析相结合[70-71]。

因此借鉴张燕和魏后凯等学者对区域差距衡量的方法[53],将因子分析与时间分析相结合,采用区域间两两比较来衡量共同繁荣、共同进步程度的思路,来测度供给侧改革区域协同指数的变化趋势。该方法消除了京津冀 13 市的空间属性,以京津冀整体为研究对象,能够反映京津冀市域间差距的时间变化趋势。在确定各指标值符号同正或同负后,通过对同一时点的测度对象间两两比较指标值再进行加总求均值的方式,建立总体时点相对指数测度模型:

$$D_{ijt}=\frac{1}{C_{13}^{2}}\left\{\left[\frac{\min(I_1,I_2)}{\max(I_1,I_2)}+\frac{\min(I_1,I_3)}{\max(I_1,I_3)}+\cdots+\frac{\min(I_1,I_{13})}{\max(I_1,I_{13})}\right]+\cdots+\left[\frac{\min(I_{11},I_{12})}{\max(I_{11},I_{12})}+\frac{\min(I_{11},I_{13})}{\max(I_{11},I_{13})}\right]+\frac{\min(I_{12},I_{13})}{\max(I_{12},I_{13})}\right\} \tag{2-12}$$

式中,D_{ijt} 表示京津冀总体第 t 年第 i 个准则第 j 个指标的区域协同指数。考虑现实情况,$D_{ijt}\in[0,1]$,当区域协同指数为 0 时,表示京津冀总体的发展方向完全向背,发展水平相差极大;当区域协同指数为 1 时,表示京津冀总体的发展方向相同,施策节奏一致,发展水平相当。所以区域协同指数越接近 1,说明京津冀三地间的发展差距越小,区域协同发展水平也就越好。

b. 个体时点相对指数测度模型

总体时点区域协同相对指数主要反映京津冀整体的区域协同发展状态,无法从局部突出京津冀中某一市与周边市的发展差距,为进一步得到每个市的区域协同相对指数,本书借鉴李胜会和宗洁等学者提出的改进局部协同测度模型来建立个体时点区域协同相对指数测度模型[72],该方法可将因子分析、时间分析与空间分析相结合。

京津冀中第 m 个测度对象的第 t 年第 i 个准则第 j 个指标的区域协同相对指数,可与其他 12 市相比后的均值得到,即:

$$D_{mijt}=\frac{1}{12}\sum_{m\neq n}^{12}\frac{\min\ (I_{mijt},I_{nijt})}{\max\ (I_{mijt},I_{nijt})} \tag{2-13}$$

与总体时点区域协同相对指数类似,D_{mijt} 越接近于 1,代表第 m 个市第 t 年的区域协同相对指数越高,区域协同发展水平越好。

c. 总体时点区域协同收敛测度模型

为凸显动态性特征,在明确京津冀 13 市的区域协同相对指数基础上,可借鉴"收敛模型"来构建总体时点区域协同收敛测度模型,用以测度京津冀区域协同的发展趋势。当京津冀市域间发展差距趋于 0,区域协同指数趋于 1 时,称为"收敛"。实现"收敛"需要满足两个条件:第一个条件是京津冀市域间区域协同指数均趋于相同水平，将该水平设定为均值，即市域间区域协同指数偏离均值的程度随着时间推移不断降低，此时收敛指数趋向于0，即可实现第一个条件的“收敛”；第二个条件是供给侧改革效率相对低水平市的发展速度更快，即可缩小与相对高水平市域间的发展差距，使均值趋向于零，即可实现第二个条件的“收敛”。

第一个条件可用α收敛模型或σ收敛模型来检验，这两类模型均可体现各市的区域协同指数偏离均值的程度。α收敛模型借鉴标准差来计算偏离程度，均值在各个时点的不一致性会导致可比性较差的问题；σ收敛模型则通过借鉴变异系数避免了该问题出现。因此本书选择σ收敛模型进行第一个条件的收敛性检验，公式为：

$$\sigma_t = \frac{\sqrt{\sum_{i=1}^{13}(d_{mt} - \bar{d}_t)^2/13}}{\bar{d}} \tag{2-14}$$

式中，d_{mt}为京津冀中第m个测度对象第t年的供给侧改革区域协同相对指数，$\bar{d}_t$为京津冀第t年供给侧改革区域协同相对指数的均值，σ_t为京津冀在第t年的σ收敛系数，当其随着时间不断下降时，存在σ收敛；反之，不存在σ收敛。

第二个条件在面对众多测度对象时直接检验十分困难，因为难以直接比较发展速度。由于随着市域间发展差距缩小，区域协同指数上升，发展速度逐渐降低，使得区域协同指数变化逐渐平稳，即各市发展速度趋同。因此，通过实证当期区域协同与基期区域协同的关系可以检验第二个条件。已有研究中常用绝对β收敛模型进行实证，本书参考Barro的方法[73]，构建以区域协同指数为解释变量，区域协同指数相对变化为被解释变量的绝对β收敛模型，公式为：

$$\ln(d_{mt+1}/d_{mt}) = \alpha + \beta\ln(d_{mt}) + \varphi_{mt} \tag{2-15}$$

式中，φ_{mt}为误差项，α为截距项，t为时期，其他字母含义与上式相同。β是收敛系数，当$\beta<0$且显著，说明基期区域协同指数与当期区域协同指数变化呈负相关关系，当期区域协同指数变化相对于基期呈缩小态势，表明市域间发展速度趋同，存在β收敛；反之，则不存在β收敛。

由β收敛系数可以进一步求出时间T内的收敛速度v和收敛的半生命周期τ，其公式为：

$$v = -\ln(1 - |\beta|)/T, \tau = \ln(2)/v \tag{2-16}$$

综上所述，σ 收敛模型体现存量水平的变化，β 收敛模型体现增量水平的变化，共同构成总体时点区域协同收敛测度模型，共同分析京津冀供给侧改革区域协同指数的收敛性特征，共计可能存在四种收敛性特征，如表 2-3 所示。

表 2-3　京津冀总体时点区域协同收敛性特征

σ 收敛	β 收敛	总体时点区域协同收敛性特征
存在	存在	市域间差距缩小且变化速度趋于相同
存在	不存在	市域间差距缩小但变化速度趋于不同
不存在	存在	市域间差距扩大且变化速度趋于相同
不存在	不存在	市域间差距扩大且变化速度趋于不同

如果既存在 σ 收敛也存在 β 收敛，说明市域间差距缩小且变化速度趋于相同，进一步表明低水平地区的发展速度相对较快，但与高水平地区的发展速度具有一致趋势，已达到或预计未来能达到相同的发展水平，即存在俱乐部收敛；如果存在 σ 收敛但不存在 β 收敛，说明市域间差距缩小但变化速度趋于不同，进一步表明低水平地区的发展速度相对较快，并且与高水平地区相比，发展速度会越来越快，在后发优势的推动下预计未来低水平地区的发展水平会超过高水平地区；如果不存在 σ 收敛但存在 β 收敛，说明市域间差距扩大但变化速度趋于相同，进一步表明低水平地区的发展速度相对较慢，但与高水平地区的发展速度具有一致的趋势，说明低水平地区的发展水平难以超过高水平地区且总具有一定差距；如果既不存在 σ 收敛也不存在 β 收敛，说明各市域间差距扩大且变化速度趋于不同，表明低水平地区的发展速度相对较慢，并且与高水平地区相比，发展速度会越来越慢，预计未来低水平地区的发展水平会远远落后于高水平地区。

d. 个体时间加权相对指数测度模型

为进一步概括京津冀 13 市的个体特征，消除个体时点区域协同相对指数的时间属性，遵循“厚今薄古”原则，引入时间加权向量 γ_t 改进个体时点区域协同相对指数测度模型，进而建立个体时间加权区域协同相对指数测度模型：

$$D_{mig} = \sum D_{migt}\gamma_t \tag{2-17}$$

② 绝对指数测度模型

区域协同相对指数可用来描述京津冀市域间要素供给、产业供给、制度供给及供给侧改革效率的发展差距，也可对不同因子进行时间和空间维度上的相对比较，但对于区域协同指数的高低容易形成误判,因此引入区域协同绝对评价标准对区域协同指数进行绝对评价。

张燕和魏后凯等学者将区域协同指数 0.6、0.8 分别设为临界值,若得分小于 0.6 说明该地处于不协同区间;在 0.6~0.8 之间处于较为协同区间;大于 0.8 则说明处于协同区间[53]。考虑到政策生效存在时滞,京津冀 13 市在不同时期的区域协同指数变化可能较为细微,为避免忽略小幅度变化,参考李红锦等学者的评价标准来细化本书的区域协同绝对评价标准[54],如表 2-4 所示。

表 2-4　京津冀区域协同绝对评价标准

区域协同标准	不协同	较为协同		协同	
取值范围	0~0.6	0.6~0.8		0.8~1	
二级分类	不协同	初级协同	中级协同	良好协同	优质协同
取值范围	0~0.6	0.6~0.7	0.7~0.8	0.8~0.9	0.9~1

2.1.4 数据来源及描述性统计分析

2.1.4.1 数据来源

基于前文分析,2012 年我国经济增速首次低于 8%,发展进入了供给侧约束明显的“新常态”,供给侧改革受到重视;2015 年“供给侧结构性改革”被正式提出,是对供给侧改革的进一步深化和升华。因此,基于科学性、数据可得性等原则,本书选取 2012—2018 年京津冀 13 市供给侧改革效率测度指标数据进行实证分析。

(1) 人力资本:即地方财政教育支出与地方财政支出之比。其中,京、津 2012—2018 年地方财政教育支出与地方财政支出可从历年《中国统计年鉴》直接获取,河北省各地级市 2012—2018 年地方财政教育支出与地方财政支出可从历年《中国城市统计年鉴》直接获取。

$$人力资本=\frac{地方财政教育支出}{地方财政支出}\times 100\%$$

(2) 第二产业固定资产投资效益:即第二产业增加值增加额与第二产业固定资产投资之比。其中,京、津 2012—2018 年第二产业增加值与第二产业固定资产投资可分别通过历年《北京统计年鉴》和《天津统计年鉴》直接获取;河北省各地级市 2012—2017 年第二产业增加值可从历年《河北经济年鉴》直接获取,2018 年第二产业增加值与 2012—2018 年第二产业固定资产投资总额可从《×市×年国民经济和社会发展统计公报》直接获取，该指标应保证价格的可比性。因此，将历年第二产业增加值分别以下年为基年进行折算：

$$第二产业固定资产投资效益=\frac{第二产业增加值增加额(以次年为基年折算)}{第二产业固定资产投资总额}$$

（3）工业能源效率：即工业能源强度的倒数。其中，京、津、冀 13 市单位工业增加值能耗在前文已有计算，此处不再赘述。

（4）万人专利申请授权量：京津冀 13 市专利申请授权量与总人口可通过历年《北京统计年鉴》《天津统计年鉴》和《河北经济年鉴》直接获取。

（5）基础设施产业投资占比：基础设施建设投资由电力、热力、燃气及水生产和供应业、交通运输、仓储和邮政业、信息传输、软件和信息技术服务业以及水利、环境和公共设施管理业各项投资的加总得到，其中，京、津 2012、2014—2017 年基础设施建设投资与投资总额可从历年《中国固定资产投资统计年鉴》直接获取，2013、2018 年从《中国统计年鉴》获取，河北各地级市 2012—2018 年可从历年《河北经济年鉴》直接获取。

$$基础设施建设投资占比=\frac{基础设施建设投资总额}{投资总额}\times 100\%$$

（6）产业结构高度化：即第三产业增加值与第二产业增加值之比。其中，京、津 2012—2018 年第二、三产业增加值可分别通过历年《北京统计年鉴》和《天津统计年鉴》直接获取，河北省各地级市 2012—2018 年第二、三产业增加值可从历年《河北经济年鉴》直接获取。

$$产业结构高度化=\frac{第三产业增加值}{第二产业增加值}\times 100\%$$

（7）国企改革：即城镇国有经济就业人数占比来。其中，京、津 2012—2018 年城镇国有经济就业人数、城镇就业人数可分别通过历年《北京统计年鉴》和《天津统计年鉴》直接获取；河北省各地级市城镇就业人员由城镇单位就业人员与城镇私营和个体就业人员加总近似得到，2012—2018 年河北省各地级市城镇国有经济就业人数、城镇单位就业人员以及城镇私营和个体就业人员均可通过历年《中国城市统计年鉴》直接获取。

$$国企改革=\frac{城镇国有经济就业人数}{城镇就业人数}\times 100\%$$

(8) 市场调控:即地方政府财政支出与生产总值之比的剩余百分比。其中,京、津 2012—2018 年政府财政支出可分别通过历年《北京统计年鉴》和《天津统计年鉴》直接获取,河北省各地级市政府财政支出可分别通过历年《中国城市统计年鉴》直接获取。

$$市场调控=1-\frac{地方政府财政支出}{地方生产总值}\times 100\%$$

为剔除价格变动造成的影响,所有增加值均以 2010 年为基年折算。2012—2018 年京、津、冀供给侧改革效率测度指标数据见文后附表 1-13。

2.1.4.2 描述性统计分析

利用 Stata 软件计算各个指标间的相关系数,如表 2-5 所示。各个指标间相关系数均低于 0.6,相关度较低,进一步验证了所构建指标体系的合理性。

表 2-5 京津冀供给侧改革效率指标间相关系数

	B_{11}	B_{12}	B_{13}	B_{14}	B_{21}	B_{22}	B_{31}	B_{32}
B_{11}	1							
B_{12}	-0.586*** (0.000)	1						
B_{13}	-0.467*** (0.000)	0.594*** (0.000)	1					
B_{14}	-0.221** (0.035)	0.552*** (0.000)	0.254** (0.015)	1				
B_{21}	-0.240** (0.022)	0.053 (0.618)	-0.326*** (0.001)	0.059 (0.580)	1			
B_{22}	-0.424*** (0.000)	0.531*** (0.000)	0.423*** (0.000)	0.545*** (0.000)	0.145 (0.169)	1		
B_{31}	0.408*** (0.000)	-0.535*** (0.000)	-0.437*** (0.000)	-0.146 (0.168)	0.152 (0.149)	-0.261** (0.012)	1	
B_{32}	0.580*** (0.000)	-0.225** (0.032)	-0.242** (0.020)	-0.033 (0.758)	-0.494*** (0.000)	-0.271*** (0.009)	0.048 (0.651)	1

注:表中字母代表的指标见表 2-1,括号内数字为相应检验统计量的 p 值,*、**和***,分别表示在 10%、5%和 1%水平下显著。

各个指标的描述性统计分析如表 2-6 所示。

表 2-6　京津冀供给侧效率测度指标的描述性统计

指标名称		人力资本	第二产业固定资产投资效益	工业能源效率	万人专利申请授权量	基础设施产业投资占比	产业结构高度化	国企改革	市场调控
符号		B_{11}	B_{12}	B_{13}	B_{14}	B_{21}	B_{22}	B_{31}	B_{33}
北京	样本量	7	7	7	7	7	7	7	7
	均值	15.20	34.18	2.02	40.82	26.60	444.21	16.90	77.52
	标准差	1.27	8.95	0.45	10.83	3.97	23.43	1.16	1.92
	最大值	17.06	42.51	2.91	57.33	33.65	482.81	18.90	79.92
	最小值	13.73	18.28	1.36	24.41	23.07	418.98	15.30	75.04
天津	样本量	7	7	7	7	7	7	7	7
	均值	15.81	7.41	1.52	22.83	22.18	61.48	11.49	82.00
	标准差	1.95	4.44	0.25	6.70	2.72	2.71	2.51	1.44
	最大值	18.10	14.09	1.89	35.06	25.35	67.03	15.23	83.62
	最小值	13.24	1.19	1.20	14.15	16.57	59.01	8.70	79.26
石家庄	样本量	7	7	7	7	7	7	7	7
	均值	21.27	3.64	0.83	5.76	22.64	80.56	33.73	87.64
	标准差	1.19	1.55	0.14	2.30	6.33	8.26	9.94	1.88
	最大值	23.55	6.76	1.06	10.46	35.68	94.60	46.46	89.69
	最小值	19.88	1.92	0.64	3.32	16.00	71.49	16.87	83.70
唐山	样本量	7	7	7	7	7	7	7	7
	均值	19.82	11.84	0.50	4.07	25.29	53.56	25.24	90.46
	标准差	0.85	8.88	0.05	1.29	4.71	3.88	1.78	1.25
	最大值	20.81	29.93	0.58	6.69	28.82	60.64	27.22	91.88
	最小值	18.16	4.50	0.42	2.34	17.15	49.81	22.36	88.11
秦皇岛	样本量	7	7	7	7	7	7	7	7
	均值	18.26	13.28	0.62	7.42	34.10	125.74	29.28	82.27
	标准差	1.14	4.56	0.05	2.76	6.02	4.89	4.25	0.37
	最大值	19.72	23.60	0.69	10.40	43.44	132.89	33.92	82.86
	最小值	16.69	8.95	0.53	3.97	26.73	119.90	21.81	81.74

续表

指标名称		人力资本	第二产业固定资产投资效益	工业能源效率	万人专利申请授权量	基础设施产业投资占比	产业结构高度化	国企改革	市场调控
符号		B_{11}	B_{12}	B_{13}	B_{14}	B_{21}	B_{22}	B_{31}	B_{33}
邯郸	样本量	7	7	7	7	7	7	7	7
	均值	21.53	6.10	0.53	2.40	20.64	73.38	23.43	85.11
	标准差	2.04	4.80	0.06	0.99	2.76	7.53	6.18	2.14
	最大值	25.12	16.86	0.63	4.10	23.83	86.17	34.46	88.01
	最小值	19.07	2.48	0.43	1.25	15.40	65.12	17.35	81.88
邢台	样本量	7	7	7	7	7	7	7	7
	均值	20.70	5.13	0.80	3.12	14.86	52.59	23.60	80.67
	标准差	1.16	2.94	0.10	1.60	5.03	4.22	1.55	2.40
	最大值	22.93	11.58	0.95	6.24	22.65	59.58	27.04	83.85
	最小值	19.16	2.87	0.63	1.36	8.51	47.82	22.00	76.99
保定	样本量	7	7	7	7	7	7	7	7
	均值	19.57	11.47	1.70	3.95	21.43	70.68	26.54	80.96
	标准差	2.22	5.54	0.21	1.42	4.34	5.84	3.03	6.39
	最大值	21.78	20.17	1.96	6.91	27.90	80.98	32.49	85.90
	最小值	15.75	4.28	1.39	2.39	14.28	64.67	23.53	65.79
张家口	样本量	7	7	7	7	7	7	7	7
	均值	16.64	7.82	0.53	1.67	43.46	79.68	35.50	72.15
	标准差	1.51	4.24	0.07	0.77	9.29	5.61	9.67	5.11
	最大值	19.37	13.08	0.65	3.04	63.06	88.69	48.35	78.39
	最小值	13.99	3.36	0.43	0.59	33.96	73.81	23.82	63.54
承德	样本量	7	7	7	7	7	7	7	7
	均值	19.78	8.39	0.67	1.61	40.69	63.63	29.43	78.48
	标准差	1.02	4.82	0.04	0.91	7.58	5.12	5.25	2.00
	最大值	21.82	17.28	0.74	3.51	56.60	73.36	39.28	81.06
	最小值	18.29	3.53	0.60	0.80	30.88	58.52	20.30	74.54

续表

指标名称		人力资本	第二产业固定资产投资效益	工业能源效率	万人专利申请授权量	基础设施产业投资占比	产业结构高度化	国企改革	市场调控
符号		B_{11}	B_{12}	B_{13}	B_{14}	B_{21}	B_{22}	B_{31}	B_{33}
沧州	样本量	7	7	7	7	7	7	7	7
	均值	21.29	7.34	1.32	3.20	14.16	70.27	29.06	86.31
	标准差	1.23	5.44	0.06	1.59	1.54	4.81	2.42	1.95
	最大值	23.68	19.20	1.41	6.46	15.66	79.65	33.80	88.92
	最小值	19.75	2.00	1.23	1.45	11.57	65.66	25.44	83.07
廊坊	样本量	7	7	7	7	7	7	7	7
	均值	17.43	7.63	1.45	6.23	22.22	67.25	19.88	82.53
	标准差	1.78	4.62	0.14	2.58	5.59	8.48	4.14	2.52
	最大值	20.98	16.36	1.66	11.47	34.31	80.91	24.00	86.10
	最小值	15.39	3.03	1.27	3.32	17.95	56.44	11.07	79.77
衡水	样本量	7	7	7	7	7	7	7	7
	均值	17.80	6.75	1.92	3.51	11.42	52.67	25.75	79.95
	标准差	2.38	4.16	0.32	1.24	3.43	5.80	3.33	2.40
	最大值	22.85	15.23	2.33	5.78	15.30	61.86	30.07	84.09
	最小值	15.10	3.62	1.44	2.18	6.62	46.10	19.65	76.95

根据前文构建的区域供给侧改革效率测度指标体系，人力资本、第二产业固定资产投资效益、工业能源效率、万人专利申请授权量、基础设施产业投资占比、产业结构高度化、国企改革、市场调控等 8 个指标在一定程度上可以反映京津冀供给侧改革效率，因此为了全面、详细地了解和把握京津冀供给侧改革效率的现状，有必要对各个测度指标的时间变化趋势，尤其是“供给侧结构性改革”正式提出前(2012—2014 年)后(2015—2018 年)的变化，以及空间格局进行细致描述。

(1) 人力资本

从时间维度来看，如图 2-3(a)所示，2012 年以来，京津冀 13 个市除秦皇岛市人力资本水平整体呈波动上升的趋势以外，其他市的人力资本水平总体上均呈波动下降的趋势。究其原因主要在于秦皇岛市在 2015—2016 年间，地方财政教育支出约 8.34%的增速明显快于地方财政支出约 6.52%的增速，这与近年来秦皇岛市更加重视教育有关。在 2016 年，秦皇岛还与北京第二外国语学院共同建设中美旅游学院，积极探讨政产学研用一体化合作；与此同时，与河北医科大学的合作也在持续推进。

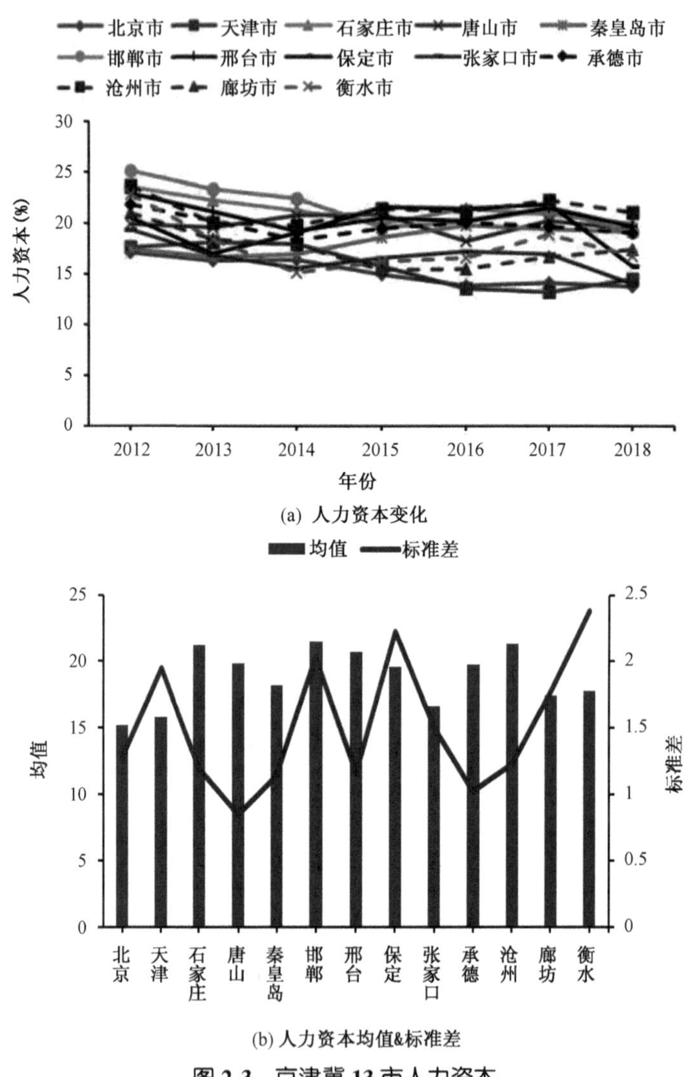

(a) 人力资本变化

(b) 人力资本均值&标准差

图 2-3 京津冀 13 市人力资本

分阶段来看，除了北京市、天津市、唐山市和保定市，其他 9 市人力资本变动情况在 2015 年后均出现了正向变化。具体来看，石家庄市、邯郸市、张家口市和廊坊市的人力资本年均下降速度趋缓，分别由大约 5.11%、5.61%、10.19%和 7.80%的速度下降至约 1.47%、3.58%、2.24%和 0.22%；秦皇岛市、邢台市、承德市、沧州市和衡水市也实现了由下降趋势向上升趋势的转变，分别从原来以年均约 1.49%、8.60%、8.44%、8.40%和 18.70%的速度下降，转变为以约 3.22%、0.88%、0.99%、1.68%和 3.05%的速度上升。而另外四市虽出现了下降，但是下降的原因不尽相同。北京市主要是由于第二阶段的地方财政教育支出的年均增长速度较第一阶段而言出现小幅下降，约下降 1.59%，而地方财政支出的年均增长速度却出现了约为 25.73%的增加，这与北京市近年在基础设施建设、科教文卫支出等方面力度加大，使得地方财政支出的增长速度提升有关；天津市是由于在 2015 年后地方财政教育支出和地方财政支出的年均增长速度均下降，但地方教育支出增长速度的下降幅度大于地方财政支出，分别约为 119.50%和 84.79%；唐山市在 2015 年后地方财政教育支出和地方财政支出的年均增长速度均出现上升的情况，但是地方教育支出增加的幅度明显小于地方财政支出的增加幅度，分别约为 31.47%和 171.26%；而保定市则主要受到 2018 年地方财政支出大幅增加的影响，当年出现了约为 58.28%的增幅，这与当年政府大力改善民生，用于保障和改善民生的财政支出高达 557 亿元有关。虽然京津冀 13 个市之间的具体情况略有差异，但是整体来看，京津冀地区人力资本水平在供给侧结构性改革提出以后出现了较为明显的正向变化。

从空间维度来看，如图 2-3(b)所示，北京市的均值最小，约为 15.20%，主要是由于北京市作为首都，对于国家机器的正常运转、维护社会和经济等环境稳定作用巨大，使得北京市地方财政支出数额很大，在 2012 年北京市地方财政支出便超过 3 500 亿元并在 2018 年实现翻倍，达到约 7 471.43 亿元；而均值的最大值出现在邯郸市，约为 21.53%，这与近年来邯郸市较为重视教育的发展有关，在研究中发现邯郸市地方财政教育支出每年均超过 85 亿元。就波动情况来看，唐山市的标准差最小，约为 0.85；而衡水市的标准差最大，约为 2.38。两者标准差相差约 1.5，可见不同城市的人力资本变化情况存在较大差异。

(2) 第二产业固定资产投资效益

从时间维度来看，如图 2-4(a)所示，2012—2018 年，除了北京市第二产业固定资产投资效益呈现大幅波动以外，其他 12 个市整体来看大都呈波动下降的趋势。具体来看，2014 年以前，北京市的第二产业固定资产投资效益以年均约 7.81%的速度上升，而在 2015 年当年出现跳崖式下跌，降幅高达 56.54%，这一大幅下跌主要是由当年第二产业增加值增加额出现了约为 58.95%的降幅，而第二产业固定资产投资仅下降了约5.54%造成的,这与北京市大规模进行产业转移,疏解与其功能定位不符的一般性产业、区域性物流基地、区域性专业市场、部分教育医疗培训机构、部分行政性事业性服务机构和企业总部有一定联系;而其他市总体呈现下降的趋势主要也是第二产业增加值增加额下降幅度大于第二产业固定资产投资的下降幅度所致。

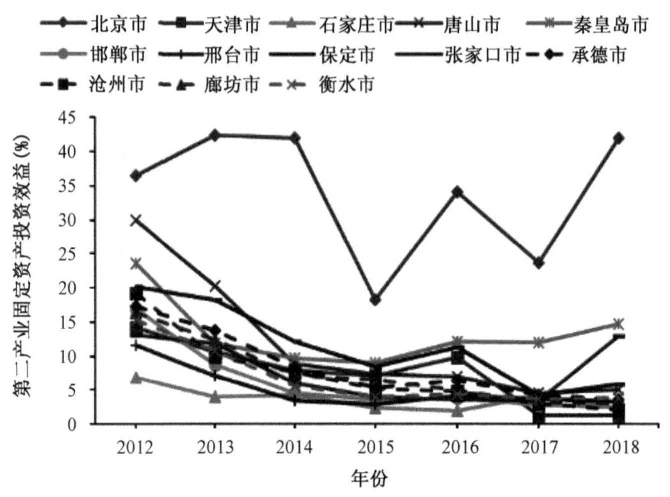

(a) 第二产业固定资产投资效益变化

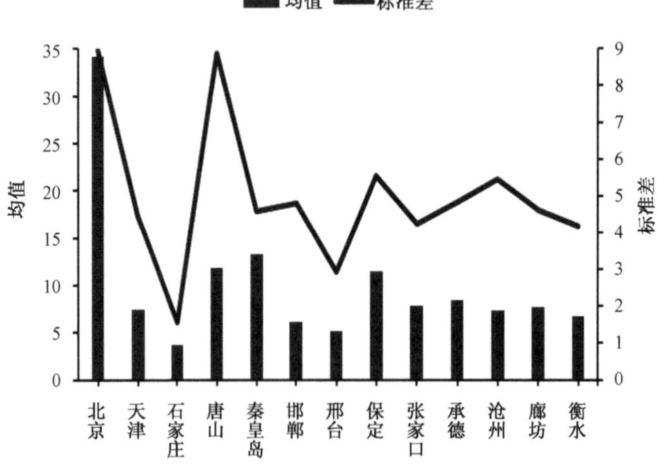

(b) 第二产业固定资产投资效益变化均值&标准差

图 2-4 京津冀 13 市第二产业固定资产投资效益

分阶段来看,京津冀 13 市在 2015 年后均出现正向变化。具体来看,北京市的年均增速由大约7.81%上升至19.33%；天津市、唐山市、邯郸市、保定市、承德市、沧州市、廊坊市和衡水市均实现下降速度趋缓，分别由大约25.19%、44.29%、48.67%、21.59%、29.94%、35.88%、33.49%和38.56%的降速降至大约15.82%、11.40%、12.53%、5.66%、16.37%、27.49%、17.86%和7.75%；除此之外，石家庄市、秦皇岛市、邢台市和张家口市实现由降转升，分别由年均约16.98%、34.43%、45.84%和29.48%的降速变为年均约0.94%、12.53%、1.80%和58.88%的增速。2015年后第二产业固定资产投资效益出现正向变化的情况，反映出供给侧结构性改革提出以来，京津冀地区进一步加快产业结构优化升级，大力消减落后产能，降低传统工业投资，并引导投资向高新技术产业流动等措施取得了一定的成效。

从空间维度来看，如图2-4(b)所示，北京市第二产业固定资产投资效益很大，其均值高达34.18%，而且在研究期间其标准差同样高达8.95，均居13市之首。这主要是由于北京市的产业结构与其他市之间差异较大，尤其是“疏解北京非首都功能”提出以来，北京市逐步放弃“大而全”的经济体系，把一些低附加值、高能耗、重污染的相对低端产业疏解出去，构建“高精尖”的经济结构，这使得北京市第二产业进一步压缩，从而导致第二产业固定资产投资额较小；而且北京作为首都和政治中心，对供给侧结构性改革这一政策的响应速度较快，使得其2015年后第二产业固定资产投资效益波动较大，在2018年年均变动速度甚至由上一年的大约23.64%的增长速度变为约43.20%的下降速度，从而导致其标准差很大。与之对比明显的是石家庄市这一指标的均值和标准均最小，分别约为3.64%和1.55，主要原因是石家庄市作为工业大市和先进制造业基地，其第二产业固定资产投资额较大且整体变化情况较为稳定。

(3) 工业能源效率

从时间维度来看，如图2-5(a)所示，京津冀13个市的工业能源效率整体上均呈上升趋势。其中，变动幅度最明显的为北京市，2012年以来，北京市工业生产总值以年均约5.05%的速度上升，而工业能源消费总量则以年均约7.31%的速度下降，这使得其工业能源效率以年均约13.95%的速度上升，在2018年达到2.91万元/吨标准煤；而承德市的变动幅度最小，年均增长速度约为3.51%，这主要是由于当地工业增加值和工业能源消耗总量均呈上升的趋势，其上升速度分别约为5.47%和1.93%。工业能源效率一致向上的趋势反映出京津冀13个市在工业生产方面都更加重视绿色、高效生产。

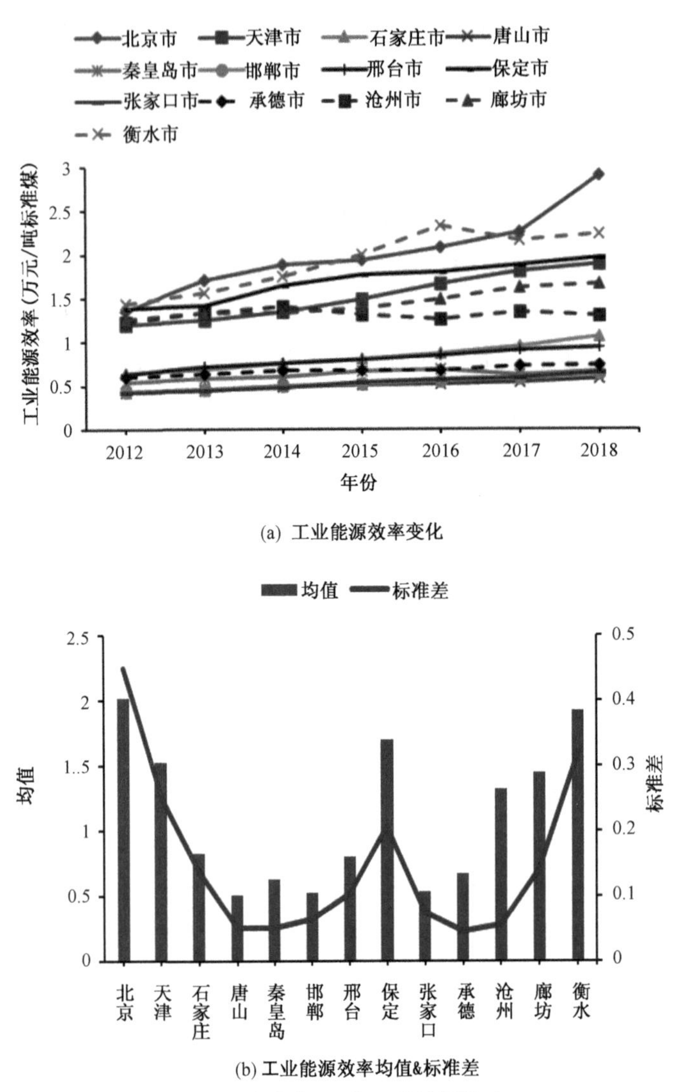

(a) 工业能源效率变化

(b) 工业能源效率均值&标准差

图 2-5　京津冀 13 市工业能源效率

分阶段来看,除了天津市、石家庄市、张家口市和廊坊市的增长速度实现提升以外,其他 9 市均出现了增速趋缓的情况。具体来看,天津市、石家庄市、张家口市和廊坊市的工业能源效率年均增速分别由大约 6.09%、8.51%、6.06%和 2.84%提升至约 8.90%、9.03%、7.84%和 5.56%;而北京市、唐山市、秦皇岛市、邯郸市、邢台市、保定市、承德市和衡水市分别由约为 17.95%、7.60%、6.53%、7.39%、9.55%、8.86%、5.31%和 9.94%的增速下降至约 11.95%、4.34%、2.53%、6.15%、5.91%、4.59%、2.60%和 6.81%;沧州市由原本以年均约 7.30%的速度上升转变为以大约 1.80%的速度下降。增速趋缓的原因,各市之间略有差异。其中,北京市、邯郸市、邢台市、保定市和衡水市在积极淘汰落后产能使工业能源消费总量下降的情况下,折算后的工业增加值的增长速度也趋于下降,分别由约 6.78%、6.45%、6.55%、8.90%和 9.40%下降至约 4.18%、4.15%、4.95%、4.18%和 4.72%,由此使得工业能源效率的增速也趋于下降,这一现象也反映出以上 5 市在产业转型方面初见成效;而唐山市、秦皇岛市、承德市和沧州市的工业能源消费总量虽出现了上升,但其折算后的工业增加值的增速反而出现了较大幅度的下降,所以其工业能源效率的增速也逐渐下降,这一现象在一定程度上反映出以上 4 市的高耗能产业消耗了全市的大部分能源,而产出效率却较低,可能正是其完成能耗总量和强度"双控"目标的重点和难点所在。而且唐山市和沧州市分别作为环渤海新型工业化基地和国家重要化工基地,对工业能源的消耗较大是不可避免的,不过两市也在积极寻求改变,如沧州市在《沧州市节能"十三五"规划》中就明确提出了约束性目标,即截至 2020 年,沧州市能源消费总量要控制在 3 066 万吨标准煤以内,"十三五"能耗增量控制在 358 万吨标准煤以内。除此之外,河北省多个市出现增速放缓也与其在 2013 年开始实施的"6643"工程有关,所以其早期工业能源效率增速较快,而随着这一工程进入后期,任务逐渐完成,工业能源效率便出现了趋缓的情况。

从空间维度来看,如图 2-5(b)所示,北京市的工业能源效率均值约为 2.02 万元/吨标准煤,标准差约为 0.45,均为 13 个市最大,这与北京市目前所处的后工业化阶段的现实情况有关,加上"疏解北京非首都功能"提出以来,高耗能产业逐步向外转移,高新技术产业比重进一步提高;而均值和标准差的最小值分别出现在唐山市和承德市,其值分别约为 0.50 万元/吨标准煤和 0.04,这与唐山市作为"中国近现代工业的摇篮"拥有深厚的工业基础有关,不过作为京津冀世界级城市群的两翼之一,唐山市也在积极打造新型工业化基地,从而促进能源利用效率的进一步提升;而承德市作为旅游业较为发达的城市,其工业能源效率不会呈现十分明显的变化。均值和标准差在最值之间的较大差异同样反映出京津冀地区不同城市在工业能源效率方面仍存在较大差距。

(4) 万人专利申请授权量

从时间维度来看,如图 2-6(a)所示,京津冀 13 市万人专利申请授权量均呈上升趋势。其中,北京市和天津市增长速度均明显快于河北省 11 个市,其年均增长速度分别约为 15.50%和 17.12%,北京市万人专利申请授权量在 2018 年突破 50

件/万人,创历史新高。而京津冀地区万人专利申请授权量几乎逐年增加也反映出京津冀 13 个市在技术创新、人才培养与引进等方面都在积极发力。

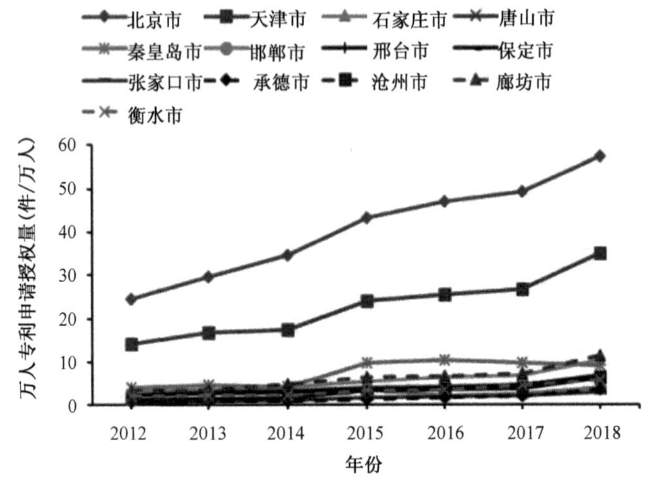

(a) 万人专利申请授权量变化

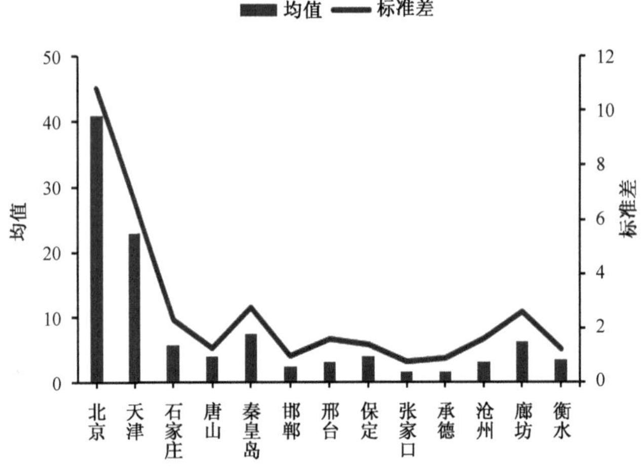

(b) 万人专利申请授权量均值&标准差

图 2-6　京津冀 13 市万人专利申请授权量

分阶段来看,除北京市、唐山市和张家口市以外,其他 10 个市万人专利申请授权量在 2015 年后均产生了正向变化。具体来看,北京市、唐山市和张家口市的年均增速分别由大约 19. 25%、20. 88% 和 43. 12% 下降至约 13. 63%、19. 47% 和 27. 56%,而三者上升速度趋缓的原因有所不同:北京市是由于其本身发展情况较好,所以导致专利授权量在第二阶段的年均增速由约 21. 60%降至 13. 69%;唐山市和张家口市则是由于期初基数小，因而发展空间大，上升速度快，在快速达到一定发展水平后，速度开始趋缓；而天津市、石家庄市、秦皇岛市、邯郸市、邢台市、保定市、承德市、沧州市、廊坊市和衡水市万人专利申请授权量在两个阶段的年均增长速度分别约为 11.09%、12.21%、4.32%、13.76%、14.15%、11.32%、2.88%、20.33%、20.58%、5.22%和 20.13%、26.85%、31.08%、39.56%、42.20%、24.47%、43.89%、33.86%、26.27%、25.29%，均出现了较大的提速。

从空间维度来看，如图 2-6(b)所示，均值和标准差的最大值均出现在北京市，分别约为 40.82 件/万人和 10.83。结合上面分析可知，其标准差较大主要是万人专利申请授权量增长速度明显所致。而且北京作为全国政治中心、文化中心、国际交往中心和科技创新中心，一方面十分重视科技的发展与创新能力的提高，另一方面，其本身对高素质人才也具有极强的吸引力。而均值和标准差的最小值分别出现在承德市和张家口市，其值分别约为 1.61 件/万人和 0.77，表明这两市在技术创新和人才培养与引进等方面仍有较大的进步空间。

(5) 基础设施产业投资占比

从时间维度来看，如图 2-7(a)所示，京津冀 13 市在基础设施产业投资占比方面的波动情况各不相同，但整体来看波动幅度较大。其中，张家口市上升幅度最为明显，这与我国申奥成功，并且将 76 个冬奥项目交由张家口市赛场负责密切相关。为了建设“奥运新城”，张家口市的交通运输、信息传输、热力和电力等基础设施建设大幅增加。但是天津市在研究期间基础设施产业投资占比呈下降趋势，主要是由于天津市基础设施在早期已基本建立完善，而在此研究期间内投资较小。

分阶段来看，除了唐山市、保定市、承德市和沧州市，其他 9 个市的基础设施产业投资占比在 2015 年后均出现了正向变化。具体来看，保定市和承德市在 2015 年后出现增速趋缓的情况，由起初分别约 14.32%和 7.95%的增速下降至约 8.78%和 5.95%；唐山市和沧州市则由年均增长的态势转变为年均下降的趋势，分别由原来约 32.22%和 16.12%的增速变为约 8.21%和 0.35%的降速。究其原因，主要是由于 2015 年以来，沧州市的交通运输、仓储和邮政业投资额出现较大幅度的下降，年均下降速度约 13.28%；承德市主要是 2016 年后电力、热力、燃气及生产和供应业以及交通运输、仓储和邮政业两大行业投资额下降幅度较大，年均下降速度分别约 12.78%和 31.66%；而唐山市和保定市则是在 2015 年后，在基础设施建设投资方面整体出现了下降，年均增速分别由第一阶段的约 57.72%和 28.19%降至约

1.85%和15.18%。北京市、石家庄市和廊坊市则实现了在原有增速基础上的加速,分别由约2.56%、9.30%和5.82%速度升至约8.25%、17.27%和16.41%;秦皇岛市、邯郸市、邢台市、张家口市和衡水市更是由降转升,分别由约3.81%、14.05%、17.49%、6.81%和14.49%的降速变为约10.39%、11.98%、28.57%、16.87%和26.45%;另外天津市也实现了下降速度的趋缓,由8.71%降至4.62%。由此可见,供给侧结构性改革虽然对京津冀不同城市所产生的效果有所差距,但是总体来看,大部分城市都出现了正向变化。

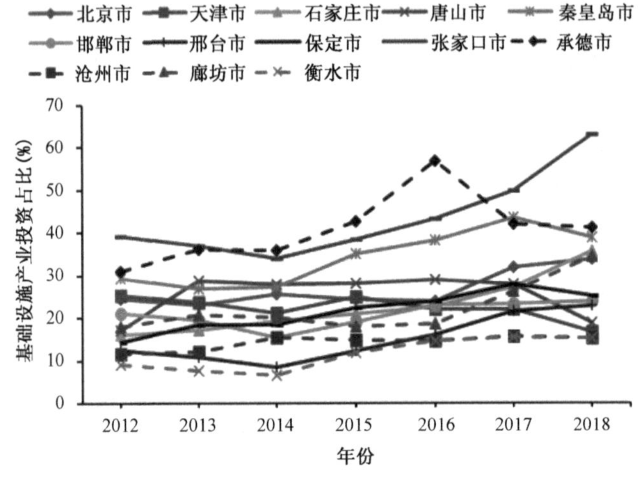

(a) 基础设施产业投资占比变化

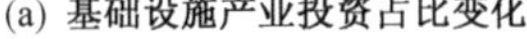

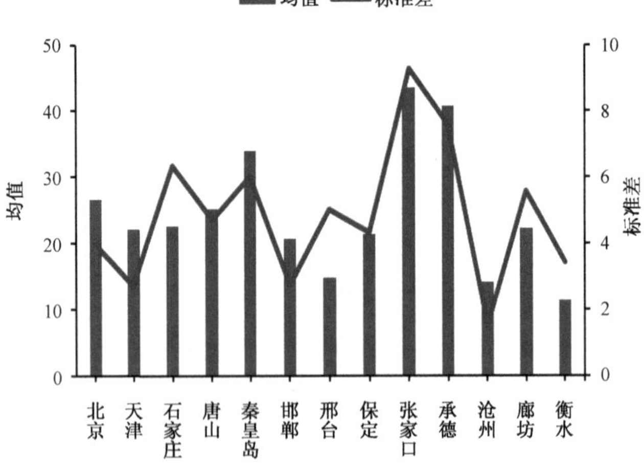

(b) 基础设施产业投资占比均值&标准差

图2-7 京津冀13市基础设施产业投资占比

从空间维度来看,如图 2-7(b)所示,张家口市位于均值和标准差的首位,其值分别约为 43.49%和 0.29,这与近年来张家口大规模建设基础设施密切相关;而衡水市的均值最小,仅约为 11.42%;沧州市的标准差最小,约为 1.54,这在一定程度上意味着衡水市和沧州市政府可以在之后进一步加大对基础设施产业的投资,从而促进当地的发展。

(6) 产业结构高度化

从时间维度来看,如图 2-8(a)所示,京津冀 13 个市的产业结构高度化在整体上呈现上升趋势,其中,除北京市上升趋势明显以外,其他 12 市之间的差异较小。北京市在 2012—2018 年的年均增长速度达到约 2.41%,而且 2015 年当年其增速再次出现明显提升,上升至约为 5.25%,产业结构高度化也达到约 444.71%。京津冀各市出现一致上升的原因主要是第三产业增加值的增长速度快于第二产业增加值增长速度,这也反映出京津冀地区的产业结构在不断进行优化。

分阶段来看,京津冀 13 个市在 2015 年后均呈现正向变化。具体来看,北京市、天津市、石家庄市、秦皇岛市、邯郸市、邢台市、承德市、廊坊市、衡水市 9 市均实现增速提升,分别由大约 0.42%、0.67%、2.18%、0.85%、2.18%、1.39%、0.16%、4.76%和 2.11%的速度上升至约 3.40%、2.91%、6.11%、2.09%、6.11%、4.81%、5.34%、6.91%和 6.39%;唐山市、保定市、张家口市和沧州市也实现由早期年均下降的情况转变为上升趋势,分别由年均约为 0.48%、0.16%、1.25%和 1.27%的降速变为约 4.80%、5.49%、4.13%和 4.96%的增速。这些积极的变化与京津冀各市积极响应供给侧结构性改革中“去产能”的号召密切相关,京津冀地区的产业结构高度化在供给侧结构性改革提出后出现了明显的提升。

从空间维度来看,结合图 2-8(b),可以发现北京市的均值和标准差均明显大于其他 12 市,分别约为 444.21%和 23.43,这主要是由于北京市产业结构与其他市差异较大,北京市第三产业本身占比更大,其增加值也会相应较大,加上北京市城市地位的特殊性,在政策环境、人才供给、技术水平等方面具有明显优势,使其产业结构高度化增长趋势更为明显。而邢台市产业结构高度化的均值最小,仅约为 52.59%,这与邢台市作为华北地区重要的能源基地的现实情况有关,在 2012 年中国航空工业集团旗下的中航机电系统有限公司还与邢台市政府签约共同打造中重卡整车及特种车辆底盘/特种装备生产基地项目,因此邢台市第二产业的比重相对较大;天津市标准差最小,仅约为 2.71,主要是天津市第二产业增加值和第三产业增加值变化情况相对稳定的原因。

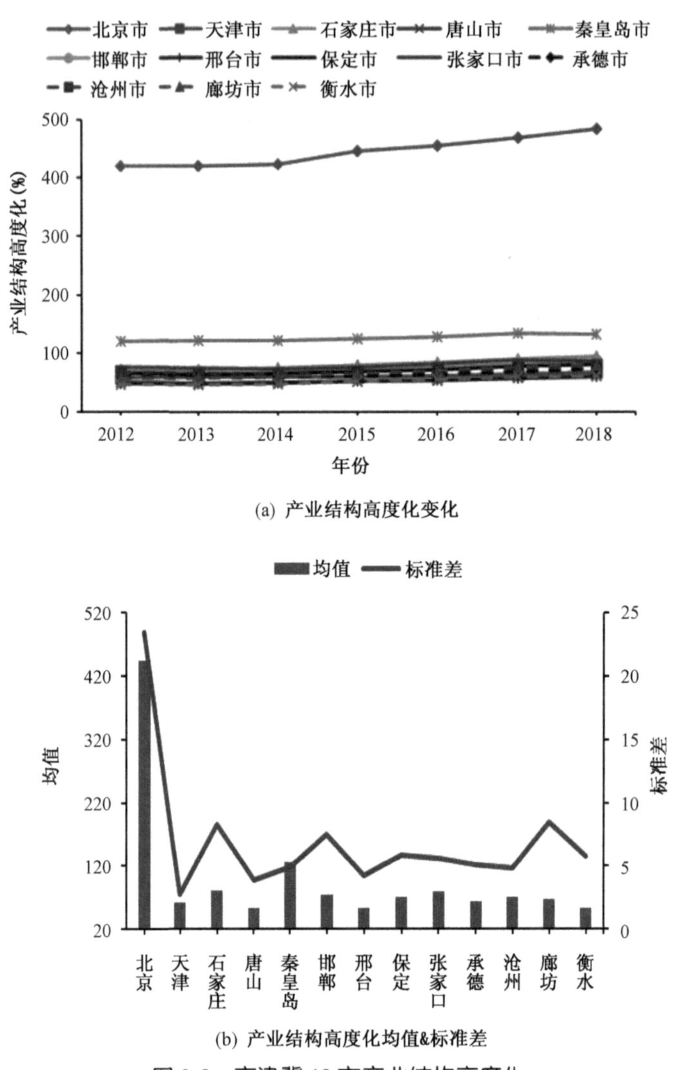

(a) 产业结构高度化变化

(b) 产业结构高度化均值&标准差

图 2-8　京津冀 13 市产业结构高度化

(7) 国企改革

从时间维度来看,如图 2-9(a)所示,2012—2018 年,京津冀 13 个市的国企改革水平大都波动较大,其中石家庄市和张家口市波动最为显著,分别呈现出"W"形和"M"形波动。石家庄市在 2014 年以前以年均约 16.32%的速度下降,随后两年连续出现回升,并在 2016 年超过 2012 年的最初水平跃升至约 46.46%,但在 2017 年又出现了断崖式下跌,该指标以约为 63.69%的速度快速跌至约 16.87%的水平,而后在 2018 年回升至约 23. 92%；张家口市在 2013 年之前以大约为 31. 83%的速度上升，但次年便下降至约为 23. 82%的水平，而后两年回升至近 50%，在 2017—2018 年又开始以年均约 26. 46%的速度下降。数据分析可知，主要是两市的城镇就业人数变化较大，但造成这一情况出现的原因，两市之间存在差异：石家庄市主要是起初在进行环境治理和去产能的过程中关闭了大量高污染企业和“僵尸企业”，这一过程必然导致一些人员的失业，但在治理后期政策效应加上供给侧结构性改革的大背景下，就业人数开始增加，在 2017 年失业人员再就业的人数便达到了 4. 4 万人。而张家口市主要是后期大力建设基础设施与修建奥运场地的原因，对劳动力产生了较强的吸纳作用。

分阶段来看，除了北京市和秦皇岛市，其他 11 个市均出现了负向变化。具体来看，北京市和秦皇岛市该指标的年均下降速度分别由大约 3. 21%和 3. 33%增加至约 3. 53%和 8. 63%，而两市出现下降的原因主要是城镇国有经济就业人数出现了下降。这与我国积极推行国企改革存在一定联系，尤其是在 2015 年印发了《关于深化国有企业改革的指导意见》作为新时期指导和推进我国国企改革的纲领性文件，并在当年确立党要管国企的原则，使得两市部分国企裁剪冗余人员力度较大，进而导致城镇国有经济就业人数在城镇就业人数中的占比出现下降。以北京市为例，2015 年国有企业就业人数较 2014 年下降了约 5 万人，2018 年城镇国有企业就业人数降至 177. 8 万，创 2012 年以来的历史新低。而在另外 11 市中，天津市、邢台市和承德市在 2015 年后出现了下降速度的趋缓，分别由年均约 9. 51%、7. 95%和 12. 03%，降至约 8. 29%、0. 79%和 8. 68%；石家庄市、唐山市、邯郸市、保定市、张家口市、沧州市、廊坊市和衡水市则实现由降转升，分别由年均约 16. 32%、2. 28%、23. 01%、12. 19%、5. 62%、7. 21%、9. 81%和 11. 78%的速度下降，转变为约 6. 84%、0. 57%、13. 52%、0. 11%、12. 36%、0. 49%、18. 23%和 7. 77%的速度上升。这些负向变化与供给侧结构性改革的提出存在一定的联系，供给侧结构性改革强调有效化解过剩产能，这必然会导致一些战略资源退出“僵尸企业”，而在这一过程中不可避免地伴随着失业，使得城镇就业人数出现下降。而城镇国有经济就业人数在一定程度上相对稳定，因此导致城镇国有经济就业人数在城镇就业人数中的占比有所增加。

从空间维度来看，如图 2-9(b)所示，该指标的最大均值(约 35. 50%)出现在张家口市，最小值(约 11. 49%)出现在天津市；而标准差的最大值(约 9. 94)出现在石家庄市,最小值(约1.16)出现在北京市。分析原因可知,均值较大和标准差较大的原因都与城镇就业人数大幅度变动有关,说明政府可以采取一定的措施进一步稳定就业;而均值和标准差较小主要与城镇就业人数较大且变化较为稳定有关,这在一定程度上反映出了北京市和天津市在控制失业方面做得比较好。

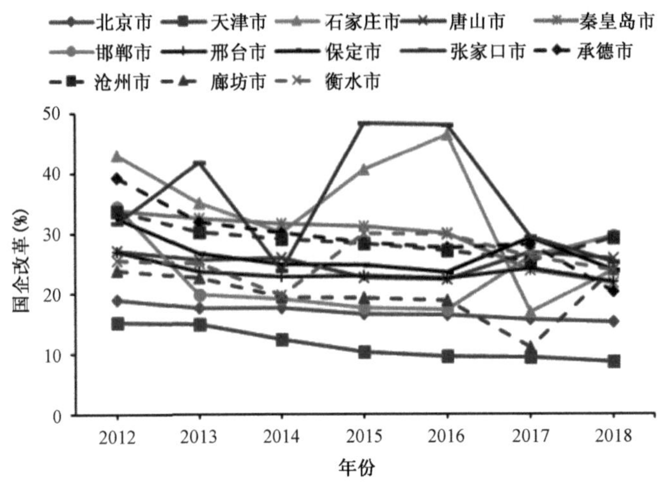

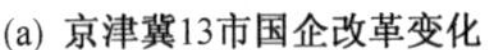
(a) 京津冀13市国企改革变化

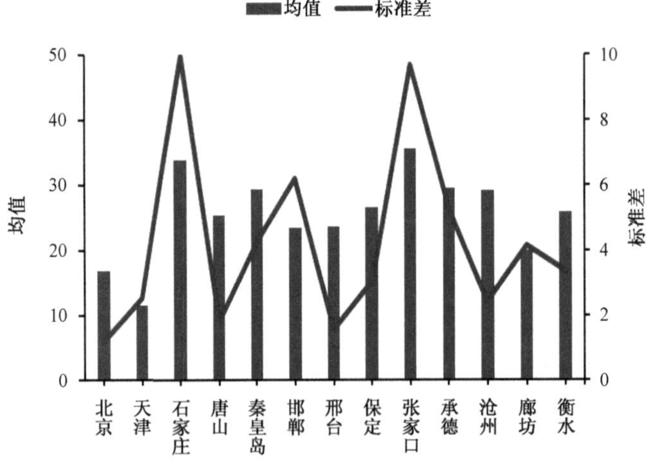

(b) 京津冀13市国企改革均值&标准差

图2-9 京津冀13市基础设施产业投资占比

(8) 市场调控

从时间维度来看,如图2-10(a)所示,在2012—2018年期间,京津冀13个市的市场调控整体呈现下降趋势,并且大多波动幅度较小。这里市场调控呈现下降的趋势意味着地方财政支出在地方国内生产总值中所占的比重增加,其原因主要是近年京津冀多个地区在基础设施建设、科教文卫支出等方面力度加大,使得其地方财政支出的增长速度大于地方国内生产总值的增长速度。不过在我国进行结构性调整的背景下,更加积极有力的财政政策可以起到很好的助力作用,因此在一定时期内呈下降趋势也是合理的。

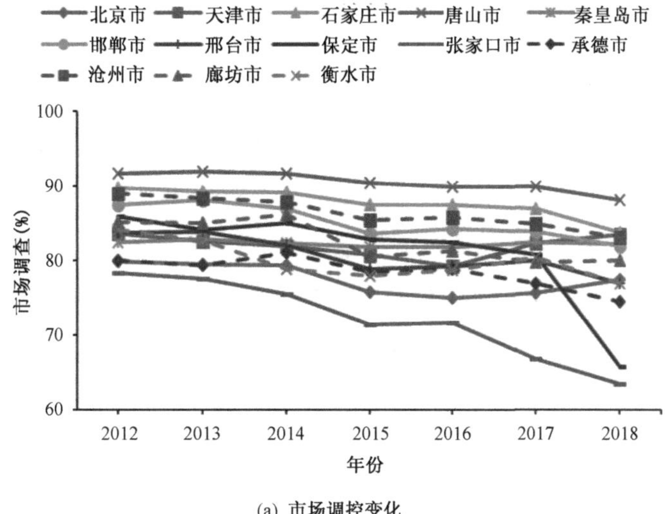

(a) 市场调控变化

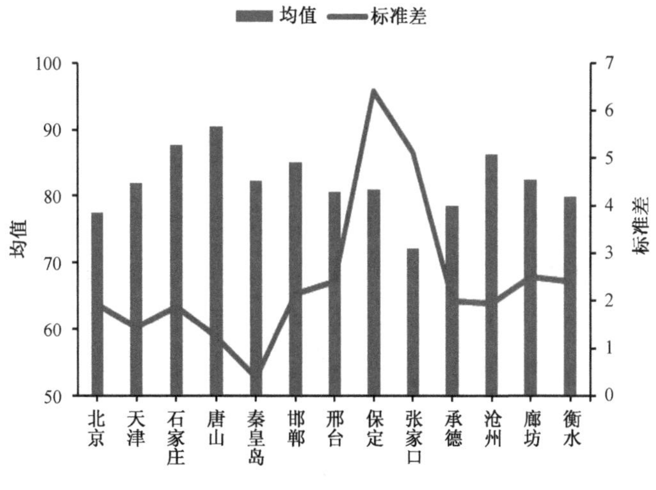

(b) 市场调控均值&标准差

图 2-10　京津冀 13 市市场调控

分阶段来看,在京津冀13市中,只有天津市、秦皇岛市和衡水市在2015年后市场调控产生了正向变化。具体来看,天津市实现了由降转升,从第一阶段年均约1.02%的降速变为第二阶段年均约0.50%的增速;秦皇岛市和衡水市则实现降速趋缓,分别由原来的年均约0.07%和3.13%的速度下降至约0.04%和0.59%;另外10市中,承德市和廊坊市出现了由升转降的情况,分别由原来大约年均0.64%和0.61%的增速变为约2.01%和1.76%的降速;北京市、石家庄市、唐山市、邯郸市、邢台市、保定市、张家口市和沧州市则出现了下降速度加快的情况,分别由第一阶段以年均约0.34%、0.36%、0.03%、0.33%、0.93%、0.56%、1.82%和0.61%的速度增加至第二阶段的约0.59%、1.53%、0.96%、1.45%、1.57%、5.88%、4.20%和1.38%。这一现象反映出供给侧结构性改革的提出,对京津冀多数城市的市场调控产生了一定意义上的不利影响,不过供给侧结构性改革本身就需要政府的力量来矫正要素配置的扭曲,所以不可避免地会在一定程度上影响市场调控。

从空间维度来看,均值的最大值(约90.46%)出现在唐山市,主要是由于唐山市作为京津唐工业基地的中心城市,第二产业的较大占比使得其对当地国内生产总值的拉动效应明显;而最小值(约72.15%)出现在张家口市,这是因为张家口市近年为了建设"奥运新城"大力投资基础设施建设,使得其地方财政支出占地方国内生产总值的比重较大,年均稳定在20%以上。标准差的最大值(约6.39)出现在保定市,主要是在2015年后,其地方财政支出大幅增加,其增长速度由第一阶段的约9.71%升至约24.62%;而最小值(约0.37)出现在秦皇岛市,原因是当地地方财政支出和当地的国内生产总值的变化相对平稳。

2.2 京津冀供给侧改革效率的双重异质性分析

为了考察2012—2018年京津冀供给侧协同改革效率的时间和空间双重异质性,本书基于供给侧改革的理论分析框架,从要素供给、产业供给和制度供给三个维度构建供给侧改革效率测度指标体系,综合运用AHP、引入时间变量的改进熵权法以及协同度模型和收敛性模型分别对2012—2018年京津冀13市供给侧改革效率及其区域协同指数进行测度,并总结时间变化趋势,重点分析"供给侧结构性改革"被正式提出前(2012—2014年)后(2015—2018年)的变化,进而引入时间加权向量,结合聚类分析描述空间格局。

根据改进熵权法,可分别得到京津冀各指标层权重,如表2-1所示。根据

表 2-1 设计京津冀供给侧改革效率指标的 AHP 判断矩阵专家咨询表，随京津冀工业绿色发展指标的 AHP 判断矩阵专家咨询表一同发放给专家学者，回收整理后，将同一位置的数据取众数作为最终的重要性，通过和法计算指标权重，并进行一致性检验，最终得到各指标层的 AHP 权重，如表 2-1 所示。结合专家意见，考虑到供给侧改革对于经济的影响是长期的，短期内在客观数据上并不显著，因此，对两种方法计算的供给侧改革效率指标权重分别赋权为 0. 6 和 0. 4，可得到供给侧改革各准则层和指标层的（单层）组合权重，如表 2-1 所示。

由表 2-1 可知，产业供给所占权重最大，制度供给次之，要素供给最小。从指标层来看，产业结构高度化、市场调控、万人专利申请授权量、国企改革等权重较大，均为主要影响因素；工业能源效率的权重最小。

2. 2. 1　时间异质性分析

为了考察京津冀总体 2012—2018 年供给侧改革效率的变动趋势，根据公式（2-1）得到标准化数据，根据公式（2-8）得到 2012—2018 年京津冀 13 市要素供给、产业供给、制度供给以及供给侧改革效率测度值，将每一年 13 市数据取平均值得到京津冀总体在研究期内的供给侧改革效率，结果如图 2-11 所示。

（1）要素供给

如图 2-11（a）所示，京津冀 2012—2018 年要素供给效率整体呈先下降后上升的“U”型趋势，比较各指标贡献度发现，2012—2018 年人力资本与第二产业固定资产投资效益为抑制作用，工业能源效率与万人专利申请授权量为促进作用。

分阶段来看，要素供给效率在 2012—2014 年的年均增速为负，约为-12. 27%，2015—2018 年年均增速为正，约为 3. 99%，说明 2014 年以后要素供给效率一定程度上得到了矫正。通过比较内部指标发现，2012—2014 年人力资本、第二产业固定资产投资效益、工业能源效率、万人专利申请授权量的增速分别约为-32. 39%、-50. 37%、33. 5%、37. 12%，其贡献度分别为 76. 10%、54. 78%、- 14. 93%、-15. 95%，说明该阶段人力资本为主要抑制因素，工业能源效率与万人专利申请授权量共同促进要素供给效率的提高；2015—2018 年人力资本、第二产业固定资产投资效益、工业能源效率、万人专利申请授权量的增速分别约为-16. 51%、27%、31. 66%、49. 67%，对要素供给效率提高的贡献度分别为-58. 03%、19. 66%、45. 67%、92. 7%，说明该阶段除人力资本为负贡献外，其余均为促进作用，其中万人专利申请授权量为主要促进因素,工业能源效率次之,第二产业固定资产投资效益最小。比较发现,2014 年前后人力资本对于要素供给均为抑制作用,第二产业固定资产投资效益在 2014 年后转为促进作用,但促进作用较小。

(2) 产业供给

如图 2-11(b)所示,京津冀 2012—2018 年产业供给效率呈线性增长态势,累计提高约 0.028 1,年均增长约 7.27%,说明京津冀随着基础设施投资的积累,产业结构逐渐优化升级,推动了经济向高质量方向发展。2012—2018 年基础设施产业投资占比与产业结构高度化占产业供给效率的比重均稳定在 50%左右,比较其贡献度发现,基础设施产业投资占比的贡献度较大,约为 60.30%,说明研究期内,基础设施产业投资占比是提高产业供给效率的主要影响因素。

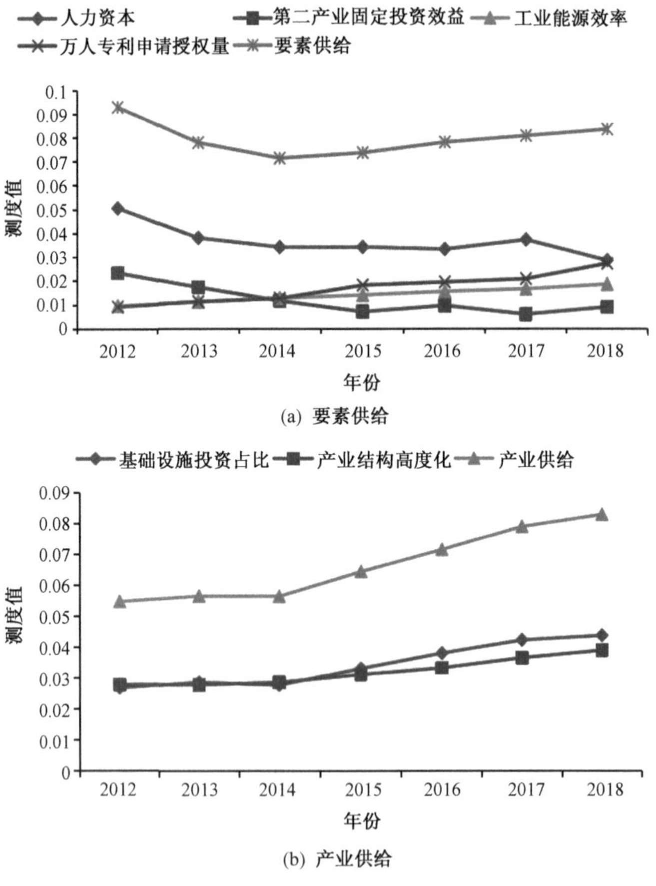

(a) 要素供给

(b) 产业供给

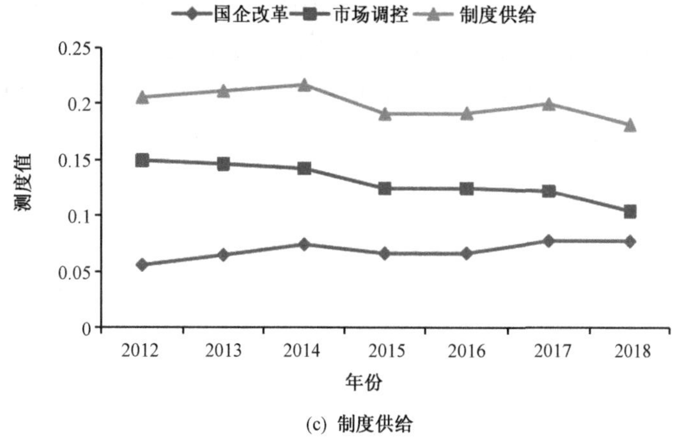

(c) 制度供给

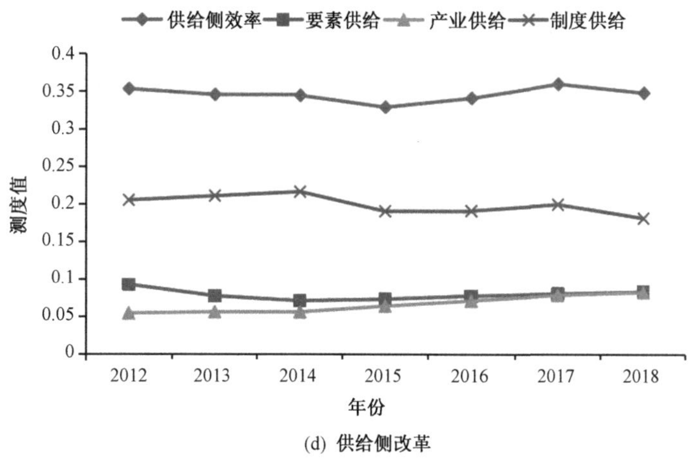

(d) 供给侧改革

图 2-11　京津冀总体 2012—2018 年供给侧改革效率变动趋势

分阶段来看，产业供给效率在 2012—2014 年的年均增长率（约为 1.53%）明显小于 2015—2018 年的年均增长率（约为 10.13%），通过比较内部指标发现，2014 年以后，基础设施产业投资占比与产业结构高度化的年均增速大幅度提高，且该阶段基础设施产业投资占比始终为主要影响因素。这主要由于，随着京津冀协同发展战略提出，推动产业在京津冀地区有序转移，带动了河北省的产业结构逐渐以第三产业为主，基础设施合作的逐渐深入，将协同发展推向更高级的阶段，从而进一步提高了产业供给效率。

（3）制度供给

如图 2-11（c）所示，京津冀 2012—2018 年制度供给效率呈波动降低趋势，累计降低约 0. 023 8。从内部指标来看,2012—2018 年国企改革大体呈缓慢上升趋势,而市场调控呈波动降低趋势,且市场调控的抑制效应完全抵消了国企改革的促进效应,成为制约制度供给效率上升的重要因素,原因主要在于,虽然国有企业改革有所成效,但政府与社会、市场的关系并未得到妥善的处理,依然存在政府主导市场资源的现象。

分阶段来看,制度供给效率在 2012—2014 年呈上升趋势,并在 2014 年取得较大提升,达到最高水平,约为 0. 2165;2015—2018 年呈波动降低趋势,年均降低约 4. 07%。这是由于,2014 年以前市场调控虽有降低,但降低幅度较小,其产生的抑制作用并未完全抵消国企改革带来的红利;2014 年以后,京津冀三地经济发展水平差距过大,产业转移等虽给河北省带来了发展机遇,但同时也由于虹吸效应导致河北省要素资源的流失,政府不得不实施政策保护,加大对市场的干预,导致市场自由度降低。

(4) 供给侧改革

如图 2-11(d)所示,京津冀 2012—2018 年供给侧改革效率较为稳定,波动趋势并不明显,说明京津冀供给侧改革效率内部此消彼长。通过比较内部指标发现,形成了制度供给所占比重最大,要素供给次之,产业供给最小的局面。比较其贡献度发现,要素供给与产业供给对于供给侧改革效率均呈促进作用,制度供给为抑制作用,说明京津冀供给侧改革效率在制度供给方面还有待提高。

分阶段来看,供给侧改革效率在 2012—2014 年呈降低趋势,并在 2015 年达到最低,约为 0. 329 0,随后呈上升趋势。通过比较内部指标发现,2014 年以前要素供给大幅度降低,降低约 23. 19%,其产生的抑制效应较大,完全抵消了产业供给与制度供给的促进效应;2014 年以后制度供给开始降低,降低约 4. 86%,变为抑制效应,但要素供给与产业供给有所上升,分别增加约 13. 24%与 28. 63%,二者产生的促进效应较大,成为提高供给侧改革效率的主要原因。

2. 2. 2 空间异质性分析

2. 2. 2. 1 个体时点的供给侧改革效率分析

为明确京津冀区域内部供给侧改革效率的个体差异,根据公式(2-1)和(2-8),得到 2012—2018 年京津冀 13 市要素供给、产业供给、制度供给以及供给侧改革效率测度值,结果如图 2-12 所示。

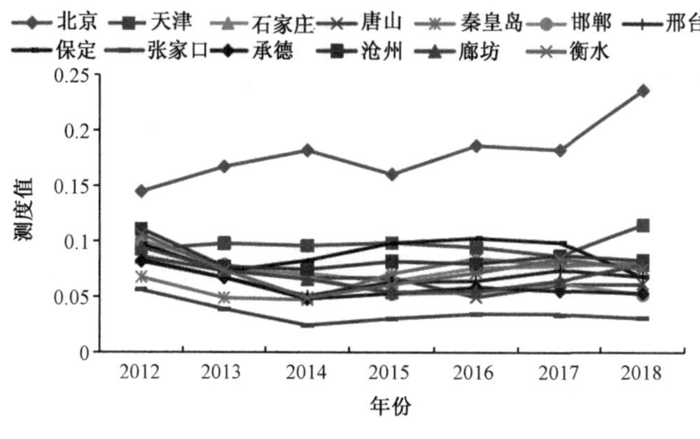

(a) 要素供给

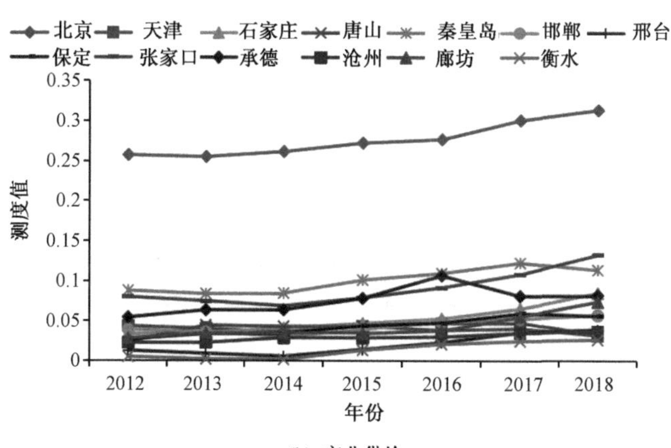

(b) 产业供给

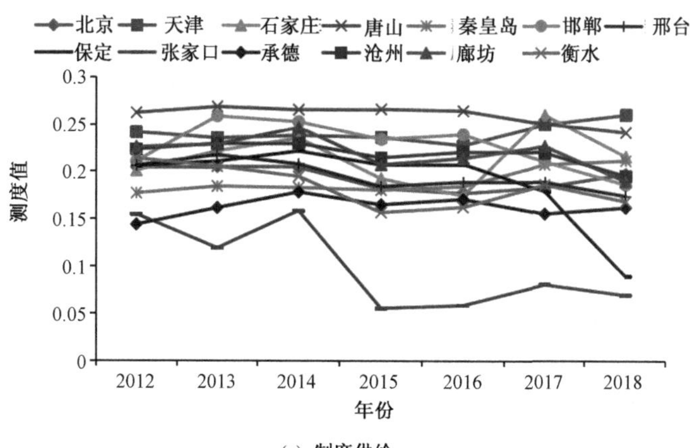

(c) 制度供给

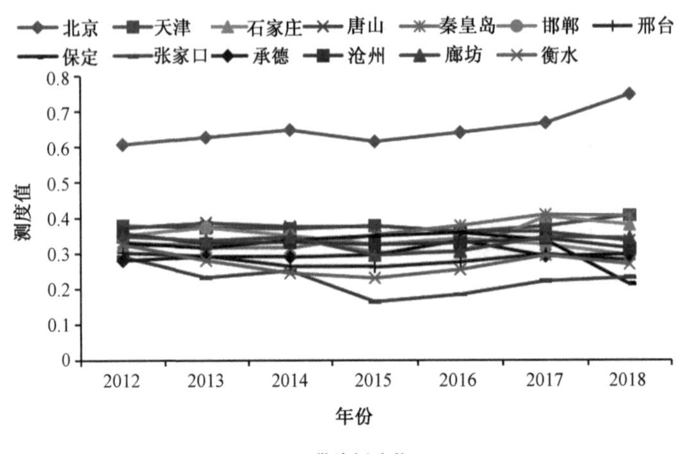

(d) 供给侧改革

图 2-12　京津冀 2012—2018 年供给侧改革效率

(1) 要素供给

运用 Geoda 对京津冀 13 市 2012—2018 年要素供给效率进行系统聚类，令聚类数为 3，根据聚类结果划分等级梯队，并输出空间分布图，如表 2-7 所示。

表 2-7　京津冀 2012—2018 年要素供给梯队划分结果

年份	梯队	地区
2012、2013	第一梯队	北京
	第二梯队	天津、石家庄、唐山、邯郸、邢台、保定、承德、沧州、廊坊、衡水
	第三梯队	秦皇岛、张家口
2014	第一梯队	北京
	第二梯队	天津、石家庄、唐山、邯郸、保定、沧州、廊坊
	第三梯队	秦皇岛、邢台、张家口、承德、衡水
2015	第一梯队	北京
	第二梯队	天津、保定、沧州
	第三梯队	石家庄、唐山、秦皇岛、邯郸、邢台、张家口、承德、廊坊、衡水
2016、2017	第一梯队	北京
	第二梯队	天津、石家庄、秦皇岛、邢台、保定、沧州、衡水
	第三梯队	唐山、邯郸、张家口、承德、廊坊

续表

年份	梯队	地区
2018	第一梯队	北京
	第二梯队	天津、石家庄、秦皇岛、邢台、沧州、衡水
	第三梯队	唐山、邯郸、保定、张家口、承德、廊坊

如图 2-12(a)所示,2012—2018 年京津冀 13 市要素供给效率,除北京市、天津市和秦皇岛市呈波动上升趋势外,其余均为扁平“V”形发展趋势,说明除北京市、天津市和秦皇岛市外,其他市均存在要素供给不到位的情况。其中,北京市上升趋势最为明显,累计增加约 0. 091 2,同期,天津市和秦皇岛市分别累计增加约 0. 022 4、0. 013 1。

分阶段来看,北京市和天津市在 2014 年前后年均增速均大于 0,其中,北京市 2014 年以前的年均增速(约为 12. 08%)明显大于 2014 年以后(约为 7. 90%),天津市 2014 年以后的年均增速(约为 5. 69%)明显高于 2014 年以前(约约 1. 95%),原因在于,供给侧改革提出以后,北京市是疏解人口和去除冗余功能,对于人力资本做的是减法,目的是促进资源要素的流动,其自身更专注于科技的创新和高技术产业的发展,要素供给效率的增速自然会放慢,而天津市随着滨海新区上升为国家综合配套改革试验区和国家级新区后,吸收着北京市带来的溢出效应,发展增速进一步提高,要素供给效率得到很大的提升。石家庄、秦皇岛、邢台、张家口、承德、沧州、衡水等市在 2014 年以前年均增速为负,2014 年以后其年均增速上升为正。通过比较内部指标发现,在 2014 年以前各市的人力资本与第二产业固定资产投资效益降低趋势较为明显,且均为抑制其要素供给效率上升的主要因素,2014 年以后各指标均有回升,且均上升为提高要素供给效率的主要影响因素,其中,万人专利申请授权量上升趋势最为明显。唐山、邯郸、保定等市在 2014 年前后年均增速均为负,通过比较内部指标发现,唐山市在 2014 年以前除第二产业固定资产投资效益为抑制效应外,其余指标均为促进作用,但促进作用较小,不足以抵消二产投资利用效率低下产生的抑制效应,2014 年以后人力资本下降趋势明显,成为主要抑制因素;邯郸市和保定市在 2014 年前后人力资本和第二产业固定资产投资效益均抑制其要素供给效率的上升,且其抑制效应完全大于万人专利申请授权量与工业能源效率产生的促进作用。

由表 2-7 可知,2012—2018 年北京市要素供给效率最高,一直位于第 1 名,属于第一梯队,天津、石家庄、保定、沧州等市大多年份均处于第二梯队,张家口、承德、衡水等市一直处于第三梯队。通过比较内部指标发现,各市之间存在较大差距;北京市虽要素供给效率较高,但其人力资本存在较大短板,一直处于排名末端;沧州市要素供给效率排名位于上游,但其第二产业固定资产投资效益存在短板;承德市虽要素供给效率一直位于排名末端,但其对于教育投资和第二产业固定资产投资效益较高。分阶段来看,唐山、邯郸、承德、廊坊等市在2014年以前一直在中等水平上下浮动,2014年以后有所降低,通过比较内部指标发现,主要原因在于人力资本等指标排名的大幅度降低;秦皇岛市在2014年以后排名上升趋势明显,从排名的末端上升至中上等水平,通过比较内部指标可知,其上升的主要原因在于教育投资和第二产业投资的大幅度增加。

如图2-13所示,京津冀2012—2018年要素供给效率的空间布局,在研究期内,均以北京市为龙头,排名靠前的市大多位于京津、京保石、京唐秦三个发展轴附近,排名靠后的市大多位于西北部地区的生态涵养区,说明供给侧结构性改革提出以来,京津冀各市对要素供给进行全面整顿,增加对教育和第二产业的投资,坚持创新驱动,不断开发新专利,要素供给的质量和数量并重。

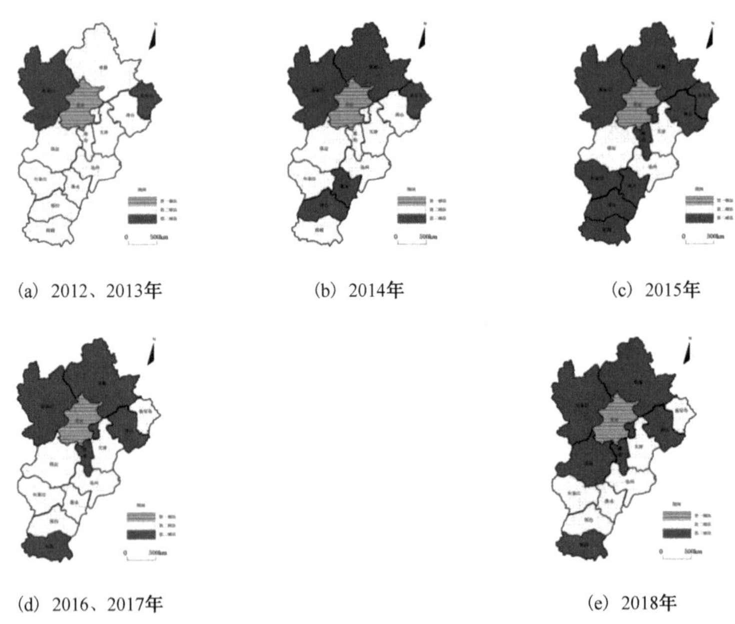

(a) 2012、2013年　(b) 2014年　(c) 2015年

(d) 2016、2017年　(e) 2018年

图2-13　京津冀2012—2018年要素供给效率空间分布

(2) 产业供给

运用 Geoda 对京津冀 13 市 2012—2018 年产业供给效率进行系统聚类,令聚类数为 3,根据聚类结果划分等级梯队,并输出空间分布图,如表 2-8 所示。

表 2-8　京津冀 2012—2018 年产业供给梯队划分结果

年份	梯队	地区
2012、2017、2018	第一梯队	北京
	第二梯队	秦皇岛、张家口
	第三梯队	天津、石家庄、唐山、邯郸、邢台、保定、承德、沧州、廊坊、衡水
2013、2014、2015、2016	第一梯队	北京
	第二梯队	秦皇岛、承德、张家口
	第三梯队	天津、石家庄、唐山、邯郸、邢台、保定、沧州、廊坊、衡水

如图 2-12(b)所示,2012—2018 年京津冀 13 市产业供给效率,除天津市外,均呈波动上升趋势。其中,北京、石家庄、张家口等市上升趋势较明显,累计增加分别约 0.056 0、0.051 5、0.052 3,比较内部指标发现,产业结构高度化为北京市的主要影响因素,基础设施产业投资占比为石家庄市和张家口市的主要影响因素。

分阶段来看,天津市产业供给效率呈降低趋势,主要是由于天津市作为先进制造业研发基地,知识密集型、技术密集型产业逐渐变为主导,更新基础设施需要一次性投资较大,而天津市的融资渠道相对狭窄,更多依靠的是政府提供,外资和民间投资并不乐观,从而导致基础设施产业投资占比较低。北京、石家庄、保定、承德、沧州、廊坊等市在 2014 年前后上升趋势稳定,说明各市在基础设施产业投资与产业结构方面均有显著的改善。秦皇岛、邯郸、邢台、张家口、衡水等市在 2014 年以前有降低趋势,2014 年以后是呈大幅度上升趋势。通过比较内部指标发现,2014 年以前,基础设施产业投资占比较低是导致其产业供给效率降低的主要原因;2014 年以后,随着基础设施产业投资的增加,产业供给效率上升趋势明显。唐山市产业供给效率在 2017 年以后有所降低,原因在于,2017 年以后基础设施产业投资占比的大幅度降低,从而导致其抑制作用完全抵消了产业结构高度化的促进作用,从而导致产业供给效率降低。

由表 2-8 可知,2012—2018 年北京市产业供给效率一直位于排名顶端,属于第一梯队,得分均在 0.25 以上,并在 2017 年突破 0.3。作为我国的心脏,北京拥有得天独厚的资源,其基础设施与产业结构水平远超其他市。石家庄、秦皇岛、张家口等市一直位于排名的中上游,属于第二梯队,通过比较内部指标发现,三市基础设施产业投资占比具有一定优势,相比其他市而言排名较为靠前。邢台、沧州、衡水等市一直位于排名的末端,属于第三梯队,其中邢台市主要由于产业结构高度化程度较低;沧州市主要由于基础设施产业投资水平较低;衡水市在产业结构与基础设施方面均存在短板。

分阶段来看,天津市在2014年以后排名由中上游降低至末端,主要是由于基础设施产业投资水平的降低。石家庄、保定等市在2014年以后排名上升趋势明显,主要在于基础设施产业投资占比的提高。唐山市在2014年以前排名有上升趋势,但2014年以后有所降低,主要由于随着"一带一路"倡议的提出,唐山市扩大开放布局,不断拓宽对外开放程度,推动了产业的转型升级和产业集聚,新型产业逐步壮大[74],进而第二产业比重逐渐增加,从而导致产业结构高度化水平有所降低。由此可见,随着京津冀协同发展的推进,各市应着力提高自身的综合能力,补齐短板,增加基础设施产业投资,进而推动企业高质量发展,创造出新的需求。

如图2-14所示,京津冀2012—2018年产业供给效率的空间布局主要分为三部分,北京市始终作为"领头羊",将一般制造业和部分生产性服务业等中低端产业转移至津冀地区或直接淘汰,同时实现"高精尖"的产业布局调整。与此同时,为实现基础设施的协同发展,各市在不同程度地增加投资,进而形成以北京市为界的南北两部分。

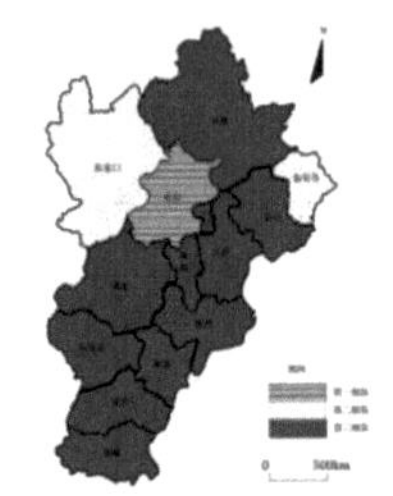

(a) 2012、2017、2018年

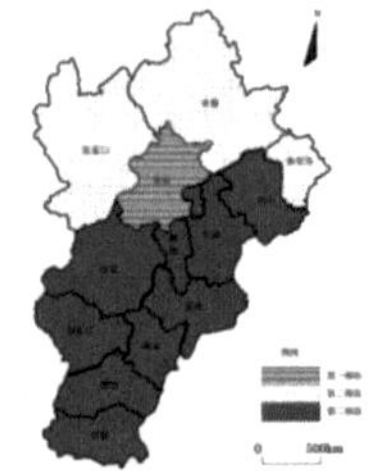

(b) 2013、2014、2015、2016年

图2-14 京津冀2012—2018年产业供给效率的空间布局

(3) 制度供给

运用Geoda对京津冀13市2012—2018年制度供给效率进行系统聚类,令聚类数为3,根据聚类结果划分等级梯队,并输出空间分布图,结果如表2-9所示。

表 2-9　京津冀 2012—2018 年制度供给梯队划分结果

年份	梯队	地区
2012	第一梯队	天津、唐山、沧州、廊坊
	第二梯队	北京、石家庄、邯郸、邢台、保定、衡水
	第三梯队	秦皇岛、张家口、承德
2013	第一梯队	唐山、邯郸
	第二梯队	北京、天津、石家庄、邢台、保定、沧州、廊坊、衡水
	第三梯队	秦皇岛、张家口、承德
2014	第一梯队	天津、石家庄、唐山、邯郸、保定、沧州、廊坊
	第二梯队	北京、邢台、衡水
	第三梯队	秦皇岛、张家口、承德
2015、2016	第一梯队	天津、唐山、邯郸、保定、沧州、廊坊
	第二梯队	北京、石家庄、秦皇岛、邢台、承德、衡水
	第三梯队	张家口
2017	第一梯队	天津、石家庄、唐山、秦皇岛、邯郸、沧州、廊坊
	第二梯队	北京、邢台、保定、承德、衡水
	第三梯队	张家口
2018	第一梯队	天津、唐山
	第二梯队	北京、石家庄、秦皇岛、邯郸、邢台、承德、沧州、廊坊、衡水
	第三梯队	保定、张家口

如图 2-14 所示，2012—2018 年天津、石家庄、秦皇岛、承德等市的制度供给效率呈波动上升趋势，其中秦皇岛市上升趋势最为明显，累计增长约为 0. 034 6；北京、唐山、邯郸、邢台、保定、张家口、沧州、廊坊、衡水等市呈波动降低趋势，主要由于各市“去产能”政策实施，在淘汰落后产能的基础上继续减产，为保障供给侧改革在理想状态下推进，政府不得不加大调控力度，从而一定程度上阻碍了市场自由流动。

分阶段来看，北京市和天津市在 2014 年以前制度供给效率有所降低，年均增速为负，2014 年以后呈上升趋势，通过比较内部指标发现，2014 年以前市场调控的抑制作用较大，且完全抵消了国企改革带来的红利，从而导致制度供给效率有所降低；2014 年以后，政府对于市场的干预越来越小，制度供给效率有所回升，且市场调控的贡献度达到最大,成为影响制度供给的主要影响因素。石家庄、秦皇岛等市制度供给效率在2014年前后均为上升趋势,通过比较内部指标发现,国企改革的贡献度最大,均为制度供给效率上升的主要影响因素,说明在研究期内,石家庄市与秦皇岛市国企的管理模型调整效果显著,逐渐打破“铁饭碗”“部门墙”等传统管理原则,实现部门之间的合作,提高人员流动效率。唐山、邯郸、邢台、保定、张家口、承德、沧州、廊坊等市制度供给效率在2014年以前年均增速均为正,分别约为0.65%、10.20%、0.49%、3.75%、5.03%、11.28%、1.45%、4.57%,2014年后年均增速为负,分别约为-2.33%、-7.18%、-4.15%、-17.54%、-8.99%、-2.18%、-3.80%、-5.75%,比较内部指标贡献度发现,主要是由于市场调控的降低。

由表2-9可知,2012—2018年天津、唐山、沧州等市制度供给效率一直位于排名前端,大多年份均属于第一梯度,说明三地扎实推进国企体制改革,促进国有企业内部重组优化,积极引进新品牌,扩大招商,促进市场释放新活力;北京、邢台、衡水等市排名一直属于第二梯度;张家口市一直位于排名末端,一直属于第三梯队,是唯一一个研究期内一直处于最后一名的市,主要原因在于,其在市场调控方面存在较大短板,虽然整个市也在加速发展,但由于地势多样,四面环山,导致人才、外资的大量流失,市场销售方式单一,品种单调,自由化程度较低。通过比较内部指标发现,各市之间存在较大差异,天津、唐山、沧州等市虽制度供给效率较好,但天津市在市场调控方面存在短板,政府操控的痕迹较为显著;唐山市和沧州市在国企改革方面存在短板,北京市虽制度供给效率较低,但国企改革成效显著。分阶段来看,北京、石家庄、秦皇岛等市近年来制度供给效率排名上升明显:北京市主要由于放宽了市场投资准入标准,对于政府的投资范围进行了严格的界定,提高了市场自由度。石家庄市与秦皇岛市主要是由于国企改革的力度较大,企业“瘦身”效果显著。邯郸、保定、衡水等市近年来制度供给效率排名有所降低,邯郸市随着国企内部改革不断推进,“去产能”问题逐渐取得实质性突破,但2017年以来,面对“自我攻击”式改革企业内部管理结构这一大“难题”,改革效率逐渐降低。保定市2017年以后随着雄安新区的设立,政府加大了创新、教育、乡村建设等投资,提高促民生、保就业、保市场主体的力度,从而财政支出有所增加,间接导致了市场调控的降低。衡水市随着供给侧结构性改革的提出,国企改革成效逐渐显现,国有企业“瘦身”显著,但与此同时,政府为保就业,补短板,增加了对于城市公共基础设施建设的投资,无疑会增加政府的财政支出,从而导致市场自由度有所降低。

如图 2-15 所示，排名靠前的市大多分布在“心房”和“心室”，即天津市附近的东部滨海区和中部核心功能区附近；排名靠后的大多位于“心尖”部位，即西北部生态涵养区，地理位置正属北京的“后花园”，该地区更加注重生态文明建设，提高生态效益，因此政府逐步扩大投资，完善公共基础设施建设和公共服务领域，导致制度供给效率较低。

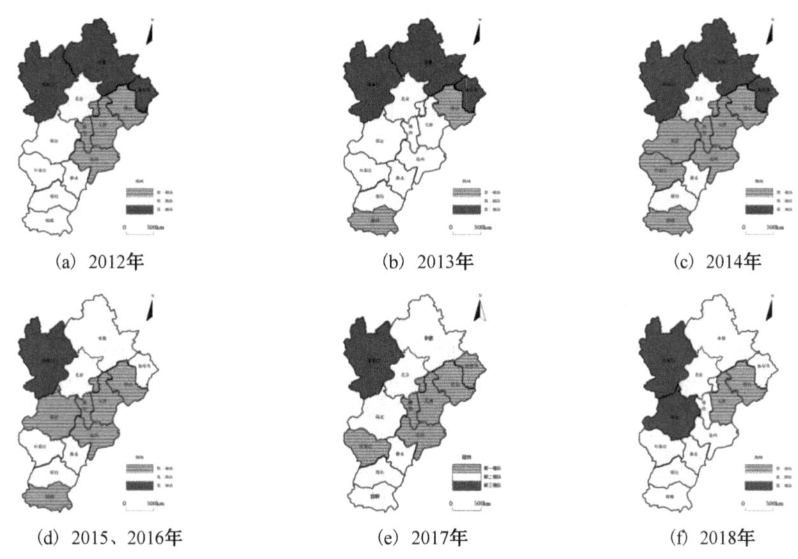

(a) 2012年　(b) 2013年　(c) 2014年

(d) 2015、2016年　(e) 2017年　(f) 2018年

图 2-15　京津冀 2012—2018 年制度供给效率的空间布局

（4）供给侧改革效率

如图 2-15 所示，2012—2018 年，北京、天津、石家庄、秦皇岛、承德等市供给侧改革效率呈波动上升趋势，其中，北京市的上升趋势最显著，累计增长约为 0. 140 4，说明北京市已进入现代化社会，对于经济高速增长的依赖性减弱，进入了高质量发展阶段；唐山、邯郸、邢台、保定、张家口、沧州、廊坊、衡水等市呈波动降低趋势，原因在于随着产业结构不断升级，必然会带来动力的转变，从而导致近几年一直处于底部调整期，大多呈扁平“L”形发展。

分阶段来看，北京、石家庄、承德等市在 2014 年前后均为上升趋势，通过比较内部指标发现，北京市由于科技和产业结构占有绝对优势，其要素供给与产业供给效率较高，从而带动其供给侧改革效率的提高[75]，石家庄市和承德市是由于国企改革成效显著，城镇国有经济就业人数降低趋势明显，从而显著提高了制度供给效率，进而提高了供给侧改革效率。天津、秦皇岛、邢台、张家口、廊坊、衡水等市在

2014 年以前供给侧改革效率有所降低,2014 年以后供给侧改革效率呈上升趋势。通过比较内部指标发现,天津市 2014 年以前主要由于基础设施产业投资水平较低和政府的过度干预导致产业供给和制度供给效率有所降低,从而导致其供给侧改革效率下降;2014 年以后随着制度性交易成本不断降低,政府的市场边界逐渐明晰,从而提高了市场多元化程度,制度供给效率大幅度提高。秦皇岛、邢台、张家口等市 2014 年以前供给侧改革效率的降低主要由于要素供给和产业供给效率的降低,2014 年以后制度供给成为秦皇岛市供给侧改革效率提高的主要影响因素,产业供给成为邢台市和张家口市供给侧改革效率提高的主要影响因素。廊坊市 2014 年以前供给侧改革效率降低主要由于要素供给效率的降低;2014 年以后随着教育投资的增加和科技水平的提升,要素供给效率大幅度提高,成为供给侧改革效率上升的主要原因。唐山、邯郸、保定等市在 2014 年以前供给侧改革效率有所上升,但 2014 年以后呈降低趋势。通过比较内部指标发现,2014 年以前唐山市和保定市主要由于产业供给和制度供给的上升拉动了供给侧改革效率的提高,2014 年以后由于要素、产业、制度均有不同程度的降低,导致供给侧改革效率有所下降;邯郸市在 2014 年以前主要由于制度供给的大幅度提高,2014 年以后由于要素供给和产业供给不同程度的降低导致供给侧改革效率有所下降。

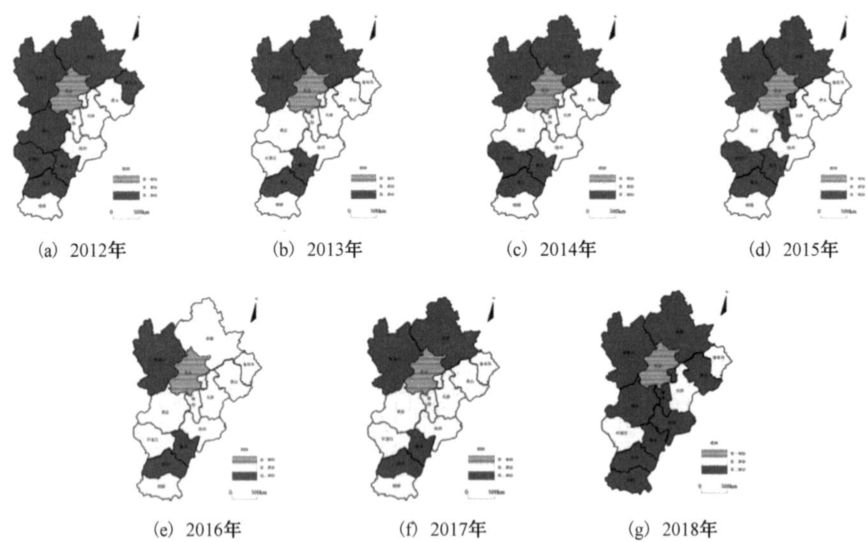

图 2-16　京津冀 2012—2018 年供给侧改革效率空间布局

运用 Geoda 对京津冀 13 市 2012—2018 年供给侧改革效率进行系统聚类，令聚类数为 3，根据聚类结果划分等级梯队，并输出空间分布图，如表 2-10 所示。2012—2018 年北京市供给侧改革效率遥遥领先，稳居排名第一，得分均在 0.6 以上，属于第一梯队；天津、唐山、邯郸、沧州等市大多年份属于第二梯队；邢台、张家口、衡水等市一直位于排名末端，属于第三梯队。通过比较内部指标发现，各市之间存在较大差异，要素、产业、制度供给方面此消彼长，发展均不同步，北京市供给侧改革效率虽远高于其他市，但其制度供给存在短板；天津市虽一直排名前四，但其产业供给效率逐年降低至排名末位；张家口市虽供给侧改革效率较低，但其产业供给效率较高，一直排名前四。分阶段来看，石家庄市和秦皇岛市 2014 年以后排名上升较为明显，通过比较内部指标发现，石家庄市供给侧改革效率的提高主要是由于制度供给在 2017 年以后大幅度上升；秦皇岛市主要在于要素与制度供给方面改善效果显著。唐山、邯郸、沧州等市 2014 年以后排名有降低趋势；保定市在 2014 年以前其供给侧改革效率一直处于中下游水平；2014 年以后有所上升，但近两年降低趋势明显，2018 年下降至排名末位，主要是由于制度供给效率大幅度降低。

表 2-10　京津冀 2012—2018 年供给侧改革效率梯队划分结果

年份	梯队	地区
2012	第一梯队	北京
	第二梯队	天津、唐山、邯郸、沧州、廊坊
	第三梯队	石家庄、秦皇岛、邢台、保定、张家口、承德、衡水
2013、2017	第一梯队	北京
	第二梯队	天津、石家庄、唐山、秦皇岛、邯郸、保定、沧州、廊坊
	第三梯队	邢台、张家口、承德、衡水
2014	第一梯队	北京
	第二梯队	天津、唐山、邯郸、保定、沧州、廊坊
	第三梯队	石家庄、秦皇岛、邢台、张家口、承德、衡水
2015	第一梯队	北京
	第二梯队	天津、唐山、秦皇岛、邯郸、保定、沧州
	第三梯队	石家庄、邢台、张家口、承德、廊坊、衡水

续表

年份	梯队	地区
2016	第一梯队	北京
	第二梯队	天津、石家庄、唐山、秦皇岛、邯郸、保定、承德、沧州、廊坊
	第三梯队	邢台、张家口、衡水
2018	第一梯队	北京
	第二梯队	天津、石家庄、秦皇岛
	第三梯队	唐山、邯郸、邢台、保定、张家口、承德、沧州、廊坊、衡水

如图 2-16 所示，京津冀 2012—2018 年供给侧改革效率空间布局，以北京为中心，以津、唐、保为界向南，沿着京津、京保石、京唐秦三个发展轴，多个城市为节点，搭建战略性功能平台，以供给侧结构性改革为主线，推进京津冀协同发展；排名靠后的市大多位于“心底”位置，即西北部位的生态涵养区。

2.2.2.2 个体时间加权的供给侧改革效率分析

为进一步聚焦京津冀 13 市供给侧改革效率的总体差异，遵循“厚今薄古”原则引入时间加权向量。供给侧结构性改革于 2015 年被正式提出后越来越受到重视，因此本研究更加重视近期数据，结合专家意见，同样取“时间度”$\tau=0.3$，时间加权向量为：

$$\boldsymbol{\gamma}=(0.0439,0.0608,0.0842,0.1166,0.1614,0.2235,0.3096)^{T}$$

根据公式(2-8)～(2-10)可得到引入时间加权向量后京津冀 13 市供给侧改革效率的测度值及其排名，结果如表 2-11 所示。

表 2-11　时间加权后京津冀供给侧改革效率测度值及排名

地区	要素供给		产业供给		制度供给		供给侧改革	
	测度值	排名	测度值	排名	测度值	排名	测度值	排名
北京	0.194 6	1	0.289 5	1	0.190 5	8	0.674 6	1
天津	0.099 9	2	0.037 3	10	0.245 5	2	0.382 7	2
石家庄	0.076 2	5	0.061 8	5	0.217 6	3	0.355 6	5
唐山	0.062 7	10	0.040 6	9	0.254 5	1	0.357 9	4
秦皇岛	0.074 6	6	0.107 9	2	0.197 0	7	0.379 5	3
邯郸	0.059 8	11	0.048 2	8	0.216 8	4	0.324 8	8
邢台	0.067 6	9	0.026 7	12	0.187 9	9	0.282 2	11

续表

地区	要素供给		产业供给		制度供给		供给侧改革	
	测度值	排名	测度值	排名	测度值	排名	测度值	排名
保定	0.087 0	3	0.049 6	7	0.165 8	11	0.302 4	9
张家口	0.033 3	13	0.102 9	3	0.082 7	13	0.218 9	13
承德	0.056 5	12	0.081 5	4	0.162 9	12	0.300 9	10
沧州	0.083 5	4	0.031 9	11	0.213 3	5	0.328 7	7
廊坊	0.068 4	8	0.051 5	6	0.212 7	6	0.332 6	6
衡水	0.074 2	7	0.018 7	13	0.176 5	10	0.269 4	12

(1) 要素供给

由表 2-11 可知,京津冀 13 市要素供给效率差异较大,为更加直观地呈现空间格局,同样利用 Geoda 进行系统聚类,如表 2-12 所示。研究期内,北京市位于排名的顶端,远远高于其他市,属于第一梯队,2012—2018 年时间加权得分约为 0.194 6;天津、保定、沧州等市属于第二梯队,得分分别约为 0.099 9、0.087 0、0.083 5;石家庄、唐山、秦皇岛、邯郸、邢台、张家口、承德、廊坊、衡水等市均属于第三梯队,得分分别约为 0.076 2、0.062 7、0.074 6、0.059 8、0.067 6、0.033 3、0.056 5、0.068 4、0.074 2,其中张家口市是唯一一个得分小于 0.04 的市,位于排名的末位。通过比较内部指标发现,各市间存在较大差距。其中,北京市和天津市要素供给效率较高,但在教育支出方面存在短板;张家口市和承德市虽要素供给效率位于排名末位,但第二产业固定资产投资的利用效率较高。

表 2-12　时间加权后京津冀供给侧改革效率梯队划分结果

年份	梯队	地区
要素供给	第一梯队	北京
	第二梯队	天津、保定、沧州
	第三梯队	石家庄、唐山、秦皇岛、邯郸、邢台、张家口、承德、廊坊、衡水
产业供给	第一梯队	北京
	第二梯队	秦皇岛、张家口、承德
	第三梯队	天津、石家庄、唐山、邯郸、邢台、保定、沧州、廊坊、衡水

续表

年份	梯队	地区
制度供给	第一梯队	天津、石家庄、唐山、邯郸、沧州、廊坊
	第二梯队	北京、秦皇岛、邢台、保定、承德、衡水
	第三梯队	张家口
供给侧改革	第一梯队	北京
	第二梯队	天津、石家庄、唐山、秦皇岛
	第三梯队	邯郸、邢台、保定、张家口、承德、沧州、廊坊、衡水

如图 2-17 所示，京津冀要素供给效率的空间分布，排名靠前的市主要集中在以北京市为中心，天津市、保定市为“两翼”的区域；排名靠后的大多集中在西北区域和西南区域。因此应加快河北省与京津之间在人才和技术方面的合作，将一些优质的公共资源输送至河北省等地，短期内补短板，缩小地区差距。

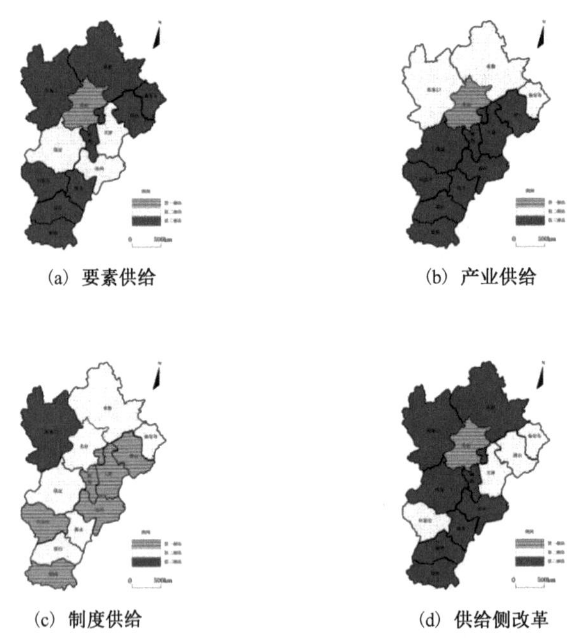

(a) 要素供给　(b) 产业供给

(c) 制度供给　(d) 供给侧改革

图 2-17　时间加权后京津冀供给侧改革效率空间分布

(2) 产业供给

由表 2-11 可知，京津冀 13 市产业供给效率存在较大差异。如表 2-12 所示，研究期内，北京市产业供给效率遥遥领先，属于第一梯队，2012—2018 年时间加权得分高达 0.3 左右；秦皇岛、张家口、承德等市属于第二梯队，得分分别为 0.107 9、0.102 9、0.081 5；天津、石家庄、唐山、邯郸、邢台、保定、沧州、廊坊、衡水等市均属于第三梯队，得分约为 0.037 3、0.061 8、0.040 6、0.048 2、0.026 7、0.049 6、0.031 9、0.051 5、0.018 7，其中，衡水市是唯一一个得分小于 0.02 的市，且位于排名末端。比较内部指标结构发现，除北京市外，基础设施产业投资占比均为产业供给的主要影响因素，且各市之间存在一定差距。其中，承德市虽位于第 4 名，但产业结构存在一定缺陷，第三产业较为落后；沧州市虽位于第 11 名，但其第三产业发展相对较好。

如图 2-17 所示，京津冀产业供给效率的空间分布大致呈“汉堡”的形态，排名靠前的市主要集中在夹心和顶部，排名靠后的地区主要集中在底部。原因主要是区域资源的整合尚未打破行政规划，北京市的一些产业科技创新成果在津冀的转化率较低，各市之间的体制机制尚不完善，产业创新链并不完整，从而导致成果承接效果不佳。

(3) 制度供给

由表 2-11 可知，京津冀 13 市制度供给效率存在较大差异。如表 2-12 所示，研究期内，天津、石家庄、唐山、邯郸、沧州、廊坊等市属于第一梯队，2012—2018 年时间加权得分均在 0.2 以上，其中，唐山市最大，约为 0.254 5；北京、秦皇岛、邢台、保定、承德、衡水等市均属于第二梯队，得分分别为 0.190 5、0.197 0、0.188 0、0.165 8、0.162 9、0.176 5；张家口市属于第三梯队，得分约为 0.082 7，是唯一一个得分小于 0.1 的市。比较内部指标结构发现，除张家口市外，市场调控均为制度供给的主要影响因素，且各市之间存在一定差距。其中，石家庄市和沧州市虽排名较为靠前，但国企改革存在一定短板，导致城镇国有经济就业人数占比较高。

由图 2-17 可知京津冀制度供给效率的空间布局，排名靠前的区域主要集中在天津市和唐山市一带的东部滨海区，排名靠后的区域在西北角的张家口市。因此，张家口市应抓住西北生态涵养区定位和冬奥会这几大机遇，吸收高新技术，推进工业化进程，培育主导产业。

(4) 供给侧改革效率

由表 2-11 可知，京津冀供给侧改革效率存在一定差距。如表 2-12 所示，研究期内，北京市的供给侧改革效率远远高于其他市，属于第一梯队，其时间加权得分为0.674 6,说明京津冀在供给侧改革效率方面形成了北京市一家独大的局面,各市之间发展极其不平衡;天津、石家庄、唐山、秦皇岛等市属于第二梯队,得分分别为0.382 7、0.355 6、0.357 9、0.379 5;邯郸、邢台、保定、张家口、承德、沧州、廊坊、衡水等市属于第三梯队,得分分别为0.324 8、0.282 2、0.302 4、0.218 9、0.300 9、0.328 7、0.332 6、0.269 4。比较内部指标发现,除北京市外,制度供给均为供给侧改革效率的主要影响因素,且各市之间发展存在较大差距。其中,石家庄、廊坊等市各方面发展最为同步;北京市虽稳居第1名,但在制度供给方面存在短板;天津、唐山、邯郸等市供给侧改革效率虽处于中上水平,但在产业供给方面水平不高,处在中下水平;承德、张家口等市供给侧改革效率虽位于排名末端,但其产业供给方面发展较好。

由图2-17可知京津冀供给侧改革效率的空间分布,排名较好的市大多集中在京、津、石一带,排名靠后的市大多位于"心尖"和"心底"位置。由此看来,京津冀发展的差距主要体现在北京市和河北省内部之间,因此要更加注重南北方腹地的发展,以点带面推动京津冀高质量发展。

2.3 京津冀供给侧改革区域协同的双重异质性分析

为全面考察京津冀供给侧改革区域协同的变化趋势,本书将从时空两个维度进行分析。在时间维度上,将京津冀总体在"供给侧结构性改革"提出前(2012—2014年)后(2015—2018年)的供给侧改革区域协同指数进行对比分析,探究时间异质性,并对此进行收敛性检验进一步分析京津冀供给侧改革区域协同的时间趋同性。在空间维度上,由于京津冀13市的供给侧改革效率并不均衡,因此通过对比13市供给侧改革区域协同指数,进而分析京津冀供给侧改革区域协同的空间格局。

2.3.1 时间异质性分析

2.3.1.1 相对指数的时间异质性分析

为考察京津冀总体在2012—2018年供给侧改革区域协同相对指数的变化趋势,根据公式(2-12),可得到2012—2018年京津冀总体时点要素供给、产业供给、制度供给以及供给侧改革的区域协同相对指数,结果如图2-18所示。

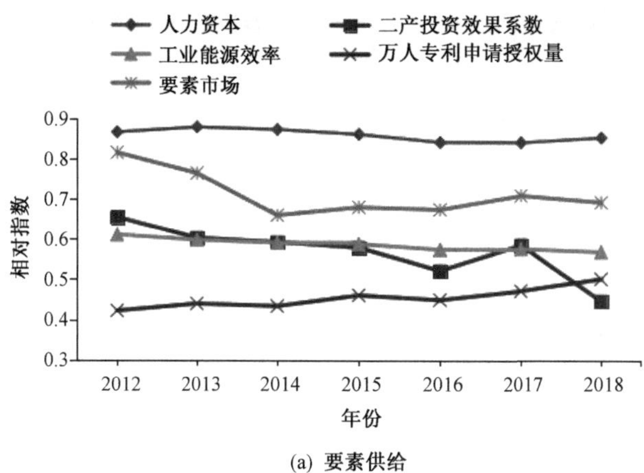

(a) 要素供给

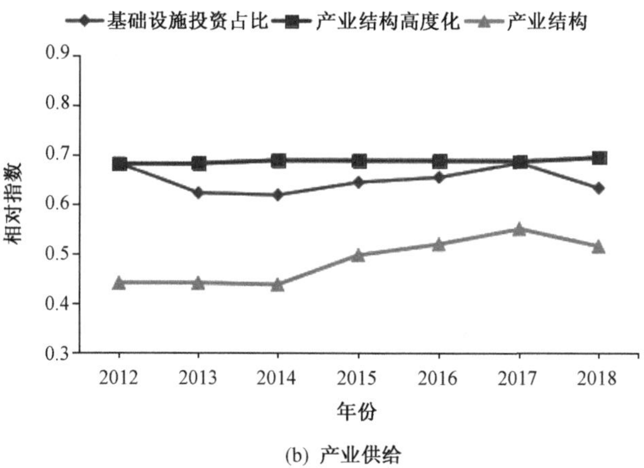

(b) 产业供给

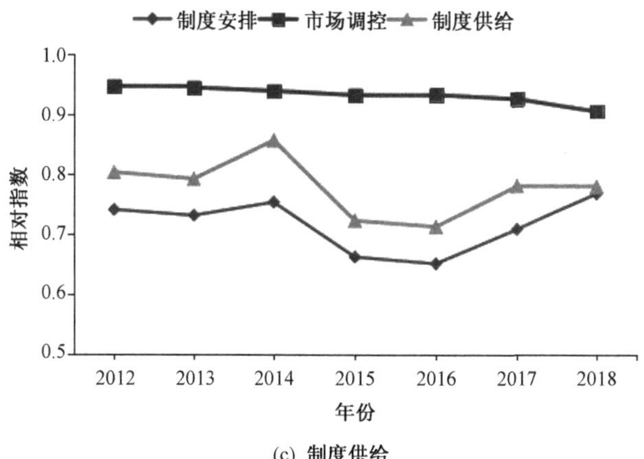

(c) 制度供给

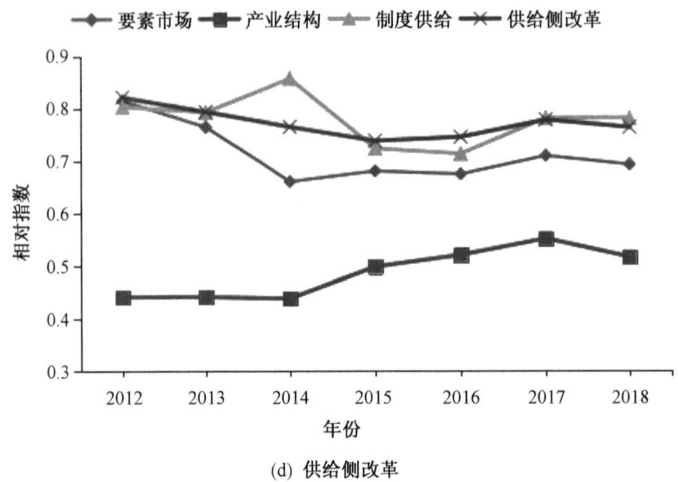

(d) 供给侧改革

图 2-18　2012—2018 年京津冀总体时点供给侧改革区域协同相对指数

(1) 要素供给

2012—2018 年,如图 2-18(a)所示,总体时点要素供给区域协同相对指数变化大体呈现出"V"形趋势。2012—2014 年间区域协同指数持续下降,2014 年的要素供给区域协同相对指数最低,京津冀三地间的要素配置及要素质量差距最大;2015—2018 年间区域协同指数略有回升,京津冀三地间要素供给的差距略有缩小。整体来看,"先降后升"的趋势也从侧面凸显出 2015 年之前京津冀三地间要素配置不均衡的问题,十分不利于京津冀协同发展战略进程的推进,因此供给侧结构性改革势在必行。

分阶段来看,2012—2014 年,京津冀总体要素供给区域协同指数从 0.813 9 降至 0.659 2,降幅约为 19.01%。这主要是由于第二产业固定资产投资效益和工业能源效率在京津冀市域间发展差距增大,两指标的区域协同指数降幅分别约为 9.47%和 3.27%。由此可知,第二产业固定资产投资效益的区域协同指数下降更加明显,从 0.653 8 跌至 0.591 9。在这一过程中,京津冀总体的第二产业固定投资效益也从 18.51%降至 9.78%,除北京市的第二产业固定资产投资效益以年均约 7.81%的速度增长外,津冀两地均呈逐年下降的趋势,津冀两地的传统产业对产能市场的需求逐渐收窄,越来越受到投资效率下降和债务杠杆攀升的约束[76],所以京津冀三地间的差距又进一步扩大,进而导致京津冀总体时点区域协同指数逐渐走向不协同的方向。而工业能源效率在京津冀大力化解过剩产能、淘汰"三低一高"产业、加快产业结构高度化的过程中已明显改善,整体工业能源效率测度水平的平均增幅为 17.66%；但市域间差距很大，比如北京市增幅约为 38.48%，廊坊市仅约为 5.69%，问题的主要原因在于京津冀高技术产业发展并不平衡，工业产品附加值与能源利用效率尚存明显差异，说明距离京津冀资源协同运用的目标仍存在一定距离，即使京津冀总体的要素供给效率实现了提升，也不一定能够达到区域协同发展的态势。

2015—2018 年，京津冀总体要素供给区域协同指数呈波动上升趋势。2017 年达到这一阶段的峰值，此时的区域协同指数约为 0.708 2，之后小幅下降至 0.691 5，总体增幅约为 1.80%。其中，万人专利申请授权量的区域协同指数显著提高，增幅约为 14.66%，该指标对要素供给区域协同指数回升的贡献最大。除此之外，京津冀总体的创新水平也呈现较为明显的上升趋势，万人专利申请授权量从每万人约 4.73 件升至约 6.27 件，虽北京市“一骑绝尘”的情况仍存在，但津冀两地在“供给侧结构性改革”提出后，充分发挥其后发优势促进技术创新，使得京津冀三地间的差距逐渐缩小。人力资本和工业能源效率的区域协同指数分别维持在 0.85 和 0.57 左右，相对变化并不明显，这是源于二者所代表的人力要素和能源要素所需培育时间较长，从中长期来看，这些要素可以重塑经济增长新动能[76]。反观第二产业固定资产投资效益的区域协同指数表现出十分明显的“波动性”特征，总体呈“N”形下降趋势。其区域协同指数在 2015—2016 年降至约 0.521 1，2016—2017 年则反弹至 0.585 1，2017—2018 年又跌至 0.446 4，总计降幅约为 22.83%。导致波动趋势的主要原因在于京津冀三地各自在去产能、去库存和降低传统工业投资上的步伐和节奏不一致。资本要素受投资政策影响颇大，政策倾斜进而导致投资偏好倾斜，因此投资政策的波动会间接导致资本供给的波动。进入新常态后，各市普遍面临更换新动能、消减落后产能的任务，尤其传统重化工业投资占比大、产品附加值低，首当其冲进行改革，但受制于行政保护的惯性，导致重化工业的改革步伐十分拖沓，京津冀的第二产业固定资产投资效益水平逐年递减，三地受制于产业结构的差异，在原有发展差距的基础上又出现进一步扩大的风险。由此可见供给侧结构性改革的要素供给、产业供给、制度供给三大部分并非彼此独立，三者同处一个系统中相互影响，因此京津冀三地间应打破行政壁垒，以制度为保障促进产业升级，才能从根本上解决要素供给的差距问题，京津冀区域协同发展之路仍任重而道远。

（2）产业供给

2012—2018 年，如图 2-18(b)所示，产业供给区域协同相对指数呈现前期大体稳定、后期发力上升的趋势。趋势的转折发生在 2015 年,“供给侧结构性改革”和“京津冀协同发展战略”的提出促使京津冀三地的产业结构发生了一定的转变,总体时点产业供给区域协同相对指数从 0. 440 4 升至 0. 515 0,增幅总计约为 16. 96%,说明京津冀三地间的产业供给差距明显缩小,区域协同发展出现向好趋势,这得益于京津冀加速推进产业转移,进而倒逼河北省产业结构加速升级。

分阶段来看,2012—2014 年,京津冀三地间的产业供给区域协同指数大体在 0. 44 左右。从内部指标上看,产业结构高度化的区域协同指数约上升 1. 02%和基础设施产业投资占比的区域协同指数约下降 9. 32%的影响互相抵消,使产业供给的区域协同发展状态仍保持在较低水平。与此同时,产业结构高度化的区域协同指数自 0. 681 2 上升至 0. 688 2,变化幅度并不明显,究其原因在于行政上路径依赖的惯性使得这一期间重化工业占比僵持不变,京津冀三地的产业架构较为僵化。而在 2012—2013 年基础设施产业投资占比的区域协同指数从 0. 681 2 下降至 0. 621 9,下降趋势相对明显,而京津冀总体的基础设施产业投资占比则从 20. 66%上升至 21. 59%,表明京津冀总体的基础设施产业进一步发展,但京津冀三地间的差距也进一步扩大,说明河北省基础设施产业发展的速度尚不能追赶上京津两市。

2015—2018 年,京津冀总体产业供给区域协同指数平均约为 0. 520 2,2012—2014 年平均每年的区域协同指数约为 0. 439 2,相比增幅达到 18. 43%,总体区域协同指数出现显著提升,京津冀三地间的区域差距明显缩小。但产业供给区域协同指数的上升趋势尚不稳定,2015—2017 年其区域协同指数逐年提高至 0. 55,2017—2018 年区域协同指数又下降至 0. 515,究其原因在于同期的基础设施产业投资占比区域协同指数出现波动下降。基础设施产业投资占比的区域协同指数在 2015—2017 年间增幅约为 6. 10%,但是 2017—2018 年降幅约为 7. 42%,致使 2015—2018 年总体降幅约为 1. 77%,使得产业供给区域协同的变化与其类似出现倒“V”形趋势。2017—2018 年天津市由于前期建设较完善,导致后期建设乏力,这一时期的基础设施产业投资占比下降约 24. 53%;张家口市则因建设“奥运新城”使其基础设施产业投资占比增幅达到 26. 74%;其余各地差异性同样显著。说明行政区规划和政策引导可以很大程度影响各市基础设施产业投资占比水平,因此供给侧结构性改革利用制度供给来引导要素配置有其必要性。本书中的基础设施建设投资涉及能源、环境、运输以及信息服务等众多方面,因此导致其区域协同指数出现波动的原因也相对复杂,在此背景下京津冀整体的基础设施产业投资占比以年均约 7. 19%的速度逐年上升，一定程度上缓解了京津冀基础设施供给不足的问题，说明供给侧结构性改革“补短板”初见成效，但若要提高京津冀整体的区域协同指数，还需持续深化供给侧结构性改革，加快形成与京津冀三地相配套的服务经济体系。

（3）制度供给

2012—2018 年，京津冀总体时点制度供给区域协同相对指数呈现明显“波动性”特征。2012—2014 年大体呈上升趋势，区域协同指数由 0. 802 2 升至 0. 855 5，2014—2015 年骤降至 0. 722 1，2016—2018 年则缓慢回升至 0. 779 0，使得 2012—2018 年间的总体降幅约为 2. 89%，整体以“波浪式”趋势下降。内部指标中，区域协同变化趋势波动性同样显著的是国企改革，该指标区域协同相对变化趋势在 2012—2014 年小幅上升，2014—2016 年则降至谷底，此时的区域协同指数约为 0. 650 5，2016—2018 年其区域协同指数快速反弹至 0. 767 2，总计增幅约为 3. 70%。反观市场调控的区域协同指数则相对平缓，2012—2018 年间出现小幅下降，降幅总计约为 4. 37%。说明在 2012—2018 年制度供给的区域协同指数变化主要受国企改革区域协同的波动性影响，进而使得京津冀总体的制度供给也呈现出一定的区域不协同特征。

2012—2015 年，制度供给区域协同指数经历先由 0. 802 2 小幅下降至 0. 791 3，之后升至 0. 855 5，在 2014—2015 年又快速降至 0. 722 1 的上下波动趋势，由于下降幅度大于上升幅度，使得这一阶段总计降幅约为 9. 99%。其中国企改革的区域协同指数波动是主要原因，该指标的区域协同指数在 2012—2014 年间由 0. 739 8 升至 0. 752 7，增幅约为 1. 73%；2014—2015 年国企改革的区域协同指数则骤降约 12. 10%。这一阶段中京津冀三地在化解过剩产能和环境治理上同时发力，使部分“僵尸企业”关停，进而影响城镇国有经济就业人数占比；而京津冀总体市场调控区域协同指数平均每年约为 0. 940 2，虽在 2012—2015 年间小幅下降约 1. 51%，但大体维持在较高的区域协同水平，说明京津冀三地间的市场调控水平较为相近，但需警惕差距进一步扩大的风险。

2015—2018 年，制度供给区域协同指数变化趋势略显缓和，京津冀总体时点区域协同相对指数在 2015—2017 年由 0. 722 1 升至 0. 779 9，2017—2018 年稳定于 0. 779 0，这一阶段的制度供给区域协同指数整体呈现上升趋势。其中国企改革贡献最大，在此期间该指标的区域协同指数由 0. 661 6 升至 0. 767 2，增幅约为 15. 97%，表明京津冀三地间城镇国有经济就业人数占比的区域差距逐渐缩小，从侧面反映出京津冀三地的制度性交易成本逐渐趋于同一水平,这和 2015 年提出的深化国有企业改革不无关系。北京市保持区位优势,天津市着力推进国企上市,河北省则大力推进国企改革,京津冀各司其职,逐渐清退低效企业,激发国企新活力。与此同时,京津冀总体的市场调控区域协同指数较 2012—2014 年的下降趋势更显著,但区域协同指数仍维持在较高水平,总体时点区域协同相对指数由 0. 931 9 下降至 0. 904 9,降幅总计约为 2. 90%。一方面,与国企改革的进程相呼应,由于清退部分低效企业,一定程度上影响了地区生产总值,进而在数值上影响市场调控占比;另一方面,供给侧结构性改革本身就需要政府的力量来矫正要素配置的扭曲,所以必然会在一定程度上影响市场调控,进而导致京津三地出现波动,因此在一定时期内市场调控区域协同指数下降也是合理的。

(4) 供给侧改革

2012—2018 年,京津冀供给侧改革区域协同指数大体呈现先下降后上升的趋势,2012—2015 年由 0. 820 6 逐年降至 0. 736 7,降幅约为 10. 23%;2015—2018 年则波动上升至 0. 762 2,增幅约为 3. 47%。在此过程中,要素供给、产业供给及制度供给区域协同指数的变化幅度分别为-15. 04%、16. 96%、-2. 89%,此三者的区域协同指数波动性更加明显,但基本均以 2015 年为转折点出现不同趋势的变化。

分阶段来看,2012—2014 年,要素供给和产业供给区域协同指数下降的趋势导致供给侧改革区域协同指数也呈向下趋势。其中要素供给区域协同指数由 0. 813 9 降至 0. 659 2,降幅约为 19. 01%,是导致供给侧改革区域协同指数下降的主要原因。2012 年,我国经济增速首次低于 8%,发展进入了供给侧约束明显的“新常态”,要素红利进一步减退,尤其河北省要素投入型的产业发展模式已难以保证经济的持续健康发展,效益逐渐降低,与京津差距进一步加大。

2015—2018 年,京津冀总体供给侧改革区域协同指数开始出现上升趋势。在 2015—2017 年,供给侧改革区域协同指数以年均约 2. 67%的速度由 0. 736 6 逐年上升至 0. 776 5,但在 2017—2018 年小幅降至 0. 762 2,说明 2015 年后京津冀总体的供给侧改革区域协同发展出现明显改善,但上升趋势中伴随一定波动性。究其原因在于要素供给、产业供给及制度供给三者的区域协同指数均在 2017—2018 年小幅下降,其中产业供给区域协同指数由 0. 55 降至 0. 51,下降最为明显,要素供给和制度供给区域协同指数降幅分别约为 2. 36%和 0. 12%。探究其内部指标的变化,在 2017—2018 年产业供给区域协同指数的波动趋势主要受基础设施产业投资占比的区域协同指数下降影响；制度供给区域协同指数则是受市场调控区域协同指数下降影响；要素供给区域协同指数下降则由第二产业固定资产投资效益区域协同指数降低导致。由此表明基础设施建设、市场调控以及第二产业固定资产投资效益是缩小京津冀三地间差距的关键指标。

2.3.1.2　绝对指数的时间异质性分析

为进一步考察 2012—2018 年京津冀总体的供给侧改革区域协同情况，以防相对指数的比较对区域协同发展水平的高低形成误判，依据表 2-4 的绝对区域协同评价标准，分别对京津冀每一年的要素供给、产业供给、制度供给、供给侧改革的区域协同指数进行绝对评价。将区域协同指数处在不协同区间(0~0.6)以“1”表示，初级协同区间(0.6~0.7)以“2”表示，中级协同区间(0.7~0.8)以“3”表示，良好协同区间(0.8~0.9)以“4”表示，优质协同区间(0.9~1)以“5”表示，结果如图 2-19 所示。

(1) 要素供给

2012—2018 年，如图 2-19(a)所示，京津冀总体要素供给区域协同绝对指数逐渐下降。2012 年跌出良好协同区间，降至初级协同区间，并在 2014—2016 年稳定于初级协同区间，之后在 2017 年突破中级协同门槛，但其区域协同指数并不稳定，2018 年又回到初级协同区间。整体来看，要素供给区域协同绝对指数较低，但区域协同指数上下的波动变化表明京津冀的区域协同发展有向上增长的势头。

从其内部指标来看，人力资本和万人专利申请授权量的区域协同绝对指数相差较大，前者一直稳定于良好协同区间，后者则一直在不协同区间内徘徊，三地在培育劳动力的支出占比上差距较小，说明京津冀三地均较重视劳动力质量。而 2018 年河北省平均万人专利申请授权量约为 6.71 件/万人，天津市约为 35.06 件/万人，北京市约为 57.33 件/万人，悬殊的数据差距说明河北省的科技创新输出水平远低于京津两市，重视劳动力培育却忽视针对性的科技成果输出，这种资源错配一定程度上阻碍了河北省产业结构升级和服务业生产率的提高[77]。由此可见，如何提高创新能力和技术水平仍是河北省的关键问题。

第二产业固定资产投资效益和工业能源效率的区域协同指数也略有波动：2013 年工业能源效率的区域协同绝对指数跌出初级协同区间；2014 年第二产业固定资产投资效益跌入不协同区间；2014—2018 年二者的区域协同指数虽有上升趋势，但始终未能突破初级协同门槛，而不协同的主要原因在于河北省的经济发展旧动能限制要素供给升级。河北省六大高耗能行业的工业增加值占规模以上工业增加值的比重约为40%,高耗能高污染低附加值的产业困境使得第二产业固定资产投资效益和工业能源利用效率持续走低,导致研究初期与京津两市间的差距越来越大。自2015年后,随着供给侧结构性改革深入推进,河北省的传统产业逐渐向高新技术产业转换,主导行业由钢铁工业逐步向装备制造业转换,使河北省的六大高耗能行业占比持续下降,与京津相比的差距逐渐缩小,"三去一降一补"成效逐步显现,区域协同指数也逐渐上升。

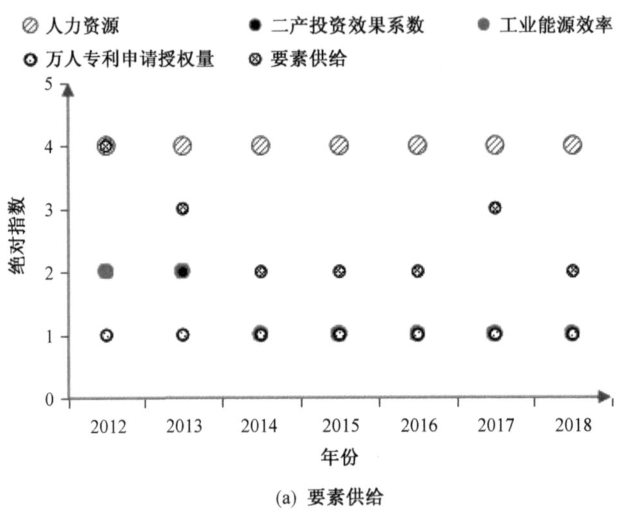

(a) 要素供给

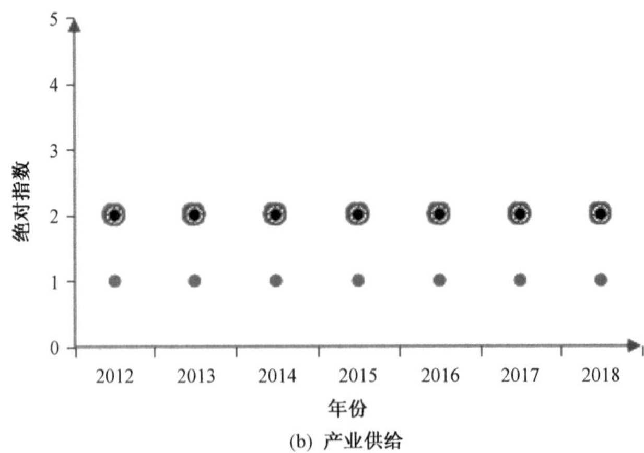

(b) 产业供给

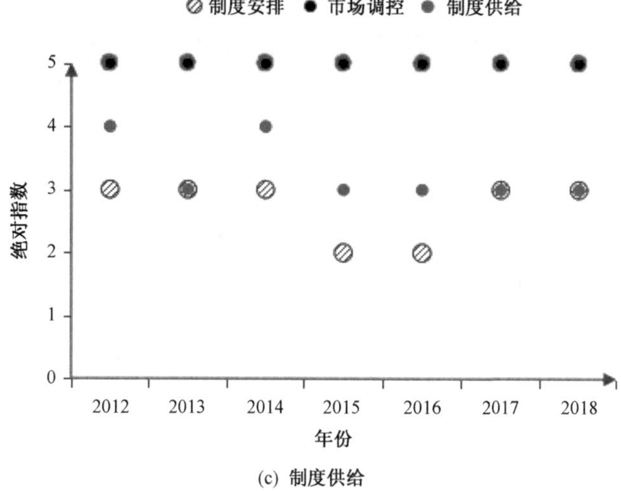

(c) 制度供给

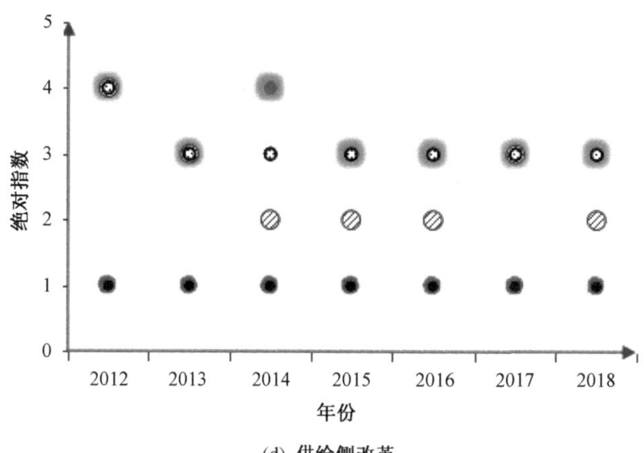

(d) 供给侧改革

图 2-19 2012—2018 年京津冀总体时点供给侧改革区域协同绝对指数

整体来看,各内部要素的区域协同绝对指数较低且偶有波动变化,说明当前京津冀要素供给区域协同发展的内驱动力仍不稳定,还需加大力度完善各内部指标的协调运行。当前河北省经济发展的新动能正在积蓄力量,也反映出京津冀要素供给的区域协同发展尚有上升的潜力。

(2) 产业供给

2012—2018 年,如图 2-19(b)所示,京津冀产业供给区域协同绝对指数一直位于不协同区间内,河北省工业化进程落后于全国平均水平[78],京津冀三地间的产业供给质量存在巨大的鸿沟。2012—2015 年区域协同指数一直在 0.4~0.5 之间，2015—2018 年升至 0.5 以上。前期的不协同是由于进入经济“新常态”后，全国工业化进程进入后期阶段[25]，但河北省仍处于工业化中期向后期过渡的过程中，滞后于全国平均水平，更遑论与京津两市对比，进而导致京津冀的区域协同发展现状并不乐观，产业供给的低端化已严重限制了河北省经济的健康发展，产业结构亟待转型。从 2017 年开始，河北省的第三产业增加值逐渐超过第二产业，结构调整实现了新突破，产业供给的区域协同指数开始出现回升趋势。但与北京、天津两市相比，鸿沟仍然存在，河北省产业改革之路仍任重而道远。

内部指标中，基础设施产业投资占比和产业结构高度化的区域协同指数较稳定，2012—2018 年始终处于初级协同区间。当前经济运行中基础设施产业投资增速放缓是供给侧改革的主要短板之一，在京津冀中同样存在这个问题。除此之外，区域协同指数也有待提升，2018 年北京市和河北省的基础设施产业投资占比分别约为 33.65%、30.32%，但天津市仅占 16.57%，可见天津市的基础设施产业投资占比较低是导致京津冀的总体区域协同绝对指数处于较低水平的主要原因。

反观京津冀的产业结构高度化的区域协同绝对指数，北京市因其独特行政定位导致其第三产业增加值是第二产业的近五倍，津冀两地的第三产业增加值则远远低于北京市。但在 2012—2018 年京津冀的产业结构高度化区域协同指数逐渐逼近中级协同区间，2018 年的区域协同指数已约为 0.694 2，说明产业结构高度化的区域协同发展出现向好趋势，主要是因为京津冀三地的第三产业增加值的增长速度均快于第二产业，也反映出京津冀地区的产业供给在不断优化。

（3）制度供给

2012—2014 年，如图 2-19(c) 所示，京津冀总体制度供给区域协同绝对指数并不稳定，先由良好协同降至中级协同，再回到良好协同区间，但区域协同指数变动幅度较小，说明京津冀总体制度供给区域协同指数呈小幅波动趋势；2015—2018 年，制度供给区域协同指数一直处于中级协同区间，区域协同指数平均约为 0.748 3，表明 2015—2018 年间京津冀总体制度供给区域协同绝对指数相比 2012—2014 年的更低，说明京津冀三地间制度供给效率的差距加大，这可能与区域间的制度供给还存在“地域歧视”问题有关[25]。

究其原因主要在于国企改革区域协同指数的波动下滑，2012—2014 年京津冀总体国企改革区域协同指数保持在中级协同区间内，平均每年的区域协同指数为

0.741 0;2015—2016 年下滑至初级协同区间内,三地间差距显著加大;2017—2018 年又回升至中级协同区间。以上变动使得 2015—2018 年的区域协同指数平均约为 0.696 8,整体位于初级协同区间内,但制度供给区域协同指数降低。进一步由京津冀三地的各指标可知,京津冀总体的城镇国有经济就业人数占比逐年下降,但河北省在 2015—2016 年的就业人数占比反而增加,这是导致与京津两地制度供给效率差距扩大的主要原因,这一数值的变化可能与清退“僵尸企业”造成城镇就业人数出现下降有关。供给侧结构性改革强调有效化解过剩产能,而“僵尸企业”多存在于产能过剩行业中,因此积极稳妥处置“僵尸企业”,有利于提升中国工业企业整体素质[25],但自然不可避免地会导致部分城镇人口的失业问题,之后 2017 年河北省着重解决这部分失业人口再就业问题,使京津冀三地间的制度供给效率差距逐渐缩小。

京津冀市场调控区域协同绝对指数在 2012—2018 年始终位于优质协同区间,说明京津冀市域间市场调控水平较为相当,市场化节奏较为一致。尤其在 2015 年之后,京津冀三地的市场调控均呈逐渐下降的趋势,说明地方财政支出占比逐渐加大,运用积极的财政政策工具直接对经济结构进行调整,治理步调较为一致。

(4) 供给侧改革

2012—2014 年,如图 2-19(d)所示,京津冀供给侧改革区域协同由良好协同跌至中级协同区间;2014—2018 年,供给侧改革的区域协同绝对指数则一直处于中级协同区间内,区域协同指数自 0.736 7 上升至 0.762 2,但未能突破良好协同门槛。

京津冀产业供给区域协同绝对指数在 2012—2018 年始终位于不协同区间内,此为制约供给侧改革区域协同指数向上迈入良好协同区间的“陈年旧疾”,产业供给指标中不管是基础设施产业建设还是第三产业发展均呈现变革周期长、投资规模大等特点,改革效果的出现存在一定程度的时滞,当前的区域协同指数已从 0.437 0 逐步上升至 0.515 0,仍处于不协同区间,也说明进步空间较为广阔。

要素供给和制度供给的区域协同指数并不稳定,是导致供给侧改革区域协同绝对指数波动的主要原因。其中,要素供给区域协同绝对指数变动更大,2012—2014 年经历了从良好协同、中级协同再到初级协同的递减趋势,2014—2016 年稳定于初极协同区间,并于 2017 年再一次跨入良好协同区间,但 2018 年又回到初级协同区间。京津冀要素供给效率差距的频繁变动反映出市域间就“治理要素配置扭曲”问题上各自为政,京津冀三地之间生产要素的自由有效流动在短期内还不能够实现。

京津冀三地的制度供给区域协同绝对指数的波动性较弱。2012—2014 年制度供给区域协同绝对指数在良好协同区间和中级协同区间之间徘徊,2015—2018年则一直处于中级协同区间。制度供给是产业供给和要素供给的保障,制度的变动会在短期内通过要素供给放大,比如人力要素与科技要素提升会加速京津冀产业结构升级调整的步伐,在中长期中通过产业供给影响新动能的培育[77],所以当前京津冀三地间制度供给尚存的差距会促使京津冀间的要素供给出现显著差距。

2.3.1.3 时间收敛性分析

根据公式(2-14),利用2012—2018年供给侧个体时点区域协同相对指数可计算出2012—2018年京津冀供给侧改革区域协同的σ收敛系数,结果如图2-20所示。

如图2-20所示,2012—2015年间京津冀供给侧改革区域协同σ收敛系数从0.113 8上升到0.195 5,2016—2018年呈"V"形波动趋势,2018年约为0.183 7,趋于σ收敛,说明京津冀市域间供给侧改革区域协同不一致性增强,而自2015年"供给侧结构性改革"提出后则趋于一致。

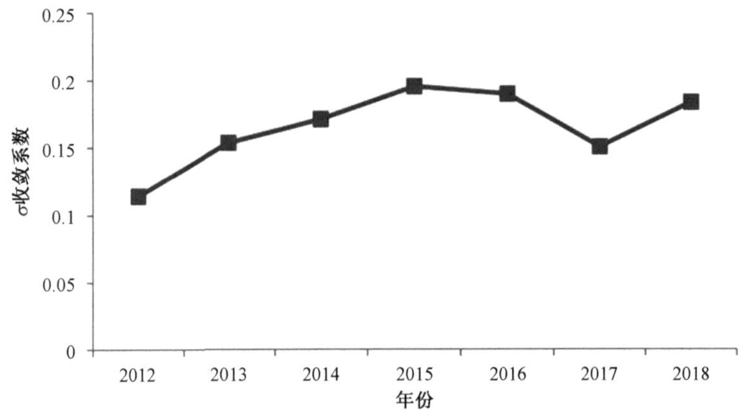

图2-20　2012—2018年京津冀供给侧改革区域协同σ收敛系数

利用绝对β收敛模型进一步分析供给侧改革效率相对高水平地区与相对低水平地区之间的关系。四种效应的模型拟合结果见表2-13。

表2-13　京津冀供给侧改革区域协同β收敛系数

变量	OLS	空间效应模型	时间效应模型	空间时间双固定模型
coorsupply	−0.012 6 (0.318)	−0.769 1*** (0.000)	0.016 4** (0.701)	−0.894 9*** (0.000)
Log(*L*)	94.358 4	117.113 1	102.663 7	123.844 3

注:**和***分别表示在5%和1%水平下显著。

根据 Log(L)结果，选择拟合优度最佳的空间时间双固定效应模型进行分析。β 收敛系数为-0.894 9，通过 1%的显著性水平检验。根据公式(3-20)计算出收敛速度为 1.863 7，半生命周期为 0.371 9，表明京津冀供给侧改革效率(区域协同)存在绝对 β 收敛，供给侧改革(区域协同)发展速度具有趋同态势。

结合 σ 收敛和 β 收敛模型结果可知，2015 年后，即“供给侧结构性改革”正式提出后，低水平地区的供给侧改革效率逐步提高，并且与高水平地区的供给侧改革效率趋同，若长此以往，两类地区的供给侧改革效率可以达到相同水平。

除此之外，将工业绿色区域协同与供给侧改革区域协同的时间收敛结果进行对比，发现京津冀供给侧改革的收敛速度明显快于工业绿色发展，并且在 2015 年实行供给侧结构性改革后，京津冀的供给侧改革区域协同已经存在 σ 收敛趋势。由此可进一步推断，若京津冀的供给侧改革机制可以充分发挥作用，可促进京津冀工业绿色区域协同也实现收敛。

2.3.2　空间异质性分析

为了解京津冀 13 市供给侧改革区域协同的空间格局，明确 13 市的差异化发展水平，对京津冀 13 市的区域协同指数进行空间维度的分析。根据公式(2-13)，可得到 2012—2018 年京津冀个体时点要素供给、产业供给、制度供给以及供给侧改革的区域协同指数，结果如表 2-14 所示。

2.3.2.1　相对指数的空间异质性分析

为全面比较分析京津冀 13 市供给侧改革区域协同相对指数，本书既利用 2012—2018 年 13 市的个体时点区域协同相对指数来进行时间变化趋势比较，也利用公式(2-9)与(2-17)引入时间加权向量消除时间属性，通过计算时间加权区域协同指数进一步聚焦总体差异。

(1) 个体时点区域协同相对指数

京津冀 13 市的个体时点区域协同相对指数如图 2-21 所示，不仅用以探究 2012—2018 年间京津冀 13 市供给侧改革区域协同指数变化，还将 2012—2014 年与 2015—2018 年分阶段进行对比分析，并进一步通过各内部指标的区域协同指数来分析京津冀 13 市的空间差异。

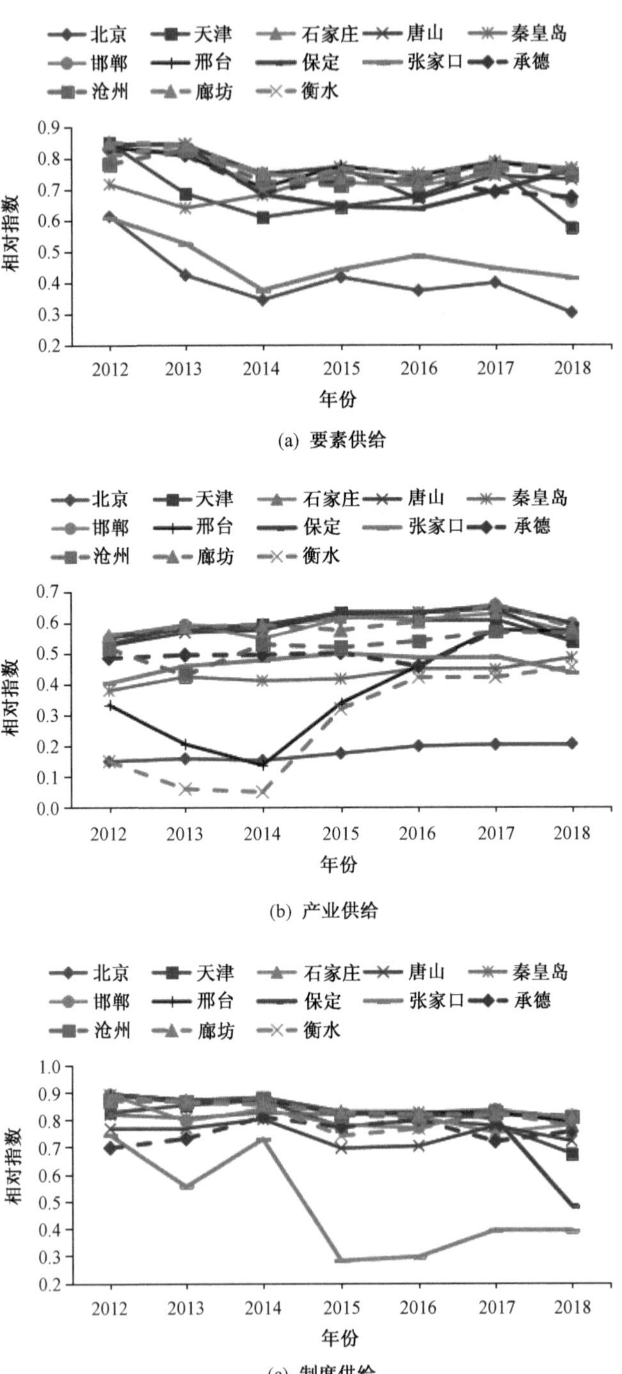

(a) 要素供给

(b) 产业供给

(c) 制度供给

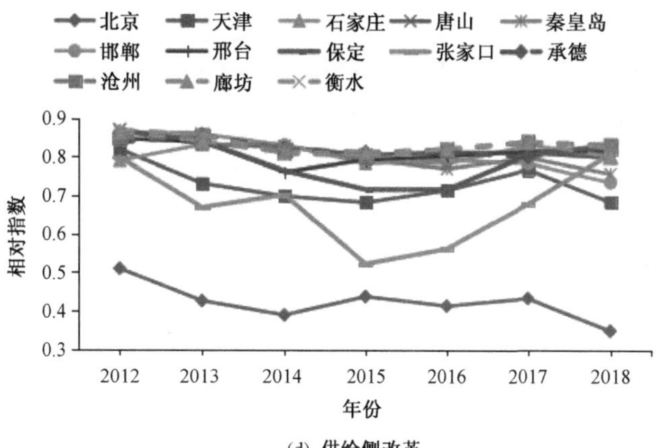

(d) 供给侧改革

图 2-21　2012—2018 年京津冀个体时点供给侧改革区域协同相对指数

表 2-14　2012—2018 年京津冀个体时点供给侧改革区域协同相对指数

指标	年份	北京	天津	石家庄	唐山	秦皇岛	邯郸	邢台	保定	张家口	承德	沧州	廊坊	衡水
要素供给	2012	0. 610 8	0. 847 7	0. 840 8	0. 842 9	0. 714 4	0. 830 3	0. 832 1	0. 840 3	0. 605 7	0. 824 5	0. 779 1	0. 846 6	0. 804 5
	2013	0. 420 9	0. 684 2	0. 838 3	0. 839 5	0. 637 4	0. 813 5	0. 808 2	0. 838 2	0. 522 2	0. 807 4	0. 823 8	0. 840 1	0. 840 0
	2014	0. 341 4	0. 607 7	0. 739 8	0. 748 2	0. 678 6	0. 747 8	0. 703 0	0. 680 5	0. 372 2	0. 688 4	0. 723 0	0. 746 0	0. 695 9
	2015	0. 413 7	0. 640 9	0. 771 5	0. 765 8	0. 753 8	0. 718 5	0. 771 2	0. 641 9	0. 437 5	0. 723 6	0. 708 2	0. 731 7	0. 764 9
	2016	0. 370 1	0. 673 3	0. 743 2	0. 665 7	0. 719 0	0. 707 4	0. 741 0	0. 633 6	0. 482 3	0. 729 0	0. 734 8	0. 714 5	0. 746 2
	2017	0. 395 5	0. 765 0	0. 785 7	0. 739 7	0. 785 1	0. 745 6	0. 780 9	0. 692 0	0. 441 7	0. 687 5	0. 762 8	0. 755 7	0. 774 0
	2018	0. 299 3	0. 572 3	0. 759 4	0. 727 1	0. 756 1	0. 655 5	0. 757 0	0. 757 1	0. 411 0	0. 670 7	0. 743 3	0. 760 9	0. 763 1
产业供给	2012	0. 147 1	0. 528 7	0. 555 5	0. 523 7	0. 376 8	0. 545 3	0. 330 3	0. 551 1	0. 400 9	0. 481 9	0. 513 6	0. 556 0	0. 147 3
	2013	0. 156 6	0. 582 2	0. 591 1	0. 565 1	0. 421 3	0. 591 8	0. 203 4	0. 576 0	0. 456 3	0. 492 4	0. 426 1	0. 585 5	0. 057 0
	2014	0. 150 4	0. 591 5	0. 582 2	0. 573 2	0. 408 5	0. 545 2	0. 134 8	0. 585 8	0. 474 9	0. 492 6	0. 526 2	0. 590 3	0. 046 7
	2015	0. 172 9	0. 628 7	0. 614 2	0. 629 7	0. 414 0	0. 610 2	0. 335 2	0. 629 5	0. 496 5	0. 498 2	0. 515 8	0. 573 0	0. 316 5
	2016	0. 196 4	0. 604 6	0. 607 3	0. 629 2	0. 447 0	0. 626 9	0. 456 4	0. 629 5	0. 483 0	0. 454 9	0. 536 5	0. 601 1	0. 418 4
	2017	0. 201 2	0. 607 0	0. 626 1	0. 641 3	0. 444 6	0. 653 3	0. 573 5	0. 646 5	0. 485 5	0. 565 9	0. 567 7	0. 654 0	0. 418 2
	2018	0. 203 1	0. 534 8	0. 564 9	0. 536 4	0. 482 5	0. 593 9	0. 568 8	0. 593 6	0. 433 3	0. 571 4	0. 563 1	0. 581 4	0. 451 4

续表

指标	年份	北京	天津	石家庄	唐山	秦皇岛	邯郸	邢台	保定	张家口	承德	沧州	廊坊	衡水
制度供给	2012	0.888 8	0.824 5	0.882 0	0.765 5	0.817 5	0.889 7	0.891 0	0.890 7	0.742 6	0.695 7	0.871 7	0.866 3	0.886 7
	2013	0.860 1	0.851 0	0.870 0	0.768 4	0.805 5	0.794 8	0.870 7	0.867 3	0.554 0	0.729 8	0.863 4	0.864 4	0.861 0
	2014	0.868 6	0.868 4	0.872 3	0.800 4	0.823 5	0.837 0	0.872 5	0.877 7	0.727 4	0.808 5	0.876 4	0.851 9	0.852 4
	2015	0.819 8	0.772 8	0.826 5	0.694 0	0.816 2	0.777 4	0.822 5	0.824 7	0.280 3	0.770 7	0.813 8	0.824 6	0.739 1
	2016	0.813 7	0.795 2	0.808 7	0.701 5	0.822 4	0.767 8	0.824 4	0.821 2	0.294 7	0.797 9	0.808 4	0.817 0	0.765 1
	2017	0.816 2	0.776 5	0.749 3	0.774 9	0.832 9	0.832 6	0.824 4	0.803 8	0.391 8	0.718 0	0.825 2	0.815 9	0.821 1
	2018	0.806 5	0.672 9	0.778 2	0.719 4	0.786 5	0.805 7	0.788 0	0.481 1	0.388 1	0.754 4	0.808 0	0.808 3	0.774 9
供给侧改革	2012	0.508 7	0.818 8	0.789 7	0.869 8	0.865 1	0.861 2	0.846 5	0.868 2	0.797 9	0.836 3	0.848 2	0.863 9	0.868 3
	2013	0.425 2	0.731 1	0.831 1	0.832 0	0.831 4	0.858 1	0.837 8	0.839 8	0.669 2	0.855 7	0.854 1	0.838 8	0.857 5
	2014	0.388 4	0.698 3	0.830 9	0.825 3	0.828 0	0.830 0	0.761 1	0.764 1	0.701 5	0.819 8	0.817 1	0.810 7	0.807 6
	2015	0.436 7	0.682 3	0.784 7	0.805 1	0.792 4	0.783 5	0.792 3	0.716 1	0.521 6	0.810 9	0.801 4	0.811 9	0.803 4
	2016	0.412 4	0.713 8	0.782 7	0.812 4	0.769 9	0.793 4	0.802 0	0.716 2	0.560 9	0.812 0	0.818 9	0.819 7	0.821 1
	2017	0.432 1	0.767 6	0.830 8	0.810 6	0.797 9	0.783 4	0.814 9	0.805 7	0.678 0	0.801 3	0.838 7	0.838 2	0.839 9
	2018	0.348 0	0.683 3	0.802 8	0.798 1	0.756 7	0.734 3	0.816 3	0.830 8	0.807 5	0.825 3	0.830 9	0.799 8	0.824 5

① 要素供给

2012—2018 年，如图 2-21(a)所示，京津冀 13 市要素供给区域协同指数呈现较强的“波动性”特征。其中北京、张家口两市的要素供给区域协同指数一直低于其余 11 市。北京市主要由于其第二产业固定资产投资效益的区域协同指数较低，当前北京市的工业化进程逼近现代化，因此第二产业的产品附加值较高，当前其第二产业固定资产投资效果系数平均约为 34.18%，是天津市的 4.61 倍，是石家庄市的 9.39 倍。可见北京市的投资效益远超津冀 12 市，由此表明北京市的资本要素质量较好，与其余 12 市的差距也同样显著。张家口市的要素供给区域协同指数较低则是因其万人专利申请授权量的区域协同指数较低所导致，2012 年张家口市的万人专利申请授权量仅约为 0.59 件，排在京津冀中最后一位，之后创新能力逐年提高，但提升速度慢于其余 12 市，导致 2012—2018 年张家口市平均万人专利申请授权量仅约为 1.67 件，而京津冀 13 市平均约为 8.20 件，张家口市仅为京津冀平均水平的 20.30%，因此拉低了与其余 12 市的区域协同指数。张家口市以打造“国际奥运名城”为其职能定位，并以走“绿色生态”的发展路子为主，而科技创新水平较低也有可能限制绿色发展的进程[79]，因此张家口市的科技创新能力需着力提升。

分阶段来看，2012—2014 年京津冀 13 市的要素供给区域协同指数均呈现波动下降趋势，其中北京市区域协同指数下降幅度最大，降幅总计约为 44. 1%；其次为张家口市，降幅约为 38. 54%；天津市降幅约为 28. 32%，排在第三，其余 10 市的降幅均在 5%~20%之间。这一阶段中，北京市的第二产业固定资产投资效益区域协同指数呈现“跳崖式”下跌，2012 年的区域协同指数为 0. 467 0，到 2014 年则降至 0. 168 6，降幅约为 63. 89%。资本要素的质量差异是导致北京市要素供给区域协同指数大幅下降的一大原因，除此之外，北京市工业能源效率的区域协同指数降幅约为 15. 08%，也反映出资源要素是北京市与其余 12 市间要素差距的另一原因。北京市快速推进的工业化进程吸引了大量资本要素、资源要素进入，通过产业效益再正向反馈于要素供给系统，进一步促进其发展，也就导致了北京市独立于其余 12 市的发展速度，为防止区域间形成要素进出壁垒，实行京津冀协同发展战略有一定的必要性。在 2012—2014 年间，张家口市的人力资本、第二产业固定资产投资效益、工业能源效率的区域协同指数均出现下降，降幅分别约为 4. 46%、2. 48%、2. 47%；天津市的第二产业固定资产投资效益、工业能源效率、万人专利申请授权量的区域协同指数均出现下降，降幅分别约为 4. 33%、2. 96%、0. 60%，因此导致以上两市的要素供给区域协同指数大幅降低。除此之外，在 2012—2014 年，京津冀 13 市的工业能源效率区域协同指数均呈波动下降趋势，其中石家庄、唐山、秦皇岛、邯郸、邢台、张家口、承德 7 市的工业能源效率均低于 1，说明资源要素的差距扩大是导致这一时期京津冀间区域发展差距扩大的主要原因，因此改善粗放型发展模式，提升资源利用效率有一定的必要性和急迫性。

2015—2018 年，京津冀 13 市的要素供给区域协同指数的下降趋势出现改善，其中秦皇岛、保定、沧州、廊坊 4 市的区域协同指数波动上升，增幅分别约为 0. 30%、17. 94%、4. 95%、3. 99%，其余 9 市的下降趋势也相对缓和，表明京津冀市域间要素供给区域协同发展出现向好态势，差距有望进一步缩小。细分时间段来看，在 2015—2017 年间，天津、石家庄、秦皇岛、邯郸、邢台、保定、张家口、沧州、廊坊、衡水 10 市要素供给的区域协同指数出现不同程度的反弹，增幅平均约为 5. 13%；2017—2018 年，除保定市外，其余 12 市的区域差距又一次扩大，要素供给的区域协同指数均小幅降低。导致 2017 年后要素区域协同指数未能延续上升趋势的主要指标是第二产业固定资产投资效益，2017 年京津冀 13 市关于第二产业固定资产投资效益的区域协同指数平均约为 0.583 5,2018 年则降至 0.443 3,2017—2018 年的降幅约为 24.03%,使得各市要素供给的差距扩大。而第二产业固定资产投资效益的差距是由于北京市在 2018 年经济增长速度过快所引起的,2017—2018 年北京市的第二产业固定资产投资效益由 23.73%升至 42.08%,增幅约为 77%,而石家庄市则由 4.02%降至 2.29%,降幅约为 43%,增减幅度的对立扩大使得市域间差距进一步扩大。自提出“疏解北京市非首都功能”以来,京津向河北省的产业转移加速推进,北京市着力构建“高精尖”的经济结构,压缩第二产业占比,从而导致 2018 年北京市第二产业投资下降约 43.20%,符合首都发展方向的信息传输、软件等行业投资增长较快。而河北省各市作为产业转移的承接方,在第二产业固定资产投资基数本就庞大的情况下进一步追加投资,使得市域间差距扩大。长期来看,京津、京保石、京唐秦这“三轴”带动的产业发展带经历过新旧动能转化的磨合期后,则有望进一步提高各市的资本质量,缩小资本要素之间的差距。

② 产业供给

2012—2018 年,如图 2-21(b)所示,京津冀 13 市的产业供给区域协同指数出现不同程度的提升,市域间差距呈缩小态势。其中,天津、石家庄、唐山、邯郸、保定、张家口、沧州、廊坊 8 市的产业供给区域协同指数相近,区域协同指数均呈小幅上升趋势,增幅在 10%之内;北京、秦皇岛两市的产业供给区域协同指数相对较低,但呈现逐年上升的趋势,年均增速分别约为 4.71%、3.60%;邢台、衡水、承德 3 市的产业供给区域协同指数呈现明显的“波动性”和“阶段性”特征,3 市的区域协同指数变化幅度分别约为 72.21%、206.37%、18.58%。其中衡水市的产业供给区域协同指数在 2012—2018 年间翻了两倍,与各市差距显著缩小。一方面衡水市期初的区域协同指数过低,2014 年仅为 0.467 0,提升空间极大;另一方面随供给侧结构性改革深入推进,衡水市“去产能去库存”效果明显,显著减少低端无效供给,且其短板领域的投资力度也逐渐加大,基础设施产业投资增长约 17.30%。2018 年,该市第三产业比重逐渐追赶第二产业,“调结构”初见成效,大大减少了和其余各市的发展差距,使其产业供给区域协同指数显著提升。

分阶段来看,2012—2014 年,邯郸、邢台、衡水 3 市的产业供给区域协同指数呈现下降趋势,降幅分别约为 0.20%、59.19%、68.29%,究其原因在于 3 市的基础设施产业建设的区域协同指数下降。2012 年,邢台、衡水两市的基础设施产业投资占比分别约为 12.52%、9.05%,与京津冀 13 市的平均水平约为 20.66%相差较大,且在2012—2014年间其余市的基础设施产业投资比例逐渐增加,邢台市和衡水市却逆其道而行,基础设施产业投资占比分别下降约32%、27%,又一次拉大了与其余各市的差距,导致区域协同指数降低。而邯郸市在初时的投资占比约为20.98%,与平均水平相当,但在2014年降至15.40%,与各市的差距也逐渐加大;其余10市产业供给区域协同指数均呈小幅上升,其中天津市的上升幅度最大,增幅约为11.89%,其余市的增幅均在10%之内。

2015—2018年,天津、石家庄、唐山、邯郸、保定、张家口6市的产业供给区域协同指数出现下降,降幅分别约为14.94%、8.03%、14.83%、2.67%、5.71%、12.73%,均受基础设施产业投资占比的区域协同指数下降的影响较大。在此期间,天津、唐山两市的基础设施产业投资占比均下降约33%。天津市的固定资产投资增速逐年下降,2017年已出现负增长,且出现固定资产投资结构性失衡的问题,导致资金过度流入工业以及房地产等行业,不仅导致天津市基础设施投资较少,也一定程度上限制了新旧动能的转换进程,限制了天津市经济的健康发展。石家庄、秦皇岛、邯郸、保定、张家口5市的基础设施产业投资占比则均呈上升趋势,增幅分别约为71%、11%、26%、12%、64%,过低或过高的比例均会导致市域间差距扩大,进而导致区域协同指数降低。以上5市主要是京津产业转移的承接地,基础设施产业投资占比增加可能与其建立交通网络、产业园区以及配套公共设施等有关;邢台、衡水两市的产业供给区域协同指数趋势则扭负为正,增幅分别约为69.68%、42.62%,其中基础设施产业投资占比的区域协同指数贡献最大,二者的基础设施建设产业投资占比提升,显著缩小了原有产业供给的巨大差距;北京、秦皇岛、承德、沧州4市的区域协同指数的上升趋势相对于2012—2014年更加明显,增幅分别约为17.49%、16.54%、14.70%、9.17%。其中北京、秦皇岛、沧州3市受产业结构高度化区域协同指数上升的影响,产业结构高度化的区域协同指数增幅分别约为6.68%、9.35%、0.46%。而承德市则受基础设施产业投资占比的区域协同指数的上升趋势影响,其增幅约为18.49%。由此可见,供给侧结构性改革虽然对京津冀不同市的产业供给造成的效果大小有所差异,但是总体来看,大部分市的区域协同指数均出现了正向变化,区域差距进一步缩小。

综上可知,基础设施产业投资占比的区域协同指数变化较为频繁,而产业结构高度化的区域协同指数较为稳定,这主要是因为基础设施产业投资受行政指导影响更大,当前以"补短板"为供给侧结构性改革重要抓手之一,因此各市根据禀赋条件陆续重视基础设施产业建设，导致了一定程度的差异化发展。而产业结构的变化意味着经济新旧动能的更替，当前京津冀间的产业转移可以推动产业结构调整，是区域经济协作的重要力量[80]。但新动能的培育需要时间，从长期来看将对京津冀的区域协同发展大有裨益。2012—2018年，除秦皇岛市的产业供给区域协同指数增幅约为12.29%外，其余12市的产业结构高度化区域协同指数变化均在10%以下，主导产业和支撑产业的更替是新旧动能转换的直接体现，目前新兴产业正在快速发育，规模尚小，处于力量积蓄期，而传统产业体积庞大，产业结构高度化的明显升级仍需时间，也说明产业结构高度化尚有进步空间，京津冀13市产业供给的区域协同发展也存有上升的潜力。

③ 制度供给

2012—2018年，如图2-21(c)所示，京津冀13市的制度供给区域协同指数大体呈现波动下降趋势，仅承德市的区域协同指数实现了正增长，增幅约为8.42%，其余12市的区域协同指数均出现不同程度的下降，说明市域间制度供给的差距出现扩大趋势。这可能与当前政府主导进行的要素再配置和产业结构改革有关，从而在一定程度上影响了市场调控。其中保定、张家口两市的制度供给区域协同指数波动性最明显，相对下降趋势最显著，2012—2018年间的降幅分别约为45.99%、47.73%。究其原因，各市区域协同指数的波动性受国企改革的区域协同指数影响，下降趋势则受市场调控的区域协同指数下降影响。

分阶段来看，2012—2014年，唐山、承德两市的制度供给区域协同指数呈逐年上升趋势，年均增速约2.26%、7.80%，国企改革区域协同指数逐年增加是促使制度供给区域差距缩小的主要原因，其国企改革区域协同指数增幅分别约1.15%、4.64%；廊坊市则呈逐年下降趋势，降幅约1.66%，与其余市的市场化差距加大是导致制度供给区域协同指数下降的主要诱因；其余10市的产业供给区域协同指数均呈先下降后上升的“V”形趋势，波动性较强，这主要是由于2013年张家口市国企改革的区域协同指数骤降所致。2012年张家口市城镇国有经济就业人数占比约为31.73%，2013年增至41.83%，而当年京津冀的就业人数占比平均仅约为26.77%，使得张家口市与其余各市相比的差距骤然加大。这并非是由国有经济就业人数上升导致，而是受2013年张家口市城镇私营与个体就业人数由33.85万人降至10.01万人的影响。一方面，整治环境污染，关停部分高污染企业对于就业有一定的不利影响；另一方面，投资内驱不足，难以达到规模经济，吸纳劳动力十分困难,较低的工资水平也导致部分劳动力外流。由此反映出企业活力亟待重启,制度结构性失衡十分严重性,所以制度供给改革势在必行。

2015—2018 年,唐山、邯郸、张家口、衡水 4 市的制度供给区域协同指数上升,增幅分别约为 3.66%、3.63%、38.46%、4.85%,均得益于 4 市国企改革差距的缩小。4 市的城镇国有经济就业人数逐年下降,在供给侧结构性改革、央企并购重组改革一系列措施影响下,一大批“僵尸企业”和特困子企业被整治,国企改革初见成效;衡水、张家口两市的城镇私营及个体就业人数显著上升,说明国企改革降低市场交易成本,从而促使市场准入壁垒降低,促进企业迸发竞争活力;唐山、邯郸两市的城镇私营及个体就业人数反而下降,这是因为唐山市与邯郸市均是工业大市,“去产能”持续推进的过程中,必然导致传统企业体量压缩,其中唐山市的汽车类批发零售下降约为 21.5%,房地产行业中商品房待售面积显著下降;在区域协同指数出现下降的各市中,保定市的降幅最大,约为 41.67%,天津市次之,约为 12.93%。2018 年,保定市政府干预力度由 17.60%升至 34.20%,导致市场调控力度减弱,与其余 12 市 78.29%的平均市场调控程度相差较大,这是保定市抢抓京津冀协同发展和雄安新区规划建设重大历史机遇,推进协同创新、改善民生的体现。保定市的研发经费投入强度连续两年位居河北省第一,且拿出 557 亿元来落实惠民政策,使得政府财政支出相比于其他市较多;而天津市制度供给区域协同指数下降则受国企改革影响较大,2015—2018 年城镇国有经济就业人数占比以每年约 6%的速度下降,到 2018 年天津市的城镇国有经济就业人数占比仅约为 8.7%,与京津冀的平均水平(22.59%)相差较大;其余 7 市也受市场调控差距影响,区域协同指数出现小幅下降,但降幅控制在 5%之内。

④ 供给侧改革

2012—2018 年,如图 2-21(d)所示,京津冀 13 市的供给侧改革区域协同指数大体呈波动下降趋势。除张家口市外,其余 12 市的区域协同指数均出现不同程度的下降,北京、天津、秦皇岛、邯郸四市的区域协同指数下降趋势较为显著,降幅分别约为 31.59%、16.54%、12.53%、14.73%;而张家口市的供给侧改革区域协同指数变化波动性最剧烈,2012—2015 年由 0.797 9 下降至 0.521 6,降幅约为 34.62%,2015—2018 年则逐年升高至 0.807 5,2015—2018 年的增幅反超期初的下降幅度,使得 2012—2018 年其区域协同指数总计上升约 1.21%。

以上各市供给侧改革的区域协同相对指数在研究初期与后期的变化趋势存在

显著区别。分阶段来看,2012—2014 年京津冀 13 市供给侧改革区域协同指数基本呈波动下降趋势,除石家庄市小幅增长约 5. 21%外,其余 12 市的区域协同指数均出现不同程度的下降,与此同时供给侧改革效率除北京市以外,其余 12 市也出现不同程度的下降,说明这一时期各要素质量逐渐下滑,各市差距也逐渐加大,已经严重影响经济总量上升和经济高质量发展,凸显出进行供给侧结构性改革的必要性与急迫性。

2015—2018 年,京津冀 13 市的供给侧结构性改革区域协同指数出现波动上升趋势。其中,天津、石家庄、邢台、保定、张家口、承德、沧州、衡水 8 市的区域协同指数呈正向增长,其区域协同指数相比于 2012—2014 年明显提升,各市在要素供给和产业供给间差距的缩小是供给侧结构性改革区域协同指数上升的主要原因。其中,8 市的万人专利申请授权量差距普遍缩小,各市科技创新水平显著提升。除此之外,衡水市的人力资本、基础设施产业投资占比,石家庄市的第二产业固定资产投资效益,张家口市的工业能源效率,邢台市、保定市、承德市的基础设施产业投资占比,沧州市的产业结构高度化的区域协同指数均呈正向增长,各市"补短板"初见成效;北京、唐山、廊坊 3 市的区域协同指数的下降速度也相对放缓,2012—2014 年分别以年均约 14. 44%、2. 66%、3. 23%的速度下降,2015—2018 年则分别以约 7. 86%、0. 29%、0. 50%的速度下降,说明供给侧改革在一定程度上抑制了区域间供给要素质量差距的扩大;秦皇岛、邯郸两市的区域协同指数在 2015—2017 年也呈上升趋势,但在 2017—2018 年间骤降,使得 2015—2018 年的区域协同指数出现下降,降幅分别约为 4. 50%、6. 27%,而 2012—2014 年的降幅分别约为 4. 29%、3. 63%,表明 2015—2018 年相比 2012—2014 年的降幅更大。秦皇岛市与邯郸市区域协同的波动性同受要素供给区域协同指数不稳定的影响,其中第二产业固定资产投资效益的区域协同指数降幅分别约为 49. 46%、10. 21%,是供给侧改革区域协同指数骤降的主要原因,除此之外 2017—2018 年秦皇岛市供给侧改革区域协同指数的波动性还受市场调控的区域差距扩大影响,邯郸市基础设施产业投资占比的区域协同指数也在 2018 年由 0. 740 5 骤降至 0. 691 4,共同作用于供给侧改革的区域协同发展。2017—2018 年,各市"去产能、去库存"成效显著,采矿业以及高污染行业的产值显著降低,一定程度上影响河北省各市的第二产业固定资产投资效益,北京市的第二产业固定资产投资效益则显著上升约 77%,说明"以疏解北京市非首都功能为牛鼻子"来推动京津冀协同发展的政策初见成效。而在施策前期难免会因较强的行政选择而导致一定的摩擦，比如秦皇岛市因其工业链较脆弱而易受影响，导致区域协同指数波动性增强，但京津冀大部分市在供给侧结构性改革作用下仍呈现向好趋势，区域差距也有所缓和。在京津冀协同发展战略的进一步推动下，各市朝着目标同向、措施一体的方向发展，区域协同指数也有望进一步提高。

（2）个体时间加权区域协同相对指数

为进一步分析 2012—2018 年京津冀 13 市供给侧改革区域协同发展的空间格局，凸显京津冀 13 市进行改革的空间属性，依据“厚今薄古”的原则，根据公式（2-17），引入时间加权向量来计算区域协同指数，结果如表 2-15 所示。

表 2-15　京津冀个体时间加权区域协同相对指数及排名

地区	要素供给		产业供给		制度供给		供给侧改革	
	相对指数	排名	相对指数	排名	相对指数	排名	相对指数	排名
北京	0. 370 2	13	0. 188 3	13	0. 823 5	2	0. 402 7	13
天津	0. 661 5	11	0. 580 5	6	0. 761 4	9	0. 717 1	11
石家庄	0. 770 8	1	0. 593 8	4	0. 800 4	7	0. 807 2	7
唐山	0. 738 2	7	0. 590 0	5	0. 737 8	11	0. 811 5	5
秦皇岛	0. 740 7	6	0. 445 7	11	0. 811 8	5	0. 787 5	9
邯郸	0. 716 4	8	0. 608 0	2	0. 807 9	6	0. 781 7	10
邢台	0. 763 3	3	0. 455 2	10	0. 822 7	4	0. 808 9	6
保定	0. 711 3	9	0. 611 8	1	0. 723 0	12	0. 789 9	8
张家口	0. 444 5	12	0. 463 8	9	0. 415 5	13	0. 687 7	12
承德	0. 706 6	10	0. 527 5	8	0. 755 7	10	0. 818 0	4
沧州	0. 746 9	5	0. 540 7	7	0. 824 5	1	0. 828 3	1
廊坊	0. 756 2	4	0. 599 7	3	0. 822 9	3	0. 819 1	3
衡水	0. 763 8	2	0. 351 5	12	0. 796 1	8	0. 827 4	2

① 要素供给

如表 2-15 所示，排在前三位的市是石家庄市、衡水市、邢台市，个体时间加权区域协同相对指数分别约为 0. 770 8、0. 763 8、0. 763 3，三市在 2015—2018 年要素供给的区域协同指数较高，且要素供给的差距逐渐缩小。其中石家庄市、邢台市的第二产业固定资产投资效益区域协同指数在 2015—2018 年显著上升，增幅分别约为 19. 35%和 11. 07%，这是由于两地大力消减落后产能，降低传统工业投资，进而提升第二产业固定资产投资效益的结果。衡水市在河北省各市发展中处于中间位置，2012—2014 年区域协同指数平均约为 0. 780 1，期初的区域协同指数较高，之后 2015—2018 年人力资本和万人专利申请授权量区域协同指数又分别上升约 1. 18%、0. 59%，进一步缩小了区域差距。

排在后三位的是北京市、张家口市、天津市，个体时间加权区域协同相对指数分别约为 0. 370 2、0. 444 5、0. 661 5，由此可知北京市、天津市与其余 11 市相比的要素质量差距较为显著，其中天津市的万人专利申请授权量大约是石家庄市的 3. 35 倍、张家口市的 13. 67 倍，北京市的第二产业固定资产投资效益是秦皇岛市的 2. 86 倍、唐山市的 8. 33 倍。河北省各市要素供给水平远小于北京市和天津市。实施供给侧结构性改革之后，河北省各市快速发展，但由于京津冀市域间差距基数较大，还需持续努力缩小差距。

② 产业供给

京津冀 13 市中产业供给的时间加权区域协同相对指数排在前三位的是保定市、邯郸市、廊坊市，区域协同指数分别约为 0. 611 8、0. 608 0、0. 599 7。保定市与邯郸市的产业结构高度化、廊坊市的基础设施产业投资占比在京津冀的区域协同指数中也位于前列，说明三市的产业结构配置与其余各市差距较小。且三市的产业供给效率逐年上升，产业供给质量不断提升，区域协同向好发展；排在后三位的是天津市、张家口市、北京市，个体时间加权区域协同相对指数分别约为 0. 445 7、0. 351 5、0. 188 3。张家口市工业并不发达，以其良好的生态屏障来规划建立国际休闲运动旅游区、京津绿色农副产品保障基地、新能源产业基地，导致基础设施产业投资占比逐年增加，逐渐扩大了和其余市之间的发展差距。

京津冀 13 市的产业供给时间加权区域协同指数整体偏低，说明 2012—2018 年间各市产业供给差距一直存在，其中产业结构高度化的差距尤为明显。北京市和秦皇岛市的第三产业增加值均大于第二产业，2018 年前者占比约为 482. 81%、后者为 132. 30%，其余 11 市则均在 95%以下，说明各市工业化进程的步伐不一致严重影响了产业结构高度化程度。近年来产业转移加速推进，各市产业结构高度化水平也逐渐上升，区域差距有望进一步缩小。

③ 制度供给

排在前三位的是沧州市、北京市、廊坊市，其个体时间加权区域协同相对指数分别约为 0.824 5、0.823 5、0.822 9，沧州市和北京市均以市场调控的区域协同指数较高取胜，廊坊市则得益于 2015—2018 年国企改革区域协同指数的显著上升；排在后三位的是唐山市、保定市、张家口市，个体时间加权区域协同相对指数分别约为 0.737 8、0.723 0、0.415 5，以上三市则均在 2015—2018 年间市场调控区域差距扩大而导致制度供给区域协同指数排名靠后。

在“供给侧结构性改革”背景下，京津冀在基础设施产业建设、科教文卫支出等方面加大力度，使得地方财政支出的增长速度快于地方国内生产总值的增长速度，市场调控程度减弱，比如唐山、保定、张家口三市的市场调控水平在 2015—2018 年间逐年下降，导致与其余市的差距扩大。

④ 供给侧改革

排在前三位的市是沧州市、衡水市、廊坊市，其个体时间加权区域协同相对指数分别约为 0.828 3、0.827 4、0.819 1。沧州市因其制度供给的时间加权区域协同指数较高而排在首位，其市场调控和国企改革的区域协同指数均在前列。当前沧州市着力构建“一港双城三带四区”的发展格局，深入实施“六个一”工程，虽在行政主导下一定程度上影响了市场调控，但是在促使产业转型升级上取得了新进展。2018 年，全市“六大新动能”和“五大新引擎”产业规模以上工业增加值高于全市工业平均增速 5.6 个百分点，对全市工业增长贡献率达 40.60%，进而弥补了市场调控区域协同的弱势，与其余市在制度供给上的差距并没有显著增大；衡水市的要素供给时间加权区域协同指数也排在第二位，其中人力资本、万人专利申请授权量、第二产业固定资产投资效益的区域协同指数均位于前列；廊坊市的要素、产业、制度供给的时间加权区域协同指数排名分布较为均衡，分别位于第四位、第三位、第三位，表明廊坊市的各结构性因素协调治理，改革步伐较为一致。

排在后三位的是天津市、张家口市、北京市，个体时间加权区域协同相对指数分别约为 0.717 1、0.687 7、0.402 7。其中，要素供给的区域协同指数较低是三市供给侧改革区域协同发展的最大掣肘，三市在要素供给时间加权区域协同指数排名中也位于最后三位。除此之外，北京市还受产业供给区域协同指数较低的影响而排于末位。天津市和张家口市则受制度供给区域指数较低的影响，分别排于制度供给区域协同指数的第九位和最后一位。此三市均受行政定位与宏观调控影响，短期以疏解北京市非首都功能为“牛鼻子”推动京津冀协同发展，调整区域经济结构和空间结构，因此导致北京市产业结构高度化发展领先于其他市，并借助天津市建立全国先进制造研发基地、张家口市打造奥运新城的契机，导致区域差距短期扩大。长期则着重培育京津冀13市的经济增长新动能，实现优势互补、互利共赢的局面，区域差距将逐渐缩小。

2.3.2.2 绝对指数的空间异质性分析

为进一步考察京津冀13市在2012—2018年间供给侧改革区域协同发展程度，依据表2-4的绝对评价标准，分别对13市每一年的个体时点协同发展指数进行绝对评价，各指标的绝对协同发展评价结果如表2-16所示。

表2-16 京津冀个体时点供给侧改革区域协同绝对指数

区间	2012	2013	2014	2015	2016	2017	2018
不协同	北京	北京	北京	北京 张家口	北京 张家口	北京	北京
初级协同	—	张家口	天津	天津	—	张家口	天津
中级协同	石家庄 张家口	天津	邢台 保定 张家口	石家庄 秦皇岛 邯郸 邢台 保定	天津 石家庄 秦皇岛 邯郸 保定	天津 秦皇岛 邯郸	唐山 秦皇岛 邯郸 廊坊
良好协同	天津、唐山 邯郸、邢台 保定、承德 沧州、廊坊 秦皇岛、 衡水	石家庄 唐山、邯郸 邢台、保定 承德、沧州 廊坊、衡水 秦皇岛	石家庄、 唐山、邯郸 承德、沧州 廊坊、衡水 秦皇岛	唐山 承德 沧州 廊坊 衡水	唐山 邢台 承德 沧州 廊坊 衡水	石家庄 唐山、邢台 保定、承德 沧州、廊坊 衡水	石家庄 张家口 邢台 保定 沧州 承德 衡水
优质协同	—	—	—	—	—	—	—

2012—2018年，如表2-16所示，京津冀13市的供给侧改革区域协同绝对指数分布于不协同、初级协同、中级协同、良好协同四个区间，始终未能突破优质协同的门槛，距离实现京津冀13市供给侧改革方向相同、施策节奏一致、发展水平相当的

目标还尚存一定距离。北京、天津、张家口3市主要在不协同和初级协同区间内徘徊,其余10市多聚集于中级协同和良好协同区间内。表明河北省内各市的区域差距显著低于京津冀整体的供给侧改革区域差距,京津冀三地行政壁垒的问题一直存在。但中级协同和良好协同区间内的市个数逐渐增多,表明京津冀13市的区域协同指数逐渐向中级协同和良好协同区间靠拢,区域协同发展呈向好态势。

2012—2014年,唐山、邯郸、承德、沧州、廊坊、衡水、秦皇岛7市的供给侧改革区域协同指数一直稳定于良好协同区间内;而北京市则一直稳定于不协同区间内,由于2012—2014年产业供给的显著不协同以及2013—2014年要素供给陷入不协同区间,导致北京市与其余市的差距逐渐增大;"双城"的另一侧即天津市,则呈现出一年下降一个台阶的负增长局面,逐步由良好协同降至中级协同,再降至初级协同区间,不协同的产业供给一直制约着天津市区域协同发展的进步。而2013年其要素供给从良好协同跌至初级协同区间,其区域协同指数又逐年降低,逐年加大了与各市供给侧改革的发展差距,2014年仅约为0.607 7,有跌出初级协同区间的风险。邢台、保定两市均在2014年跌出良好协同区间,降至中级协同区间。两市的要素供给、产业供给、制度供给的区域协同指数均出现下降,其中最为显著的是要素供给的区域协同指数于2014年均跌出良好协同区间,这是供给侧改革区域协同绝对指数下降的主要原因。张家口市的供给侧改革区域协同指数则并不稳定,在中级协同和初级协同区间来回摆动,其制度供给的区域协同指数也在中级协同和不协同之间来回跳动,其中2013年城镇国有经济就业人数占比由31.73%激增至41.83%,又快速回落至23.82%,这是导致张家口市供给侧改革区域协同指数不稳定的主要原因。石家庄市则是2012—2014年间唯一一个具有稳定上升趋势的市,2013年由中级协同跨入良好协同区间,并稳定于良好协同区间。这得益于其产业供给区域协同指数的上升,该指标虽一直处于不协同区间内,但2013年的区域协同指数约为0.591 1,十分接近于初级协同门槛,进而驱动石家庄市供给侧改革区域协同指数上升。

2015—2018年,秦皇岛、邯郸两市一直稳定于中级协同区间,承德、沧州、衡水3市均稳定于良好协同区间,以上5市的要素供给、制度供给均位于中级协同区间及以上,促使供给侧结构性改革的区域协同发展处于较高水平;北京市则因要素供给、产业供给难以区域协同而导致供给侧改革一直处于不协同区间内;张家口、石家庄、邢台、保定4市的供给侧结构性改革区域协同指数稳步上升,2018年均已跨入良好协同区间。各市区域协同发展的诱因并不相同,其中邢台市的产业供给区域协同指数显著上升约69.68%,保定市的要素供给区域协同指数由初级协同迈入中级协同区间,石家庄市则受要素供给与产业供给区域差距缩小的双重带动,张家口市的制度供给虽处于不协同区间,但逐渐上升的区域协同指数促使供给侧结构性改革的差距进一步缩小;天津、廊坊、唐山3市的供给侧结构性改革区域协同的脚步却出现倒退,2018年天津市退至初级协同区间,廊坊市与唐山市退至中级协同区间。其中廊坊市、唐山市皆因产业结构的区域协同指数从初级协同跌至不协同区间而导致供给侧结构性改革差距扩大。导致天津市区域协同绝对指数下降的原因较为复杂:首先,天津市的要素供给、产业供给分别从中级协同跌至不协同区间;其次,制度供给则从中级协同跌至初级协同区间,共同导致供给侧结构性改革的区域协同指数下降。这种情况的出现主要是由于天津市经济由高速增长阶段转向高质量发展阶段,结构调整转型升级带来的阵痛逐步显现,传统产业的支撑作用不断减弱但仍处于主导地位,新动能发展迅速但规模较小,导致工业、投资、消费等指标增速在全国都处于较低水平。

为进一步从空间维度对京津冀13市的供给侧改革区域协同进行辨析,利用Geoda软件对京津冀13市个体时点供给侧改革区域协同绝对指数输出空间分布图。并将区域协同指数处于不协同区间(0~0.6)以“1”表示,初级协同区间(0.6~0.7)以“2”表示,中级协同区间(0.7~0.8)以“3”表示,良好协同区间(0.8~0.9)以“4”表示,优质协同区间(0.9~1)以“5”表示,结果如图2-22至图2-25所示。

(1) 要素供给

从要素供给区域协同的空间分布来看,由图2-22可知,京津冀要素供给区域协同指数呈现“南强北弱”的空间格局:位于冀中南部的邢台、石家庄、廊坊、衡水四市的要素供给区域协同指数较为稳定,多处于中级协同区间。位于冀北部的承德市的要素供给区域协同指数较为多变,到2017—2018年则稳定于初级协同区间。其余市的空间斑块分布较为分散,右心房位置的保定市、左心房位置的天津市,要素供给的区域协同指数波动性明显,在初级协同和中级协同之间徘徊;且大部分沿海市的区域协同绝对指数高于冀西北部市的区域协同指数,如沧州市、唐山市、秦皇岛市的区域协同指数高于张家口市、承德市的区域协同指数,张家口市、承德市因其独特的生态资源,致力于打造京津绿色农副产品保障基地,其工业化发展较弱,所以工业投资效益、技术创新能力等方面与其余市存在一定差距。

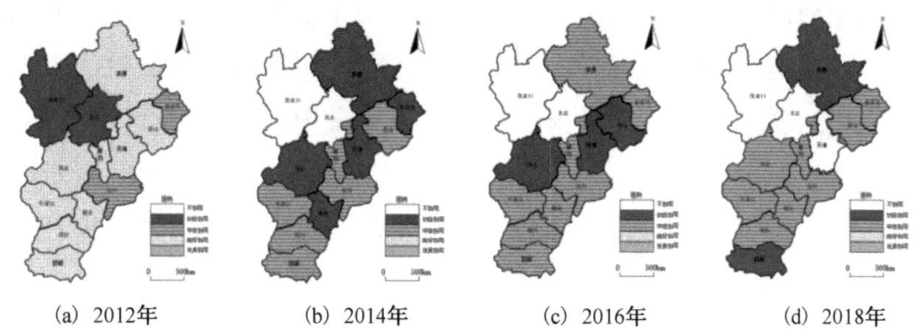

(a) 2012年　(b) 2014年　(c) 2016年　(d) 2018年

图 2-22　京津冀个体时点要素供给区域协同绝对指数空间分布

(2) 产业供给

从产业供给区域协同的空间分布来看，由图 2-23 可知，2012—2014 年京津冀 13 市均呈现不协同的局面，其中北京市、秦皇岛市是由于产业结构高度化比例始终处于不协同区间所导致；邢台市、张家口市、承德市、沧州市、衡水市则受其基础设施产业投资占比的区域协同指数较低的影响；其余市受制于以上指标的共同作用而导致产业供给的区域协同指数偏低。

(a) 2016年　(b) 2012年、2014年、2018年

图 2-23　京津冀个体时点产业供给区域协同绝对指数空间分布

自 2015 年提出供给侧结构性改革，京津冀 13 市的产业供给区域协同发展出现新局面。由京津冀“左心室”到“右心房”的斜带式区域，以及“心肌”底部率先从不协同区间跨入初级协同区间，包括天津市、石家庄市、唐山市、邯郸市、保定市、廊坊市，此六市中间以邢台市相隔，呈现出冀中部与冀南部遥相呼应的空间格局。产业供给区域协同指数的显著提升得益于基础设施产业投资区域协同指数的上升，市域间基础设施产业发展差距逐渐缩小，是京津冀公共服务一体化和供给侧结构性改革“补短板”措施的成果。从石家庄市，途经京津冀中部核心功能区（保定市、廊坊市），再经天津市而至秦皇岛市，贯穿京津冀协同发展战略中的京津、京保石、京唐秦三大产业带，而交通基础设施建设有利于区域经济的增长[81]，进而推测产

业带中相关交通网络的建立以及产业园区的带动作用均会对产业供给的区域协同指数产生一定影响。2018 年京津冀 13 市又恢复到不协同的局面,这主要是由于张家口市打造奥运新城使得基础设施产业投资占比激增,进而导致区域间差距加大,但其余市基础设施产业发展向好的趋势未变,产业结构逐渐高级化的趋势也未变,因此其余 12 市产业供给的区域协同指数虽低,但差距缩小的态势依然明朗。

(3) 制度供给

从制度供给区域协同的空间分布来看,由图 2-24 可知,区域协同的重心逐步由起初的京津冀南部功能拓展区(石家庄市、邢台市、邯郸市、沧州市、衡水市)转移至京津冀中部的北京市、沧州市、廊坊市,区域协同发展呈现出由中部向四周减弱的空间格局。

研究初期,京津冀西北部的张家口市、承德市及“右心房”处的唐山市的制度供给区域协同指数较低,2012 年处于良好协同区间以下,其余 10 市均处于良好协同区间。自京津冀三地积极推进供给侧结构性改革,制度供给在良好协同区间的空间版块逐渐缩小至中南部,区域协同指数波动的原因主要在于各市通过深化国企改革降低市场交易成本,导致城镇国有经济就业人数占比出现波动,随之而来的失业问题又需各地政府动用财政政策工具来保障民生,由此导致政府支出占比的波动,影响市场调控区域协同指数。由此可见供给侧结构性改革的重点虽是“改革”,但仍需要稳定的宏观调控来平滑改革成本,提振供给侧改革的信心与动力[82]。

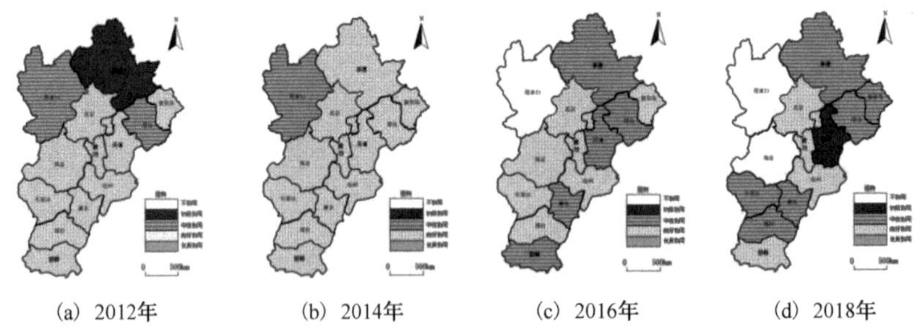

(a) 2012年　(b) 2014年　(c) 2016年　(d) 2018年

图 2-24　京津冀个体时点制度供给区域协同绝对指数空间分布

(4) 供给侧改革

从供给侧改革区域协同的空间分布来看,由图 2-25 可知,京津冀 13 市供给侧改革区域协同指数逐步提高。研究初期,京津冀“主动脉”位置的承德市、“右心房”位置的唐山市、秦皇岛市,“右心室”位置的沧州市、衡水市的区域协同指数较高,多处于良好协同区间。研究后期,供给侧结构性改革区域协同的空间分布较为分散。到 2018 年,呈“夹心”状的区域协同空间格局。其中,“夹心”部位是京津双城与廊坊市、唐山市、秦皇岛市,还有“心肌”底部的邯郸市,此 6 市的区域协同指数较低,尚未达到良好协同。主要是因为这 6 市的产业结构区域协同指数较低。其中唐山市与廊坊市的基础设施产业投资占比在 2018 年由中级协同跌至初级协同区间成为制约产业供给区域协同指数上升的主要原因。补齐基础设施产业发展短板也是供给侧结构性改革中“三去一降一补”的重要一环,在推进产业转型升级的同时,着力发展基础设施建设也可以提高供给侧结构性改革的整体水平。在此基础上巩固“三去一降一补”成果,进而提升京津冀的工业化产业链水平,也有望进一步促进京津冀供给侧改革的区域协同发展。

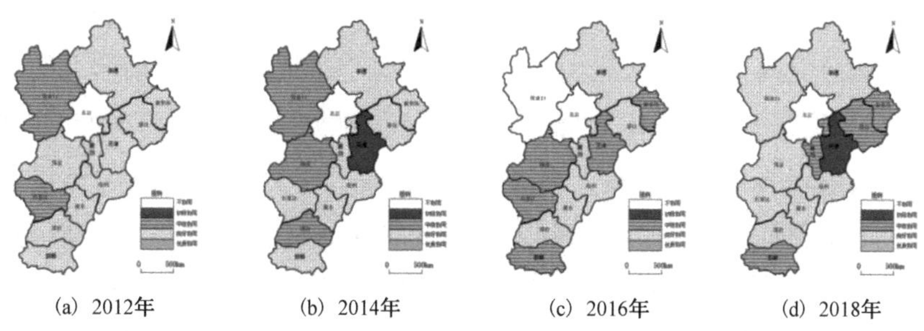

(a) 2012年　(b) 2014年　(c) 2016年　(d) 2018年

图 2-25　京津冀个体时点供给侧改革区域协同绝对指数空间分布

2.4　京津冀供给侧改革效率与其区域协同的格兰杰因果检验

供给侧改革是一个“滚石上山、爬坡过坎”的过程,随着经济社会的发展,在解决问题的同时不断会有新的情况出现,促使政策逐步调整来适应新变化。政策的推行源于中央对现实情况的准确研判。供给侧改革过程中,京津冀绿色低碳发展水平得到了明显提升,但是由于各地的财政状况、生态基础、产业结构等差异明显,在京、津、冀共 13 市之间,绿色低碳发展水平差异明显,长此以往将损害区域整体利益。以环境质量为例,北京市重化工业比重低,污染排放量小,再加上其对污染的治理水平较高,所以从北京市角度,其环境质量较高,但北京市地理上被河北省包围,从北京市转移的重污染企业大都集聚在河北省,如果河北省的污染得不到有效控制,北京市也不会独善其身,即区域间绿色低碳发展水平的不平衡对于京津冀整体绿色低碳发展存在不利影响[83]。

在供给侧改革驱动过程中,还涉及了财富再分配问题,其本质是产业和要素的重新分配[84-86]。首先是去产能过程中的财富重新分配。供给侧改革的一个痛点就是去除过剩产能,如果完全依靠市场机制,去产能的过程会非常缓慢并且可能存在的市场失灵会对宏观经济产生巨大打击;如果过度依赖行政手段,人为去产能会导致焦炭等过剩产能行业供应紧张以及大宗原材料价格暴涨,引发成本推动性通货膨胀。这又会使得产业链上下游企业之间、中小企业和大型国企之间的财富分配不均,并且国内原材料价格上涨会增加进口,造成财富外流。所以在去产能过程中,不仅要权衡好市场和政府的关系,也要刀刃向内,从改革现存制度出发,促进各地区各主体协同发展。其次,旧的要素调配和产业升级也涉及财富重新分配。北京、天津将资本密集型产业转移给河北,京津就会面临产业空心化和失业率上升等问题,而河北也存在是否有能力承接的问题。京津冀在利益协调方面也尚未达成共识,以生态治理为例,修复环境以减少重污染企业、产生经济损失为代价,同时需要大量的财政支持,但对于区域内各个城市都会有正外部性。目前河北第二产业比重较高,相比京津财政也并不宽裕,却承担着大部分的生态治理压力。京津享受了河北生态治理的红利但是对于河北的利益补偿并不完全,河北部分地区甚至出现了因生态治理致贫的现象。除此以外,京津冀在财税制度、信息共享等方面都还未形成完善的利益协调机制。再次,对于绿色低碳发展过程中催生的新的产业和要素也需要进行财富再分配。美国和欧洲各国由于有工业革命的先发优势,在2010年以前就实现了碳达峰[87],而我国的碳排放还处在上升阶段,这就导致欧美会对我国在碳排放方面实行碳关税等限制,降低我国产品的竞争力。所以要想实现资源、环境、经济三方面的发展,减少碳排放是重中之重。这就要求减少煤炭等重污染能源的使用,增加新能源的利用。在新能源中,光伏发电和风力发电由于发展最成熟,在我国既具有规模效应又有成本优势,因而可行性最高。新能源的使用就像一颗石头掷入水中,让要素和产业迸发出新的活力。分布式光伏、电力的储存和运输等行业会随之兴起,而用电成本下降也会利于数字产业发展,劳动力、资本等要素也将转移到新的产业当中。这些新产业的布局和要素的跨区域调配就会对京津冀绿色低碳发展产生重要影响。另一方面,碳交易会形成新的金融市场,打破目前的利益格局,对财富重新分配。小到人们的衣食住行,大到世界货币体系以及各国之间的综合国力较量,新能源的使用都会对其产生巨大的影响。

因此,无论是基于京津冀协同发展战略的政策原因还是基于财富再分配的现实原因,都需要供给侧改革区域协同来促进京津冀绿色低碳区域协同,如图 2-26 所示。

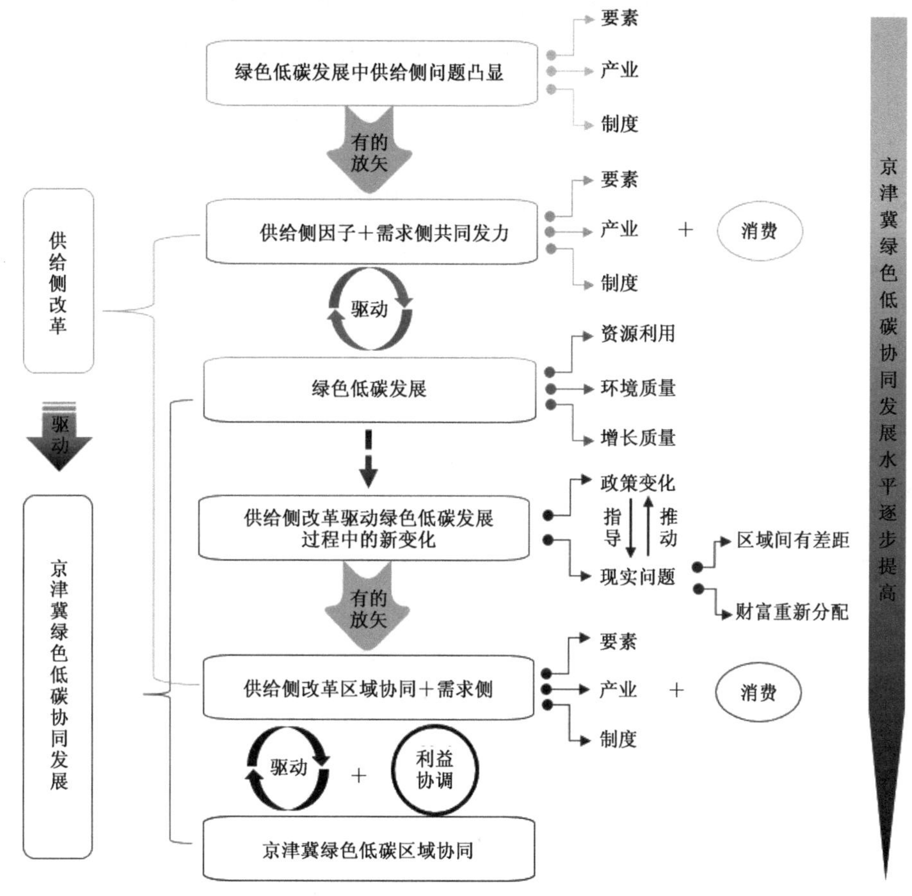

图 2-26　供给侧改革与其区域协同的逻辑关系

综上所述,供给侧改革区域协同是供给侧改革效率空间差异的体现,两者通过空间效应的影响建立联系。当供给侧改革效率空间差异发生变化时,受“辐射作用”或“虹吸作用”的影响,京津冀供给侧改革效率会发生相应变化。为了挖掘京津冀供给侧改革效率与供给侧改革区域协同的互动关系,本书对两者进行格兰杰因果检验。

格兰杰检验是用来判断某个变量的前期信息是否会影响另一个变量的当期信息,因此常用来研究两个变量及以上的经济互动关系。完整的格兰杰检验步骤是平稳性检验、协整检验、判断最优滞后阶数检验、格兰杰因果关系检验。前两个步骤要求数据具有平稳性进而排除伪回归,是进行格兰杰因果检验的基础。由于变量产生影响的滞后期具有不确定性,因此判断出最优滞后阶数后再进行格兰杰因果检验。本书同时使用 IPS 检验和 LLC 检验考察数据平稳性,选择 ADF(Augment Dickey-Fuller)检验进行数据协整检验,通过 AIC、BIC 和 HQIC 准则判断最优阶数,使用 GMM 估计进行格兰杰因果检验。

首先分别进行平稳性检验,结果如表 2-17 所示,供给侧改革效率及其区域协同均以 1%的显著性水平通过 IPS 检验和 LLC 检验。

表 2-17　2012—2018 年供给侧改革效率及其区域协同平稳性检验

变量	IPS 检验	LLC 检验	结论
供给侧改革效率	-24.409 1***	-7.759 2***	平稳
供给侧改革区域协同	-7.900 0***	-2.038 0**	平稳

注: ** 和 *** 分别表示在 5%和 1%水平下显著。

对供给侧改革效率及其区域协同进行协整检验,结果发现,以 1%的显著性水平通过 ADF 检验,说明变量间具有稳定的变化趋势。供给侧改革效率及其区域协同可以排除伪回归情况,因而进一步检验最优滞后阶数,结果如表 2-18 所示。

表 2-18　2012—2018 年供给侧改革效率及其区域协同最优滞后阶数检验

lag	AIC	BIC	HQIC
1	-7.038 6*	-6.035 0*	-6.642 6*
2	-1.946 2	-0.670 4	-1.457 1
3	-4.566 2	-2.945 3	-3.984 7
4	-6.341 7	-4.309 4	-5.756 4
5	5.714 9	7.713 9	5.304 0

注: * 表示该滞后期下结果最优。

根据 AIC、HQIC 和 BIC 原则均为滞后一阶结果最优,因此选择一阶为最优滞后阶数进行格兰杰检验,结果如表 2-19 所示。供给侧改革效率不是供给侧改革区域协同的格兰杰原因,但供给侧改革区域协同是供给侧改革效率的格兰杰原因。结合京津冀供给侧改革效率总体呈上升趋势的特点,格兰杰检验结果说明当京津冀间供给侧改革效率拉开差距时,先进地区会对落后地区产生"辐射作用",带动落后地区供给侧改革效率的提升。结合上文的 β 收敛检验结果,供给侧改革效率变化的速度趋于一致,所以京津冀供给侧改革区域协同尚未对供给侧改革效率产生显著影响。

表 2-19　2012—2018 年供给侧改革效率及其区域协同格兰杰检验

原假设	滞后阶数	F 统计值	P 值
supply 不是 coorsupply 的格兰杰原因	1	0.746 9	0.387 0
coorsupply 不是 supply 的格兰杰原因	1	3.080 6***	0.079 0

注：* * * 表示在 1%水平下显著。

2.5　本章小结

基于供给侧改革的内涵，构建了涵盖要素供给、产业供给、制度供给 3 个准则 8 个指标的区域供给侧改革效率测度指标体系，兼顾主观与客观，综合运用 AHP 法和改进熵权法计算权重。在此基础上：

（1）对 2012—2018 年京津冀供给侧改革效率进行测度并总结时间变化趋势。供给侧改革的实践始于 2012 年，2012 年以来京津冀总体的供给侧改革效率较为稳定，波动趋势并不明显。其中，要素供给效率呈先下降后上升的“U”形趋势，产业供给效率呈线性增长态势，制度供给效率呈波动降低趋势。相对于 2012—2014 年，自 2015 年“绿色发展”和“供给侧结构性改革”提出以来，要素供给、产业供给以及供给侧改革效率平均增速有所上升，制度供给效率的平均增速由正转负。京津冀市域间经济发展不平衡，2012—2018 年京津冀 13 市供给侧改革效率存在较大差异，形成了北京“一家独大”的局面。其中，北京、天津、石家庄、秦皇岛、承德等供给侧改革效率呈波动上升趋势，其余市呈扁平“L”形降低趋势；要素供给效率除北京、天津、秦皇岛呈波动上升趋势外，其余市均呈扁平“V”形发展趋势；产业供给效率除天津外，其余市均呈波动上升趋势；制度供给效率除天津、石家庄、秦皇岛、承德呈波动上升趋势外，其余市均呈波动降低趋势。相对于 2012—2014 年，2015 年以来，除唐山、邯郸、保定等平均增速由正转负外，其余市供给侧改革效率的平均增速均由所提高；除唐山、邯郸、保定等要素供给效率进一步降低但速度减缓外，其余市平均增速均有所提高；天津市产业供给效率进一步降低，但降速减缓，唐山市年均增速由正转负，其余市平均增速均有所提高；除北京、天津、石家庄、秦皇岛等制度供给效率上升速度提高外，其余市年均增速均由正转负，转为波动降低趋势。为进一步明确空间格局，根据“厚今薄古”的原则引入时间加权向量，结果发现研究期内，其空间布局较为明显，高水平区域大多分布在“心房”和“心室”部位，即中部核心功能区与东部滨海区,低水平区域大多集中在“心底”部位,即西北部地区的生态涵养区。

(2) 综合运用协同度模型和收敛性模型,设置分级标准,对2012—2018年京津冀供给侧改革区域协同指数进行测度并总结时间变化趋势,结果发现:自2012年以来京津冀总体要素供给、供给侧改革区域协同指数均呈先下降后回升的扁平“V”形趋势且已跌入中级协同区间,产业供给区域协同指数则呈先平稳后上升趋势但始终处于不协同区间,制度供给区域协同指数呈波浪式下降趋势且已跌入中级协同区间。相对于2012—2014年,2015年以来京津冀总体要素供给、产业供给、制度供给、供给侧改革区域协同均逐渐改善,区域协同指数大体均由下降变为波动上升趋势。根据收敛性分析,供给侧改革相对低水平地区将逐渐趋同于高水平地区,京津冀总体供给侧改革区域协同有望升至优质协同区间;且京津冀总体供给侧改革收敛速度快于工业绿色发展,因此充分发挥供给侧改革利好机制可以有效促进京津冀工业绿色区域协同收敛。京津冀各市域间供给侧改革并不平衡,2012—2018年间京津冀13市要素供给、制度供给区域协同指数基本呈波动下降趋势,石家庄、唐山、邢台、保定、衡水等要素供给区域协同指数均由良好协同跌至中级协同区间,张家口、保定等制度供给区域协同指数均跌至不协同区间;产业供给区域协同指数虽波动上升,但各市均处于不协同区间;供给侧改革区域协同指数呈现明显波动性特征,其中天津、张家口、北京等大体在不协同和初级协同之间徘徊,唐山、秦皇岛、邯郸、廊坊等由良好协同跌至中级协同区间,石家庄、张家口等则由中级协同跨入良好协同区间。相对于2012—2014年,2015年以来要素供给、产业供给、供给侧改革区域协同指数的下降趋势均有所改善,除天津、石家庄、唐山、邯郸、保定等产业供给区域协同指数持续降低外,其余市均有所回升;制度供给区域协同指数波动性减弱,除保定市由良好协同跌至不协同区间外,其余市大体处于中级协同区间。为进一步明确空间格局,根据“厚今薄古”的原则引入时间加权向量,结果发现,沧州、廊坊、衡水等市供给侧改革区域协同趋势相对明朗,且均位于京津冀中“右心室”位置,而北京、天津等供给侧改革区域协同趋势相对较差,均位于京津冀中心部位,逐渐形成以北京、天津两市为夹心的半包围式空间格局。

(3) 对京津冀供给侧改革效率与供给侧改革区域协同的互动关系进行格兰杰因果检验,结果表明:供给侧改革效率不是供给侧改革区域协同的格兰杰原因,而供给侧改革区域协同是供给侧改革效率的格兰杰原因;京津冀供给侧改革区域协同尚未对供给侧改革效率产生显著影响。

第3章 京津冀供给侧协同改革效率障碍因素的双重异质性分析

在完成测度的基础上,为了进一步分析导致京津冀供给侧协同改革效率现有水平与理想水平之间存在差距的因素,即障碍因素,本书引入了障碍度模型。该模型通过量化各障碍因素对障碍作用的贡献程度,即障碍度,来对其障碍作用的强弱进行考察,进而可以分析各指标障碍度在研究期间的动态变化情况并对产生障碍的关键性因子进行判断。根据供给侧协同改革效率的内涵,京津冀供给侧协同改革效率障碍因素及其障碍度分析同样涉及京津冀供给侧改革效率和京津冀供给侧改革区域协同两方面;根据前文分析,有必要探究京津冀供给侧协同改革效率障碍因素及其障碍度的时间和空间双重异质性。

3.1 改进障碍度模型

3.1.1 时点障碍度模型

(1) 个体时点障碍度模型

传统障碍度模型仅适用于个体时点障碍度的计算,具体包括个体单指标时点障碍度模型和个体多指标时点障碍度模型。

① 个体单指标时点障碍度模型

第 m 个对象第 i 个准则第 j 个指标第 t 年的"单指标障碍度"利用单个指标偏离贡献度占比来表示[88-89],即:

$$o_{mijt} = (F_{ij} \times I_{mijt}) / \sum_{i,j} (F_{ij} \times I_{mijt}) \text{ , } t = 1,2,\cdots,k \text{ , } m = 1,2,\cdots,n \quad (3\text{-}1)$$

式中,F_{ij} 反映"因子贡献度",利用指标单层权重与其所属准则权重的乘积,即指标的综合权重来表示,即,$F_{ij} = w'_{ij} \times w_i = \vartheta_{ij}$;$I_{mijt}$ 反映"指标偏离度",利用指标标准化值与理想值 1 之间的差值来表示,即,$I_{mijt} = 1 - X'_{mijt}$。

② 个体多指标时点障碍度模型

第 m 个对象第 i 个准则第 t 年的"总障碍度"利用个体单指标障碍度之和来表

示，即：

$$O_{mit} = \sum_{j} o_{mijt} \text{ , } t = 1,2,\cdots,k \text{ , } m = 1,2,\cdots,n \text{ , } i = 1,2,\cdots,r \tag{3-2}$$

(2) 总体时点障碍度模型

为进一步分析总体的障碍因素，通过将同一时点同一指标不同个体的指标偏离度累加求和对传统障碍度模型进行改进。

① 总体单指标时点障碍度模型

基于式(3-1)，n 个对象总体第 i 个准则第 j 个指标第 t 年的“单指标障碍度”可表示为：

$$o_{ijt} = (F_{ij} \times \sum_{m=1}^{n} I_{mijt}) / \sum_{i,j} (F_{ij} \times \sum_{m=1}^{n} I_{mijt}) \text{ , } t = 1,2,\cdots,k \tag{3-3}$$

② 总体多指标时点障碍度模型

基于式(3-2)，n 个对象总体第 i 个准则第 t 年的“总障碍度”可表示为：

$$O_{it} = \sum_{j} o_{ijt} \text{ , } t = 1,2,\cdots,k \text{ , } i = 1,2,\cdots,r \tag{3-4}$$

3.1.2 时间加权障碍度模型

考虑到我国经济发展虽然在2012年进入了供给侧约束明显的“新常态”，供给侧改革受到重视，但是直到2015年中央财经领导小组第十一次会议在研究经济结构性改革和城市工作时才正式提出“供给侧结构性改革”，而且在当年还通过了《京津冀协同发展规划纲要》，因此，为了更好地体现“时代性”，进一步明确个体和总体的障碍因子，引入时间加权向量来进一步改进时点障碍度模型。

(1) 个体时间加权障碍度模型

① 个体单指标时间加权障碍度模型

基于式(3-1)，个体单指标时间加权障碍度可用被赋予不同时间权重的个体单指标时点障碍度之和来表示，即：

$$o_{mij} = \sum o_{mijt} \gamma_t \tag{3-5}$$

② 个体多指标时间加权障碍度模型

个体多指标时间加权障碍度用个体单指标时间加权障碍度之和来表示，即：

$$O_{mi} = \sum o_{mij} \tag{3-6}$$

（2）总体时间加权障碍度模型

① 总体单指标时间加权障碍度模型

基于式(3-3)，总体单指标时间加权障碍度可用被赋予不同时间权重的总体单指标时点障碍度之和来表示，即：

$$o_{ij} = \sum o_{ijt}\gamma_t \tag{3-7}$$

② 总体多指标时间加权障碍度模型

总体多指标时间加权障碍度用总体单指标时间加权障碍度之和来表示，即：

$$O_i = \sum o_{ij} \tag{3-8}$$

需要特别说明的是，在对京津冀供给侧改革区域协同的障碍因子进行考察时，对“指标偏离度”进行了创新性改进，构建了与传统障碍度模型中利用指标标准化值与理想值 1 之间的差值来表示的“指标偏离度”所不同的“协同偏离度”，即利用指标的区域协同指数与理想值 1 之间的差值来表示[67]：

$$D'_{mijt} = 1 - D_{mijt}, t = 1, 2, \cdots, k \tag{3-9}$$

因此，在计算京津冀供给侧改革区域协同的指标障碍度时，需将指标偏离度改为协同偏离度，其他指标的计算与京津冀供给侧改革效率障碍度一致。

3.2　京津冀供给侧改革效率障碍因素的双重异质性分析

结合附表 1-13 中的标准化数据以及表 2-1 中的组合权重，根据公式(3-1)、(3-2)，可分别得到 2012—2018 年京津冀 13 市供给侧改革的个体时点障碍度；根据公式(3-3)、(3-4)，可得到京津冀供给侧改革的总体时点障碍度；同样取“时间度” $\tau = 0.3$，根据公式(3-5)、(3-6)，可分别得到京津冀 13 市供给侧改革的个体时间加权障碍度；根据公式(3-7)和(3-8)，可分别得到京津冀供给侧改革的总体时间加权障碍度，计算结果如表 3-1～3-14 所示。

3.2.1 时间异质性分析

如表3-1、图3-1所示,2012—2018年京津冀“要素供给”(B_1)障碍度在整体上变化较为平稳,以年均约0.63%的速度上升,就其内部指标来看,“人力资本”(B_{11})、“第二产业固定资产投资效益”(B_{12})的障碍度分别以年均约11.53%和6.58%的速度上升,“工业能源效率”(B_{13})和“万人专利申请授权量”(B_{14})障碍度则分别以年均约4.08%和2.80%的速度下降,所以B_1障碍度的上升速度较小;“产业供给”(B_2)在整体上呈现下降趋势,其年均下降速度约为1.66%,这主要是由于其内部指标“基础设施产业投资占比”(B_{21})和“产业结构高度化”(B_{22})的障碍度分别以年均约3.92%和0.93%的速度下降;“制度供给”(B_3)障碍度整体上以年均约3.58%的速度上升,虽然其内部指标“国企改革”(B_{31})、“市场调控”(B_{32})的障碍度呈现不同的变化趋势,但由于B_{32}的障碍度从2014年便超过B_{31},且其上升速度(约为11.41%)大于B_{31}的下降速度(约为6.05%),故B_3的障碍度整体呈上升趋势。

表3-1 2012—2018年京津冀供给侧改革障碍度

指标		2012	2013	2014	2015	2016	2017	2018	次数	频率(%)	时间加权	排名
B_1	B_{11}	4.16	6.03	6.60	6.44	6.70	6.28	7.50	0	0	6.66	7
	B_{12}	5.02	5.90	6.75	7.27	7.02	7.79	7.19	0	0	7.10	6
	B_{13}	6.38	6.07	5.81	5.49	5.36	5.36	4.96	0	0	5.38	8
	B_{14}	18.15	17.63	17.39	16.17	16.27	16.53	15.25	7	100	16.26	2
	合计	33.71	35.63	36.55	35.37	35.35	35.96	34.90	—		35.40	2
B_2	B_{21}	12.54	12.12	12.24	11.15	10.61	10.25	9.84	7	100	10.67	4
	B_{22}	36.12	35.71	35.53	34.33	34.63	35.12	34.13	7	100	34.76	1
	合计	48.66	47.83	47.77	45.48	45.24	45.37	43.97	—		45.43	1
B_3	B_{31}	9.76	8.29	6.82	7.85	7.94	6.47	6.39	2	28.57	7.13	5
	B_{32}	7.87	8.26	8.86	11.30	11.46	12.20	14.74	5	71.43	12.05	3
	合计	17.63	16.55	15.68	19.15	19.40	18.67	21.13	—		19.18	3

注:表中字母代表的指标见表2-1。

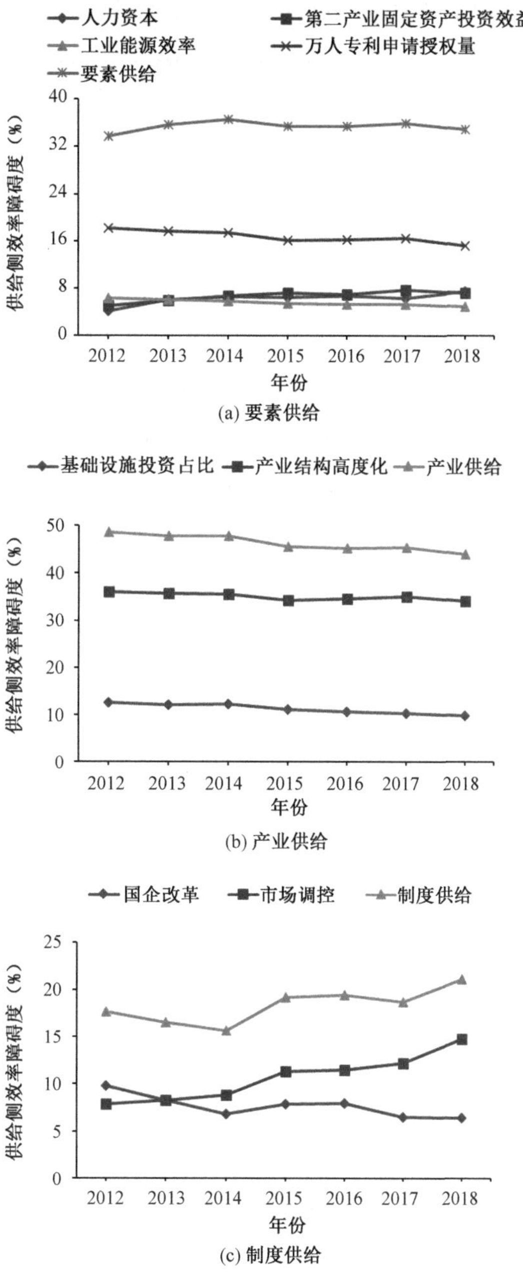

图3-1　京津冀供给侧改革各指标障碍度变化

为进一步总结变化规律，依据三级指标障碍度的大小，对每一年各因子的障碍度进行排序，将障碍度最大的前四位数据加粗，并计算各因子在研究期间位于前四位的频率。按照出现频率高低排名可知,“万人专利申请授权量”(B_{14})、“基础设施产业投资占比”(B_{21})和“产业结构高度化”(B_{22})出现频率均为100%,2012—2018年排名均位于前四;“市场调控”(B_{32})出现频率约为71.43%,2014—2018年进入前四位,并在2015年开始稳居第三位;“国企改革”(B_{31})出现频率约为28.57%,主要是在2013年以前排名位于第四;“人力资本”(B_{11})、“第二产业固定资产投资效益”(B_{12})和“工业能源效率”(B_{13})出现频率均为0%,在研究期间排名并未进入前四。研究期间部分因子障碍度排名有所变动的原因,主要是供给侧结构性改革本身就需要政府的力量来矫正要素配置的扭曲,因此,积极有力的财政政策将为供给侧改革提供强大的助力,但是这会使得京津冀各市的地方财政支出出现不同程度的增加,导致市场调控对京津冀供给侧改革的阻碍作用在一定时期更为凸显;而随着国企改革的深化以及政府就业政策成效的显现,B_{31} 对京津冀供给侧改革的阻碍作用有所降低。

考虑到“时代性”,进一步考察时间加权障碍度。根据时间加权障碍度对障碍因子的类型进行界定,将时间加权障碍度≥10%、≥5%、<5%的指标分别界定为重点障碍因子、一般障碍因子和轻度障碍因子。如表3-1所示,“产业结构高度化”(B_{22})、“万人专利申请授权量”(B_{14})、“市场调控”(B_{32})、“基础设施产业投资占比”(B_{21})的时间加权障碍度分别约为34.76%、16.26%、12.05%和10.67%,为重点障碍因子;“国企改革”(B_{31})、“第二产业固定资产投资效益”(B_{12})、“人力资本”(B_{11})和“工业能源效率”(B_{13})的时间加权障碍度分别约为7.13%、7.10%、6.66%和5.38%,为一般障碍因子。将时间加权障碍度排名与按照出现频率高低所得的排名进行比较,可以发现,出现频率约为71.43%的“市场调控”(B_{32})的时间加权障碍度排名超过了出现频率为100%的“基础设施产业投资占比”(B_{21}),位于第三位。分析原因可知,一方面由于京津冀多个地区对基础设施的建设和完善更加重视,在基础设施建设方面的投资增加,使得 B_{21} 的障碍度几乎逐年减小;另一方面,加大基础设施建设力度会在一定程度上导致地方财政支出的增加,再加上供给侧结构性改革以来,政府需要利用“有形的手”来矫正市场上要素配置的失衡,因此各市地方财政支出的增长速度均出现了不同程度的提升,导致 B_{32} 的障碍度在2015年后开始加速上升。

3.2.2 空间异质性分析

在对京津冀供给侧改革障碍因素的时间异质性进行分析的基础上,考虑到京津冀区域内部发展不平衡的现实情况，需要对京津冀 13 市供给侧改革的障碍因素分别进行分析，并总结空间异质性。

3.2.2.1　北京市供给侧改革效率障碍因素分析

（1）时点障碍度

由表 3-2、图 3-2 可知，北京市“要素供给”（B_1）障碍度以年均约 5.04%的速度下降，就其内部指标来看，除了“人力资本”（B_{11}）障碍度以年均约 14.53%的速度上升，其他指标的障碍度均在整体上呈现下降趋势，而且在 2015 年后由于“第二产业固定资产投资效益”（B_{12}）障碍度开始呈现波动下降的趋势，使得“要素供给”（B_1）同样受到一定影响，开始出现波动；“产业供给”（B_2）障碍度以年均约 3.39%的速度下降，虽然“基础设施产业投资占比”（B_{21}）障碍度以年均约 3.52%的速度上升，但是由于“产业结构高度化”（B_{22}）障碍度的年均下降速度约为 33.01%，使得“产业供给”（B_2）的障碍度在整体上呈现下降趋势；“制度供给”（B_3）障碍度则在整体上也呈现上升趋势，年均上升速度约为 8.77%，这与其内部指标“国企改革”（B_{31}）和“市场调控”（B_{32}）的障碍度分别以年均约 1.02%和 11.19%的速度上升有关。

表 3-2　2012—2018 年北京市供给侧改革障碍度

指标		2012	2013	2014	2015	2016	2017	2018	次数	频率（%）	时间加权	排名
B_1	B_{11}	13.36	15.39	16.14	17.29	20.43	21.50	29.36	7	100	22.09	2
	B_{12}	2.09	0	0.18	8.51	3.12	7.62	0.23	2	28.57	3.38	8
	B_{13}	8.06	6.58	5.97	5.16	4.74	4.00	0	0	0	3.52	7
	B_{14}	18.68	16.58	14.34	8.12	6.35	5.40	0	3	42.86	6.21	5
	合计	42.19	38.55	36.63	39.08	34.64	38.52	29.59	—		35.20	2
B_2	B_{21}	18.82	20.52	20.41	19.33	20.92	17.93	22.23	7	100	20.31	3
	B_{22}	9.71	10.19	10.25	5.93	4.87	2.75	0	0	0	4.00	6
	合计	28.53	30.71	30.66	25.26	25.79	20.68	22.23	—		24.31	3
B_3	B_{31}	7.78	7.21	7.65	6.10	6.49	6.33	7.83	2	28.57	7.02	4
	B_{32}	21.49	23.53	25.07	29.57	33.08	34.46	40.35	7	100	33.47	1
	合计	29.27	30.74	32.72	35.67	39.57	40.79	48.18	—		40.49	1

注：表中字母代表的指标见表 2-1。

按照出现频率高低排名来看,"人力资本"(B_{11})、"基础设施产业投资占比"(B_{21})和"市场调控"(B_{32})的出现频率均为100%,在2012—2018年排名均位于前四;"万人专利申请授权量"(B_{14})的出现频率约为42.86%,主要是在2014年以前位于前四位;"第二产业固定资产投资效益"(B_{12})、"国企改革"(B_{31})出现频率均约为28.57%,其中,"第二产业固定资产投资效益"(B_{12})在2015年和2017年位于第四位,而"国企改革"(B_{31})在2016年和2018年位于第四位;"工业能源效率"(B_{13})、"产业结构高度化"(B_{22})出现频率均为0%,在研究期间排名并未进入前四。分析排名前四位的障碍因子发生变化的原因可知,北京市作为科技创新中心,对创新能力高度重视,万人专利申请授权量以年均约15.50%的速度始终保持增长态势,并在2015年突破40件/万人,使得万人专利申请授权量对北京市供给侧改革的阻碍作用减小;而供给侧结构性改革提出以来,北京市也积极进行国企改革[90],在2016年和2018年城镇国有企业就业人数在城镇就业人数中的占比分别较上一年出现约为0.22%和2.69%的降幅;除此之外,北京市第二产业增加值也有所下降,尤其是2015年和2017年,其第二产业固定资产投资效益分别较上一年出现了约为56.54%和30.64%的降幅,使得当年该因子对供给侧改革的阻碍作用凸显。

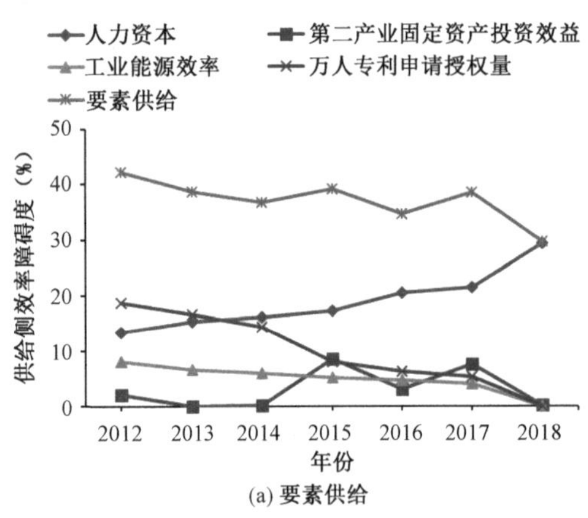

(a) 要素供给

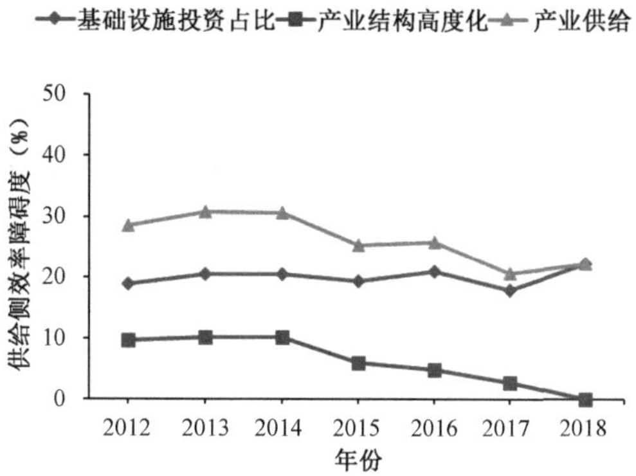

(b) 产业供给

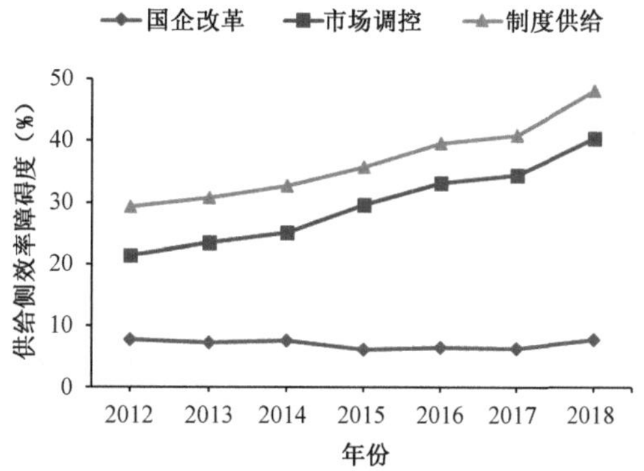

(c) 制度供给

图 3-2　北京市供给侧改革各指标障碍度变化

（2）时间加权障碍度

从时间加权障碍度进一步考察可知，出现频率约为 28.57%的“国企改革”(B_{31})的时间加权障碍度排名超过了出现频率约为 42.86%的“万人专利申请授权量”(B_{14})，位于第四位。分析原因，一方面是由于供给侧结构性改革的提出进一步推动了国企改革的深化，使得北京市对城镇国有企业员工人数的控制力度加大，导致 2015 年后北京市城镇国有企业就业人数以年均约 1.43%的速度下降，并在 2018 年将人数降至约 177.8 万，创 2012 年以来的历史新低；另一方面则由于北京市对于科技创新能力的高度重视使得万人专利申请授权量对供给侧改革的影响在近年逐渐减小。

3.2.2.2 天津市供给侧改革效率障碍因素分析

(1) 时点障碍度

由表3-3、图3-3可知,天津市“要素供给”(B_1)障碍度整体波动幅度较小,在2012—2018年间以年均约0.91%的速度下降。就其内部指标来看,虽然“人力资本”(B_{11})和“第二产业固定资产投资效益”(B_{12})的障碍度在整体上均呈现上升趋势,年均上升速度均约为7.89%,但是“工业能源效率”(B_{13})和“万人专利申请授权量”(B_{14})的障碍度分别以年均约7.49%和9.37%的速度下降,所以使“要素供给”(B_1)的障碍度呈小幅下降趋势;“产业供给”(B_2)障碍度主要由于其内部指标“基础设施产业投资占比”(B_{21})和“产业结构高度化”(B_{22})的障碍度分别以年均约4.67%和0.51%的速度上升而整体呈上升趋势,年均上升速度约为1.46%;“制度供给”(B_3)则更多地受到“市场调控”(B_{32})的影响,其障碍度在2016年以前以年均约3.57%的速度上升,随后又以年均约16.45%的速度下降,不过由于“国企改革”(B_{31})障碍度在2015年以前下降幅度较大,年均下降速度约为37.30%,所以在此期间“制度供给”(B_3)的障碍度总体上增长幅度较小。

表3-3 2012—2018年天津市供给侧改革障碍度

指标		2012	2013	2014	2015	2016	2017	2018	次数	频率(%)	时间加权	排名
B_1	B_{11}	7.81	7.31	7.45	9.88	11.76	12.43	11.74	3	42.86	10.88	5
	B_{12}	6.18	6.88	7.43	7.69	6.93	8.96	9.42	0	0	8.25	6
	B_{13}	5.63	5.40	5.08	4.65	3.98	3.61	3.51	0	0	4.08	7
	B_{14}	15.49	14.42	14.16	11.91	11.13	10.95	8.38	5	71.43	10.98	4
	合计	35.11	34.01	34.12	34.13	33.80	35.95	33.05	—		34.19	2
B_2	B_{21}	11.59	12.06	12.74	11.76	12.34	12.62	14.99	7	100	13.14	2
	B_{22}	40.78	40.48	40.22	40.71	39.50	40.25	41.98	7	100	40.75	1
	合计	52.37	52.54	52.96	52.47	51.84	52.87	56.97	—		53.89	1
B_3	B_{31}	3.15	2.98	1.76	0.76	0.41	0.33	0	0	0	0.70	8
	B_{32}	9.38	10.46	11.16	12.65	13.95	10.86	9.98	6	85.71	11.23	3
	合计	12.53	13.44	12.92	13.41	14.36	11.19	9.98	—		11.93	3

注:表中字母代表的指标见表2-1。

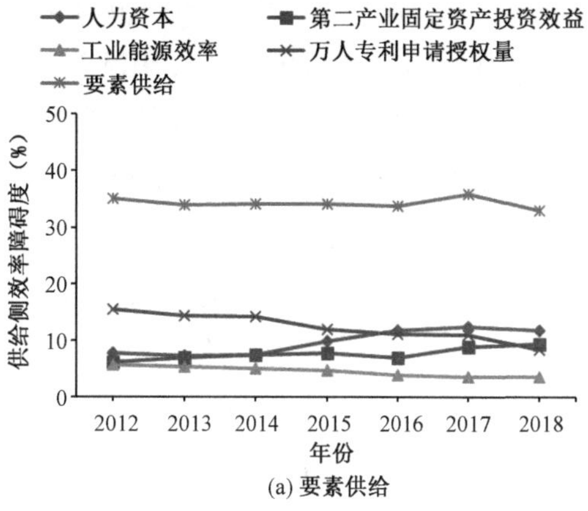

(a) 要素供给

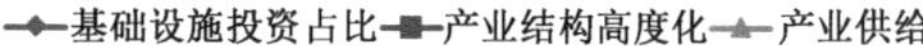

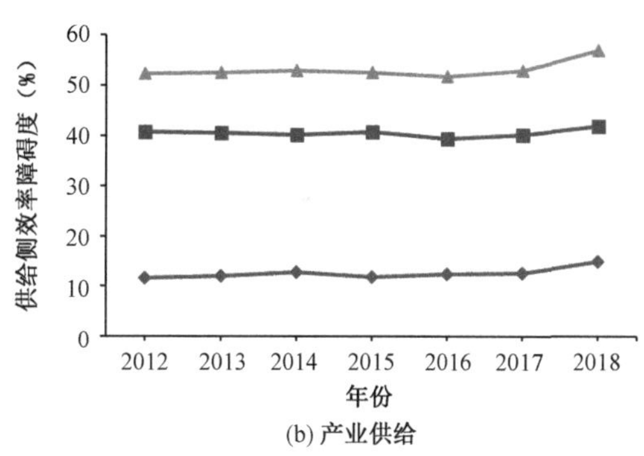

(b) 产业供给

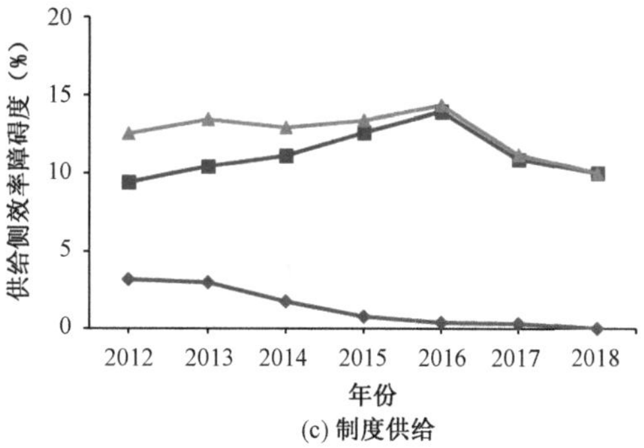

(c) 制度供给

图 3-3　天津市供给侧改革各指标障碍度变化

按照出现频率高低排名来看，“基础设施产业投资占比”（B_{21}）、“产业结构高度化”（B_{22}）的出现频率均为 100%，在 2012—2018 年排名均位于前四；“市场调控”（B_{32}）和“万人专利申请授权量”（B_{14}）的出现频率分别约为 85. 71% 和

71.43%,其中,“市场调控”(B_{32})除了在2017年排名位于第五外,在其他年份均位于前四,“万人专利申请授权量”(B_{14})则在2012—2015年和2017年位于前四;“人力资本”(B_{11})在2014年后排名进入前四,出现频率约为42.86%;“第二产业固定资产投资效益”(B_{12})、“工业能源效率”(B_{13})和“国企改革”(B_{31})的出现频率均为0%,在研究期间排名均未进入前四。由于天津市在2015年后地方财政教育支出减少,年均下降速度约为3.30%,而地方财政支出则保持年均约2.44%的增加幅度,使得人力资本对天津市供给侧改革的阻碍作用更加凸显;除此之外,天津市对于创新能力也更加重视[91],使得万人专利申请授权量在2015年后开始加速上升,其年均上升速度由2014年以前约11.09%提升至约20.13%。

(2) 时间加权障碍度

从时间加权障碍度进一步考察可知,各指标的时间加权障碍度排名与按照其出现频率高低的排名基本上保持一致。由此可知,天津市供给侧改革的障碍因子虽然在2015年后出现变动,但是其作用效果仍然有限,整体来看其关键性障碍因子长期较为稳定,需要进一步重视对基础设施的完善以及产业结构的优化。但与此同时,对于近年凸显的障碍因子“人力资本”(B_{11})也需加以重视,可以在财政方面对教育给予更多的支持。

3.2.2.3 石家庄市供给侧改革效率障碍因素分析

(1) 时点障碍度

由表3-4、图3-4可知,石家庄市“要素供给”(B_1)障碍度与其内部指标“万人专利申请授权量”(B_{14})障碍度的变动趋势较为相似,在2016年以前变动均较为平稳,但是在2017年分别出现了约为15.78%和15.77%的涨幅,随后又分别以大约4.46%和10.44%的速度下降,“人力资本”(B_{11})、“第二产业固定资产投资效益”(B_{12})和“工业能源效率”(B_{13})则由于其障碍度较小,所以对“要素供给”(B_1)的影响有限;虽然“产业供给”(B_2)障碍度的波动趋势与“产业结构高度化”(B_{22})相似,但是由于“基础设施产业投资占比”(B_{21})障碍度以年均约6.63%的速度下降,使得“产业供给”(B_2)的障碍度在整体上以年均约0.94%的速度下降;“制度供给”(B_3)障碍度则在整体上呈现上升趋势,其年均上升速度约为7.21%,这是由于其内部指标“国企改革”(B_{31})和“市场调控”(B_{32})的障碍度分别以年均约4.03%和28.05%的速度上升。

表 3-4　2012—2018 年石家庄市供给侧改革障碍度

指标		2012	2013	2014	2015	2016	2017	2018	次数	频率(%)	时间加权	排名
B_1	B_{11}	1.51	2.84	3.92	4.84	3.55	4.74	5.52	0	0	4.47	8
	B_{12}	7.11	7.81	7.93	7.80	7.88	8.72	8.78	2	28.57	8.30	5
	B_{13}	6.82	6.80	6.75	6.17	5.98	6.70	6.09	0	0	6.35	6
	B_{14}	17.72	17.93	18.17	16.65	16.30	18.87	16.90	7	100	17.42	2
	合计	33.16	35.38	36.77	35.46	33.71	39.03	37.29	—		36.54	2
B_2	B_{21}	13.23	13.14	12.88	11.61	11.13	11.50	8.46	6	85.71	10.80	3
	B_{22}	36.20	36.83	37.44	34.72	34.36	39.51	37.54	7	100	37.03	1
	合计	49.43	49.97	50.32	46.33	45.49	51.01	46.00	—		47.83	1
B_3	B_{31}	15.14	11.87	9.84	13.73	16.27	4.11	7.38	5	71.43	9.65	4
	B_{32}	2.28	2.78	3.07	4.49	4.53	5.85	9.34	1	14.29	5.98	7
	合计	17.42	14.65	12.91	18.22	20.80	9.96	16.72	—		15.63	3

注:表中字母代表的指标见表 2-1。

按照出现频率高低排名来看,“万人专利申请授权量”(B_{14})和“产业结构高度化”(B_{22})出现的频率均为 100%,在 2012—2018 年排名均位于前四;“基础设施产业投资占比”(B_{21})的出现频率约为 85.71%,该指标仅在 2018 年排名退出前四位;“国企改革”(B_{31})的出现频率约为 71.43%,主要在 2016 年以前位于前四;“第二产业固定资产投资效益”(B_{12})从 2017 年开始进入前四,出现频率约为 28.57%;“市场调控”(B_{32})则仅在 2018 年进入前四,位于第三位,出现频率约为 14.29%;“人力资本”(B_{11})和“工业能源效率”(B_{13})的出现频率均为 0%,在研究期间排名均未进入前四。由于石家庄市在进行环境治理和去产能的过程中关闭了大量高污染企业和“僵尸企业”,使得当地出现了一定程度上的失业情况,使得 B_{31} 对石家庄市供给侧改革产生了较大的阻碍作用;不过随着供给侧改革的不断深化,就业人数开始回升,部分失业人员也进行了再就业,使得 B_{31} 对石家庄市供给侧改革的阻碍作用逐渐消减。

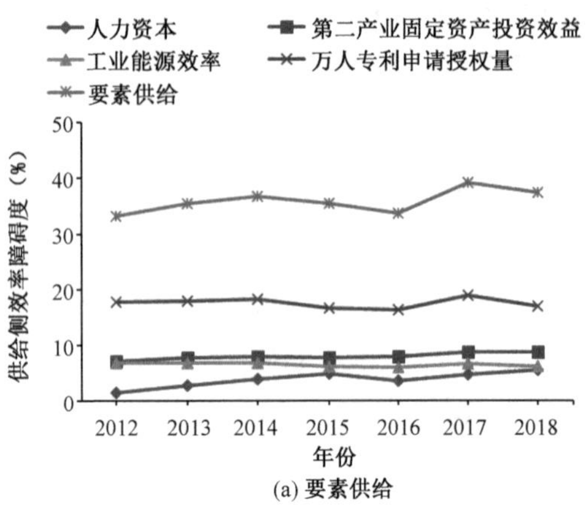

(a) 要素供给

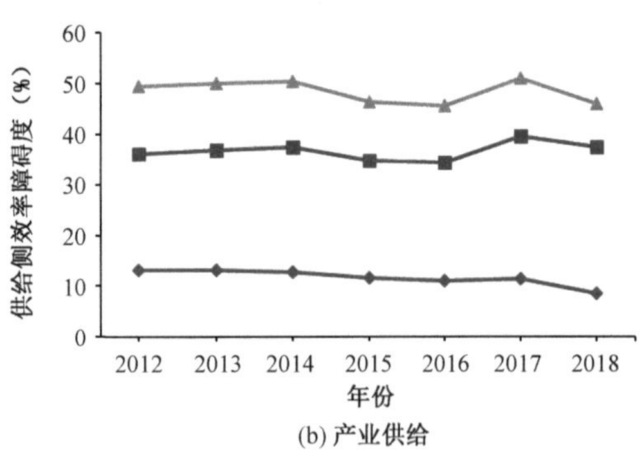

(b) 产业供给

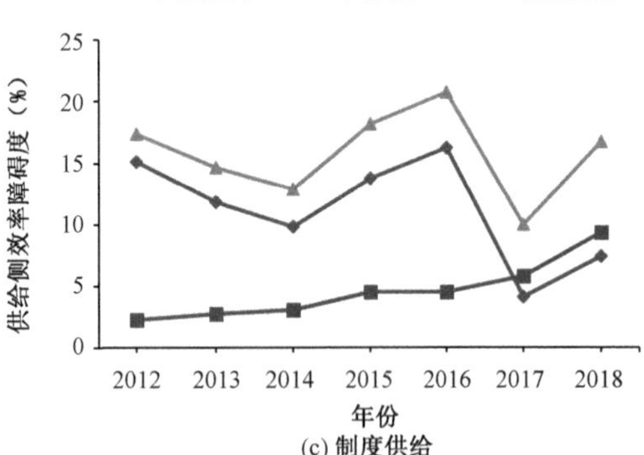

(c) 制度供给

图 3-4　石家庄市供给侧改革各指标障碍度变化

(2) 时间加权障碍度

从时间加权障碍度进一步考察可知，出现频率为 0%的“工业能源效率”(B_{13})

的时间障碍度排名超过了出现了频率约为 14.29%的“市场调控”(B_{32}),位于第六位。分析原因可知,石家庄市的地方财政支出在 2018 年出现了自 2012 年以来的最大涨幅,幅度约为 22.92%,不过由于市场调控的阻碍作用刚刚开始凸显,所以对该指标的时间加权障碍度产生的影响仍有限,而 B_{13} 的障碍度始终在 6%左右波动,这便导致其时间加权障碍度较 B_{32} 更大。

3.2.2.4　唐山市供给侧改革效率障碍因素分析

(1) 时点障碍度

由表 3-5、图 3-5 可知,唐山市“要素供给”(B_1)障碍度在 2012—2018 年间变动较为平稳,整体以年均约 0.87%的速度上升,就其内部指标来看,“人力资本”(B_{11})和“第二产业固定资产投资效益”(B_{12})障碍度分别以年均约 4.23%和 22.41%的速度上升,“工业能源效率”(B_{13})和“万人专利申请授权量”(B_{14})的障碍度则分别以年均约 1.97%和 2.24%的速度下降,所以 B_1 的障碍度上升速度较慢;“产业供给”(B_2)障碍度受到其内部指标“基础设施产业投资占比”(B_{21})和“产业结构高度化”(B_{22})障碍度分别以年均约 0.57%和 1.28%的速度下降的影响而整体呈下降趋势,其年均下降速度约为 1.33%;“制度供给”(B_3)障碍度则与其内部指标“市场调控”(B_{32})障碍度的变化趋势较为相似,均在整体上呈现上升趋势,虽然“国企改革”(B_{31})障碍度呈现下降趋势,但由于其年均下降速度仅约为 1.03%,所以对 B_3 的影响有限。

表 3-5　2012—2018 年唐山市供给侧改革障碍度

指标		2012	2013	2014	2015	2016	2017	2018	次数	频率(%)	时间加权	排名
B_1	B_{11}	5.42	5.91	4.54	4.52	7.11	5.03	5.63	0	0	5.52	7
	B_{12}	2.71	4.90	7.29	7.64	7.54	8.03	7.62	0	0	7.29	6
	B_{13}	8.10	8.20	7.94	7.88	7.65	7.57	7.18	2	28.57	7.59	5
	B_{14}	19.53	19.73	19.29	19.09	18.59	18.36	17.01	7	100	18.28	2
	合计	35.76	38.74	39.06	39.13	40.89	38.99	37.44	—		38.68	2
B_2	B_{21}	13.97	10.70	10.79	10.79	10.26	10.50	12.78	7	100	11.39	3
	B_{22}	41.16	42.27	41.50	41.51	40.23	39.74	38.04	7	100	39.86	1
	合计	55.13	52.97	52.29	52.30	50.49	50.24	50.82	—		51.25	1

续表

指标		2012	2013	2014	2015	2016	2017	2018	次数	频率(%)	时间加权	排名
B_3	B_{31}	8.84	8.29	8.30	6.77	6.42	8.54	7.73	5	71.43	7.72	4
	B_{32}	0.27	0	0.35	1.80	2.20	2.24	4.01	0	0	2.35	8
	合计	9.11	8.29	8.65	8.57	8.62	10.78	11.74	—		10.07	3

注:表中字母代表的指标见表 2-1。

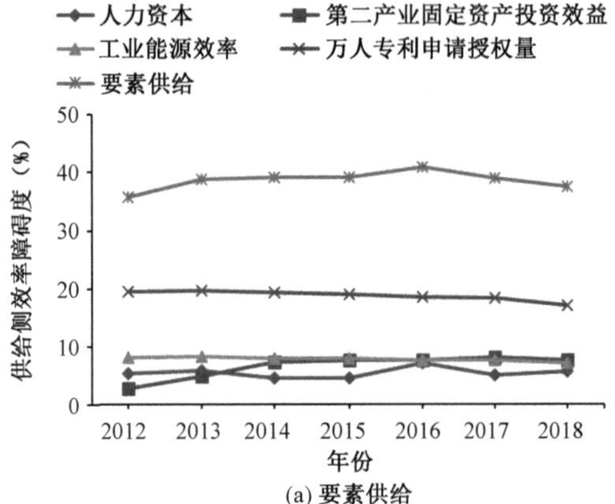

(a) 要素供给

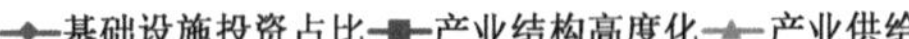

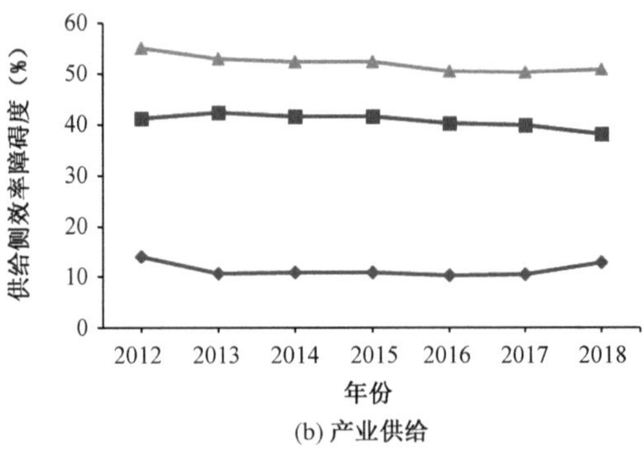

(b) 产业供给

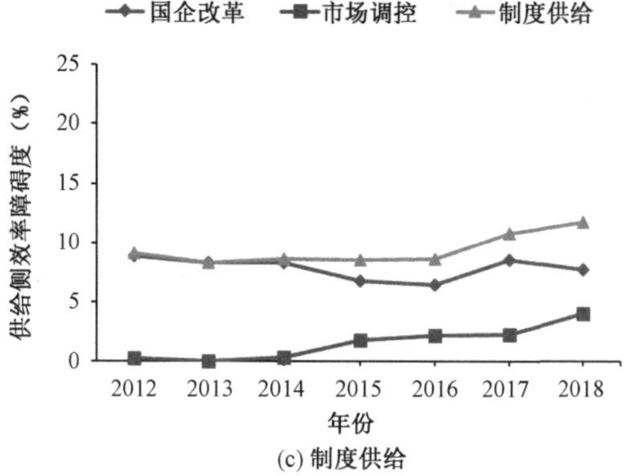

(c) 制度供给

图3-5　唐山市供给侧改革各指标障碍度变化

按照出现频率高低排名来看，“万人专利申请授权量”(B_{14})、“基础设施产业投资占比”(B_{21})、“产业结构高度化”(B_{22})在2012—2018年排名均位于前四，出现频率均为100%；“国企改革”(B_{31})在2012—2014年和2017—2018年排名进入前四，出现的频率约为71.43%；“工业能源效率”(B_{13})在2015—2016年替代B_{31}位于第四位，出现频率约为28.57%；“人力资本”(B_{11})、“第二产业固定资产投资效益”(B_{12})和“市场调控”(B_{32})在研究期间排名均未进入前四，出现频率均为0%。由于唐山市在2015年和2016年的城镇就业人数连续增加，年均增长速度约为5.18%，使得城镇国有经济就业人数在城镇就业人数中的占比下降，从而使B_{31}对唐山市供给侧改革的阻碍作用减小。

（2）时间加权障碍度

从时间加权障碍度进一步考察可知，各指标的时间加权障碍度排名与按照出现频率高低所得的排名基本保持一致，由此可知虽然唐山市在供给侧结构性改革提出后障碍因子发生过一定程度的变动，但是供给侧改革的障碍因子从长期来看较为稳定，这与唐山市自身的城市功能定位有关。作为钢铁大市的唐山市在近年积极打造环渤海新型工业化基地，使得其第二产业增加值和投资总额始终较大；除此之外，发达的第二产业也在一定程度上影响了唐山市高新技术产业的发展和创新能力的提高，进而对当地供给侧改革的阻碍作用较为显著。

3.2.2.5 秦皇岛市供给侧改革效率障碍因素分析

(1) 时点障碍度

由表 3-6、图 3-6 可知,秦皇岛市“要素供给”(B_1)障碍度以年均约 1.10%的速度上升;就其内部指标来看,虽然“人力资本”(B_{11})障碍度以年均约 1.55%的速度下降,但是由于“第二产业固定资产投资效益”(B_{12})、“工业能源效率”(B_{13})和“万人专利申请授权量”(B_{14})的障碍度分别以年均约 10.66%、1.09%和 0.29%的速度上升,使得 B_1 的障碍度在整体上呈现小幅上升的趋势;“产业供给”(B_2)障碍度以年均约 0.36%的速度上升,其中“产业结构高度化”(B_{22})障碍度以年均约 1.40%的速度上升,但是由于“基础设施产业投资占比”(B_{21})障碍度以年均约 2.58%的速度下降,使得 B_2 障碍度的上升幅度较小;“制度供给”(B_3)障碍度与其内部指标“市场调控”(B_{32})障碍度的整体变动趋势相似,分别以年均约 2.44%和 8.09%的速度下降,但是“国企改革”(B_{31})障碍度在整体上以年均约 2.57%的速度上升,使得 B_3 障碍度的降幅较小。

表 3-6 2012—2018 年秦皇岛市供给侧改革障碍度

指标		2012	2013	2014	2015	2016	2017	2018	次数	频率(%)	时间加权	排名
B_1	B_{11}	7.50	8.05	7.81	6.58	5.67	6.35	6.60	0	0	6.62	7
	B_{12}	3.83	6.06	6.50	7.01	6.60	6.98	6.33	0	0	6.49	8
	B_{13}	7.28	6.98	6.88	7.10	7.31	7.90	7.73	1	14.29	7.49	6
	B_{14}	17.85	17.25	17.29	16.36	16.85	17.99	18.08	7	100	17.53	2
	合计	36.46	38.34	38.48	37.05	36.43	39.22	38.74	—		38.13	2
B_2	B_{21}	9.66	10.18	10.05	8.29	7.64	6.35	7.79	3	42.86	7.92	5
	B_{22}	32.56	31.68	31.55	33.20	34.21	35.47	35.32	7	100	34.27	1
	合计	42.22	41.86	41.60	41.49	41.85	41.82	43.11	—		42.19	1
B_3	B_{31}	11.34	10.46	10.07	10.39	10.27	7.72	6.62	5	71.43	8.63	4
	B_{32}	9.99	9.34	9.85	11.07	11.46	11.23	11.52	5	71.43	11.05	3
	合计	21.33	19.80	19.92	21.46	21.73	18.95	18.14	—		19.68	3

注:表中字母代表的指标见表 2-1。

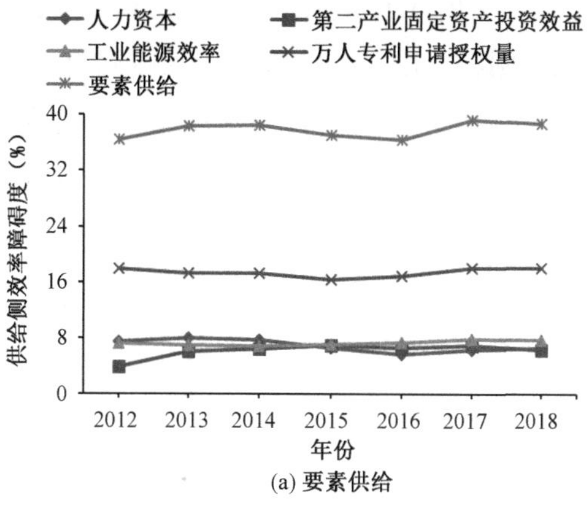

(a) 要素供给

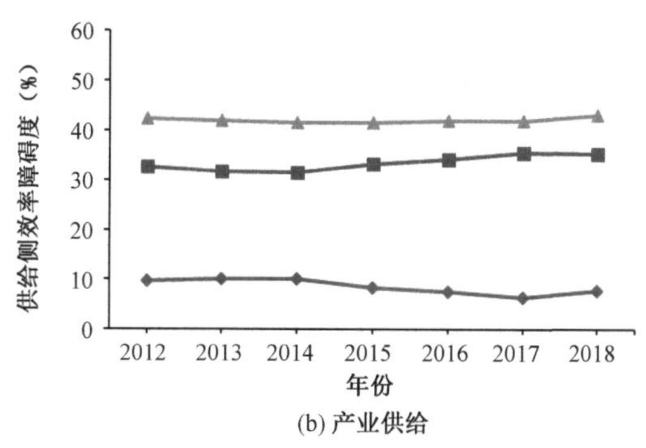

(b) 产业供给

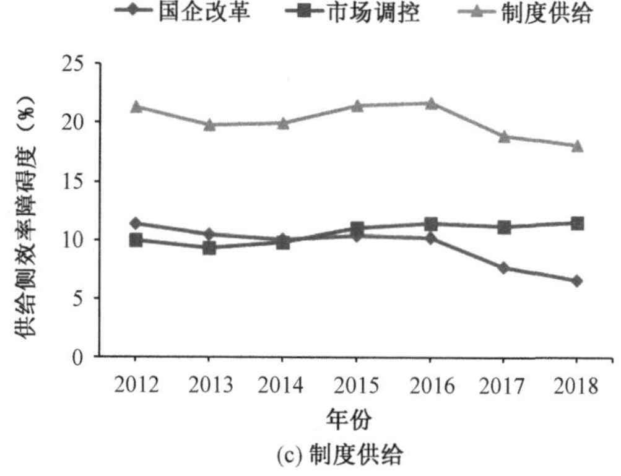

(c) 制度供给

图3-6　秦皇岛市供给侧改革各指标障碍度变化

按照出现频率高低排名来看，“万人专利申请授权量”（B_{14}）和“产业结构高度化”（B_{22}）出现频率均为100%，在2012—2018年每一年里排名均位于前四；“国企改革”(B_{31})和“市场调控”(B_{32})出现频率均约为 71.43%,其中,B_{31} 主要在 2016 年以前进入前四,而 B_{32} 则在 2012 年和 2015 年后排名进入前四位;“工业能源效率”(B_{13})和“基础设施产业投资占比”(B_{21})出现频率均约为 28.57%,其中 B_{13} 在 2017 年后排名开始进入前四,而 B_{21} 则是在 2013—2014 年位于前四;“人力资本”(B_{11})和“第二产业固定资产投资效益”(B_{12})出现频率均为 0%,在研究期间排名均未进入前四。分析原因可知,在 2017—2018 年,秦皇岛市单位工业增加值能耗出现上升趋势,年均上升速度约为 20.63%,意味着秦皇岛市工业能源效率出现下降,所以其对秦皇岛市供给侧改革的阻碍作用加强;同一期间,秦皇岛市城镇国有经济就业人数以年均约 5.25%的速度减少,而城镇就业人数以年均约 11.47%的速度增加,使得 B_{31} 对秦皇岛市供给侧改革的阻碍作用减小;除此之外,在 2013—2014 年,秦皇岛市的基础设施建设投资出现下降趋势,年均下降速度约为 2.76%,所以在此期间基础设施产业投资占比的阻碍作用有所凸显,但是随后由于投资额开始以年均约 21.38%的速度上升,因此障碍度开始减小。

(2) 时间加权障碍度

从时间加权障碍度进一步考察可知,各指标的时间加权障碍度排名与按照出现频率高低所得的排名基本上保持一致,这意味着秦皇岛市供给侧改革的障碍因子在研究期间较为稳定。虽然其排名产生过一定程度上的变化,如“工业能源效率”(B_{13})在 2017 年后开始凸显,但是由于其障碍度仍较小,所以对于时间加权障碍度所产生的影响有限。因此,作为环渤海地区重要港口城市的秦皇岛市在大力建设休闲度假之都的同时,也应该更加注重创新能力,积极建设国家高新技术产业及科技成果转化基地和创新城市,从而促进其供给侧改革效率进一步提升。

3.2.2.6 邯郸市供给侧改革效率障碍因素分析

(1) 时点障碍度

由表 3-7、图 3-7 可知,邯郸市“要素供给”(B_1)障碍度受其内部指标“人力资本”(B_{11})和“第二产业固定资产投资效益”(B_{12})障碍度的影响,在整体上呈现上升趋势,其年均上升速度约为 2.29%,虽然“工业能源效率”(B_{13})和“万人专利申请授权量”(B_{14})障碍度分别以年均约 2.67%和 2.09%的速度下降,但由于其降速较小,所以对 B_1 的影响不大;“产业供给”(B_2)障碍度由于其内部指标“基础设施产业投资占比”(B_{21})和“产业结构高度化”(B_{22})障碍度分别以年均约2.27%和2.13%的速度下降而同样呈现下降趋势,其年均下降速度约为2.20%;“制度供给”(B_3)障碍度则由于其内部指标“国企改革”(B_{31})和“市场调控”(B_{32})的障碍度分别以年均约4.54%和15.11%的速度上升而同样呈现上升趋势,其年均上升速度约为5.47%。

表3-7　2012—2018年邯郸市供给侧改革障碍度

指标		2012	2013	2014	2015	2016	2017	2018	次数	频率(%)	时间加权	排名
B_1	B_{11}	0	1.91	2.76	5.43	5.02	3.73	5.60	0	0	4.36	8
	B_{12}	5.34	7.29	7.93	7.81	7.95	7.97	7.68	1	14.29	7.70	5
	B_{13}	7.79	8.00	7.59	7.25	7.35	7.05	6.60	1	14.29	7.12	6
	B_{14}	19.27	19.86	19.16	17.83	18.71	18.12	16.86	7	100	18.04	2
	合计	32.40	37.06	37.44	38.32	39.03	36.87	36.74	—		37.22	2
B_2	B_{21}	12.39	13.31	14.04	12.54	11.69	11.33	10.65	7	100	11.71	3
	B_{22}	38.50	39.92	38.25	36.49	37.06	35.64	33.71	7	100	35.98	1
	合计	50.89	53.23	52.29	49.03	48.75	46.97	44.36	—		47.69	1
B_3	B_{31}	11.90	5.34	4.82	3.99	3.95	7.72	8.87	1	14.29	6.83	7
	B_{32}	4.82	4.37	5.46	8.67	8.27	8.45	10.03	4	57.14	8.28	4
	合计	16.72	9.71	10.28	12.66	12.22	16.17	18.90	—		15.11	3

注:表中字母代表的指标见表2-1。

按照出现频率高低排名来看,“万人专利申请授权量”(B_{14})、“基础设施产业投资占比”(B_{21})和“产业结构高度化”(B_{22})出现频率均为100%,在2012—2018年排名均位于前四;“市场调控”(B_{32})在2015年才开始进入前四位,出现频率约为57.14%;“第二产业固定资产投资效益”(B_{12})、“工业能源效率”(B_{13})、“国企改革”(B_{31})出现频率均约为14.29%,其中B_{12}、B_{13}和B_{31}分别在2013年、2012年和2011年排名位于第四位;“人力资本”(B_{11})在研究期间排名并未进入前四,出现频率为0%。由于2015年后邯郸市地方财政支出的增长速度加快,由2012—2014年间年均约3.47%的速度提升至约11.96%,而同期邯郸市的国内生产总值的涨幅较小,仅由原来的约0.92%的上升速度提升至约2.94%,这使得B_{32}对邯郸市的供给侧改革的阻碍作用在 2015 年后更加凸显。

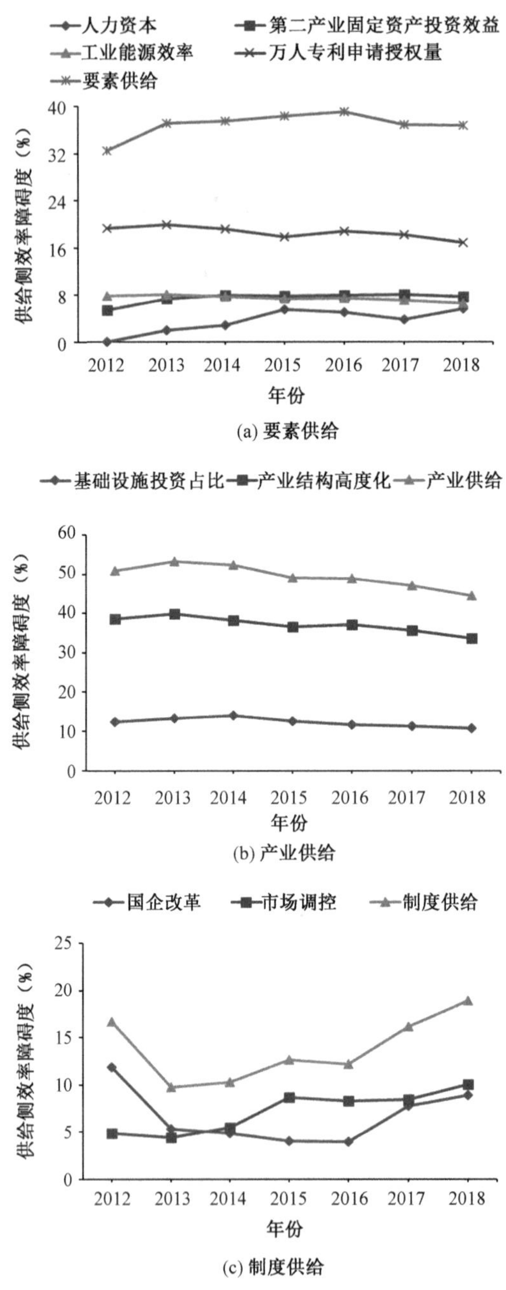

(a) 要素供给

(b) 产业供给

(c) 制度供给

图 3-7 邯郸市供给侧改革各指标障碍度变化

（2）时间加权障碍度

从时间加权障碍度进一步考察可知，各指标的时间加权障碍度排名与按照出现频率高低所得的排名基本上保持一致，由此可知，虽然邯郸市部分因子的障碍度排名发生过变化，但是由于大多是在 2015 年之前变动的，所以对时间加权障碍度的影响有限；而且邯郸市作为京津冀地区重要的工业基地，其以第二产业为主的产业结构使得产业结构高度化和万人专利申请授权量对其供给侧改革的阻碍作用始终较强，不过邯郸市在近年积极打造全国先进制造业基地，努力优化产业格局，这有助于促进其供给侧改革效率的提升。

3.2.2.7　邢台市供给侧改革效率障碍因素分析

（1）时点障碍度

由表 3-8、图 3-8 可知，邢台市“要素供给”（B_1）障碍度波动较小，以年均约 0.63%的速度上升；就其内部指标来看，“人力资本”（B_{11}）和“第二产业固定资产投资效益”（B_{12}）障碍度分别以年均约 22%和 3.68%的速度上升，而“工业能源效率”（B_{13}）和“万人专利申请授权量”（B_{14}）障碍度则分别以年均约 2.93%和 1.94%的速度下降，虽然 B_{11} 障碍度的涨幅较大，但由于其障碍度较小，所以对 B_1 的影响有限；“产业供给”（B_2）障碍度在整体上呈下降趋势，年均下降速度约 1.74%，这主要是受其内部指标“基础设施产业投资占比”（B_{21}）和“产业结构高度化”（B_{22}）障碍度分别以年均约 4.05%和 0.91%的速度下降的影响；“制度供给”（B_3）障碍度则与其内部指标“市场调控”（B_{32}）障碍度的变动趋势较为相似，分别以年均约 4.19%和 10.77%的速度上升，不过由于“国企改革”（B_{31}）障碍度以年均约 5%的速度下降，所以使得 B_3 障碍度的上升速度较为缓慢。

按照出现频率高低排名来看，“万人专利申请授权量”（B_{14}）、“基础设施产业投资占比”（B_{21}）、“产业结构高度化”（B_{22}）和“市场调控”（B_{32}）出现频率均为 100%，在 2012—2018 年排名均位于前四；而“人力资本”（B_{11}）、“第二产业固定资产投资效益”（B_{12}）、“工业能源效率”（B_{13}）和“国企改革”（B_{31}）在研究期间排名均未进入前四，其出现频率均为 0%。

表 3-8　2012—2018 年邢台市供给侧改革障碍度

指标		2012	2013	2014	2015	2016	2017	2018	次数	频率(%)	时间加权	排名
B_1	B_{11}	2.04	3.73	5.29	4.12	4.48	3.41	4.93	0	0	4.25	8
	B_{12}	5.99	6.78	7.20	7.26	7.18	7.49	7.39	0	0	7.25	5
	B_{13}	6.69	6.37	6.00	5.85	5.82	5.83	5.59	0	0	5.84	7
	B_{14}	17.91	17.62	16.86	16.30	16.58	17.02	15.87	7	100	16.57	2
	合计	32.63	34.50	35.35	33.53	34.06	33.75	33.78	—		33.91	2
B_2	B_{21}	13.86	14.18	14.19	13.20	12.46	11.32	10.76	7	100	12.08	4
	B_{22}	37.31	36.89	35.29	34.95	35.46	36.36	35.27	7	100	35.70	1
	合计	51.17	51.07	49.48	48.15	47.92	47.68	46.03	—		47.78	1
B_3	B_{31}	7.88	6.40	5.78	5.80	5.71	6.60	5.55	0	0	6.01	6
	B_{32}	8.32	8.04	9.39	12.50	12.31	11.99	14.65	7	100	12.30	3
	合计	16.20	14.44	15.17	18.30	18.02	18.59	20.20	—		18.31	3

注：表中字母代表的指标见表 2-1。

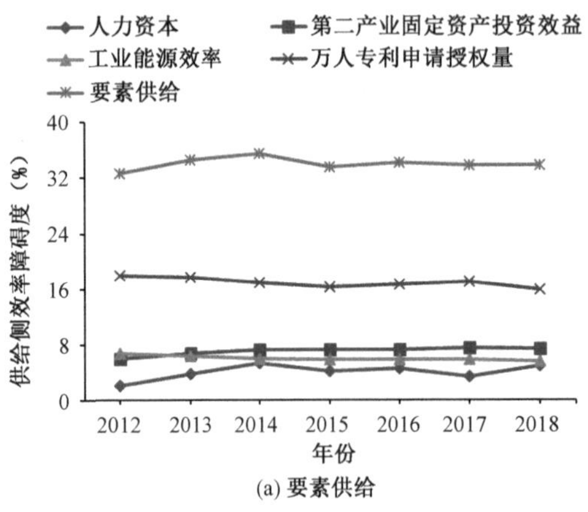

(a) 要素供给

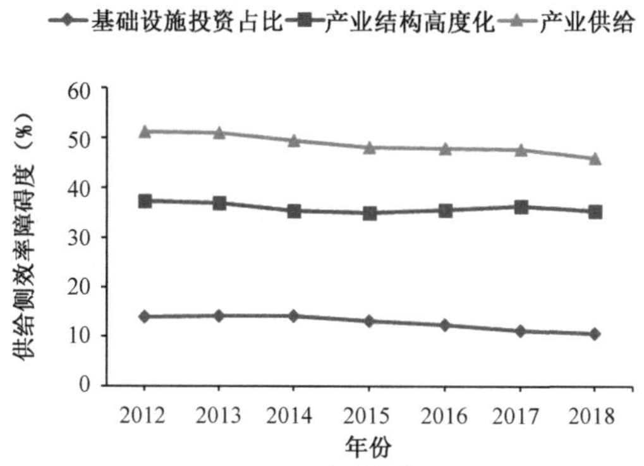

(b) 产业供给

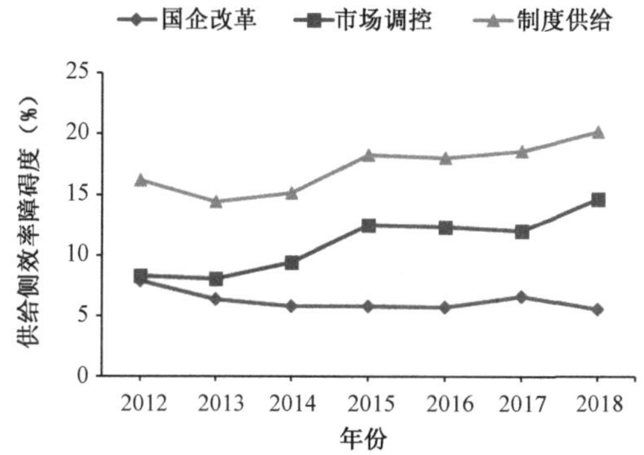

(c) 制度供给

图 3-8　邢台市供给侧改革各指标障碍度变化

(2) 时间加权障碍度

从时间加权障碍度进一步考察可知,各指标的时间加权障碍度排名与按照出现频率高低所得的排名基本上保持一致,由此可知邢台市供给侧改革障碍因子的作用始终较强。究其原因,邢台市作为华北地区重要的能源基地,使得产业结构高度化的年均水平为京津冀 13 市的最低水平;第二产业比重较大也使得邢台市在科技创新能力的提升方面存在动力不足的情况,而且也使其基础设施建设方面的投资力度较小。因此邢台市在未来应积极优化产业结构,将高新技术引入相关产业,同时更加重视基础设施的建设以及市场调控能力的提升。

3.2.2.8 保定市供给侧改革效率障碍因素分析

(1) 时点障碍度

由表 3-9、图 3-9 可知,保定市“要素供给”(B_1)障碍度以年均约 0.41%的速度下降;就其内部指标来看,虽然“人力资本”(B_{11})和“第二产业固定资产投资效益”(B_{12})障碍度分别以年均约 23.66%和 7.06%的速度上升,但是由于“工业能源效率”(B_{13})和“万人专利申请授权量”(B_{14})的障碍度分别以年均约 9.73%和 0.41%的速度下降,使得 B_1 的障碍度在整体上呈小幅下降的趋势;“产业供给”(B_2)障碍度受其内部指标“基础设施产业投资占比”(B_{21})和“产业结构高度化”(B_{22})的障碍度分别以年均约 6.45%和 3.00%的速度下降的影响而同样在整体上呈现下降趋势,其年均下降速度为 3.91%;“制度供给”(B_3)障碍度则与其内部指标“市场调控”(B_{32})障碍度的变动趋势较为相似,分别以年均约 10.72%和 28.30%的速度上升,虽然“国企改革”(B_{31})障碍度以年均约 6.95%的速度下降,但是由于其障碍度较小,所以对 B_3 产生的影响有限。

表 3-9　2012—2018 年保定市供给侧改革障碍度

指标		2012	2013	2014	2015	2016	2017	2018	次数	频率(%)	时间加权	排名
B_1	B_{11}	4.41	7.77	6.01	3.59	3.82	3.29	7.77	0	0	5.35	7
	B_{12}	4.51	4.81	6.21	7.10	6.57	7.80	6.32	0	0	6.60	6
	B_{13}	4.63	4.46	3.92	3.58	3.54	3.18	2.46	0	0	3.27	8
	B_{14}	18.30	17.80	18.35	18.41	18.53	17.73	14.32	7	100	16.96	2
	合计	31.85	34.84	34.49	32.68	32.46	32.00	30.87	—		32.18	2
B_2	B_{21}	13.92	12.54	12.91	11.97	11.73	10.15	9.24	7	100	10.88	4
	B_{22}	37.27	36.67	37.78	38.07	38.43	36.67	30.61	7	100	35.36	1
	合计	51.19	49.21	50.69	50.04	50.16	46.82	39.85	—		46.24	1
B_3	B_{31}	10.65	7.93	7.37	7.44	6.94	9.31	5.82	1	14.29	7.44	5
	B_{32}	6.30	8.00	7.43	9.84	10.45	11.86	23.46	6	85.71	14.14	3
	合计	16.95	15.93	14.80	17.28	17.39	21.17	29.28	—		21.58	3

注:表中字母代表的指标见表 2-1。

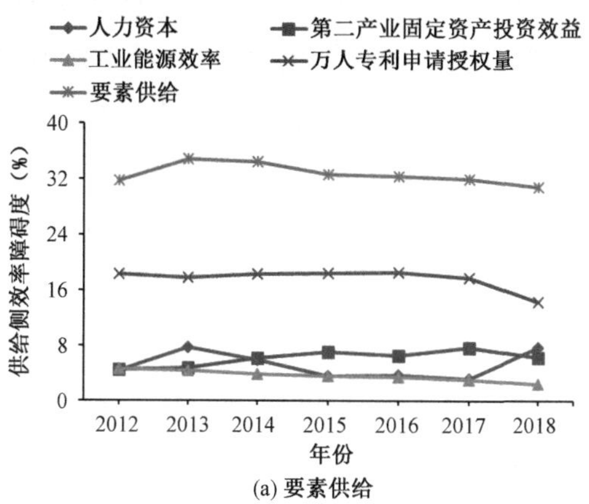

(a) 要素供给

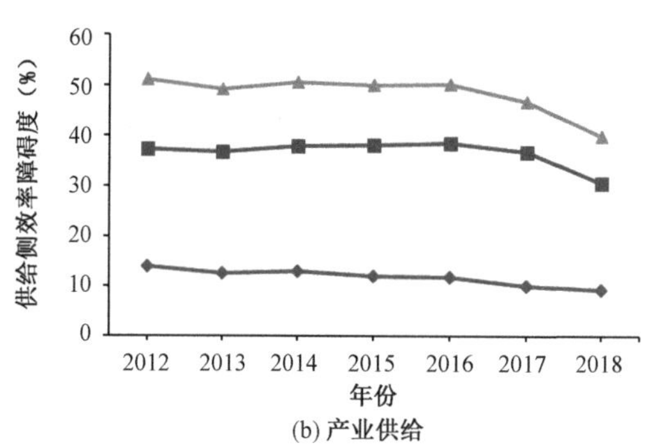

(b) 产业供给

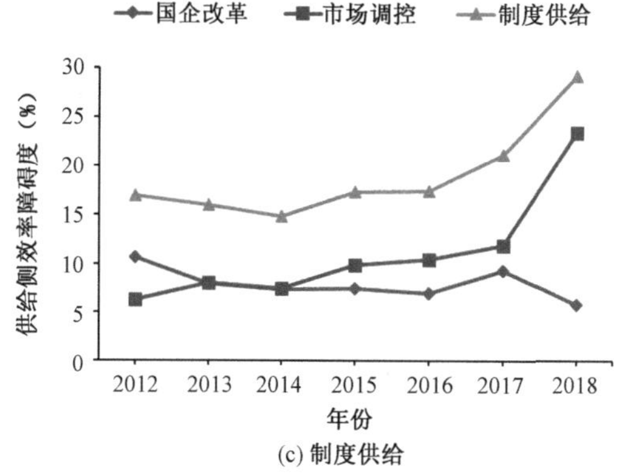

(c) 制度供给

图 3-9　保定市供给侧改革各指标障碍度变化

按照出现频率高低排名来看，“万人专利申请授权量”（B_{14}）、“基础设施产业投资占比”(B_{21})和“产业结构高度化”(B_{22})的出现频率均为100%,在2012—2018年排名均位于前四;“市场调控”(B_{32})在2013年开始居于第四位,并始终保持上升态势,出现频率约为85.71%;“国企改革”(B_{31})则仅在2012年排名进入前四,出现频率约为14.29%;而“人力资本”(B_{11})、“第二产业固定资产投资效益”(B_{12})和“工业能源效率”(B_{13})的出现频率均为0%,在研究期间排名均未位于前四。

(2)时间加权障碍度

从时间加权障碍度进一步考察可知,2012—2018年出现频率约为85.71%的“市场调控”(B_{32})的时间加权障碍度排名超过了出现频率为100%的“万人专利申请授权量”(B_{14}),位于第三位。分析原因,由于供给侧结构性改革的提出,保定市的地方财政支出在2015年后开始快速增加,年均上升速度提升至约24.64%,使得“市场调控”(B_{32})对当地供给侧改革的阻碍作用迅速提升,在2018年,其地方财政支出更是出现了约为58.28%的涨幅,而国内生产总值则出现了约为10.98%的降幅,这使得当年保定市“市场调控”(B_{32})的障碍度上升至约23.46%;而“万人专利申请授权量”(B_{14})的障碍度变化较为稳定,且在2017年开始出现下降趋势。由于时间加权障碍度更注重近期数据,因此导致两个指标的时间加权障碍度排名出现了变化。

3.2.2.9 张家口市供给侧改革效率障碍因素分析

(1)时点障碍度

由表3-10、图3-10可知,张家口市“要素供给”(B_1)障碍度以年均约0.47%的速度上升,虽然“第二产业固定资产投资效益”(B_{12})、“工业能源效率”(B_{13})和“万人专利申请授权量”(B_{14})的障碍度分别以年均约0.30%、2.68%和1.86%的速度下降,但是由于其下降速度较慢,且“人力资本”(B_{11})障碍度以年均约12.07%的速度上升,使得B_1的障碍度在整体上呈现小幅上升的趋势;“产业供给”(B_2)障碍度呈现下降趋势,其年均下降速度约为4.37%,这主要由于其内部指标“基础设施产业投资占比”(B_{21})和“产业结构高度化”(B_{22})的障碍度分别以年均约26.07%和1.60%的速度下降;“制度供给”(B_3)障碍度则受其内部指标“国企改革”(B_{31})和“市场调控”(B_{32})的障碍度分别以年均约8.74%和12.19%的速度上升的影响,在整体上同样呈现上升趋势,其年均上升速度约为7.54%。

表 3-10　2012—2018 年张家口市供给侧改革障碍度

指标		2012	2013	2014	2015	2016	2017	2018	次数	频率（%）	时间加权	排名
B_1	B_{11}	5.29	7.05	8.30	6.67	6.36	6.88	9.46	2	28.57	7.63	5
	B_{12}	5.62	5.42	6.60	6.24	6.47	6.81	5.21	0	0	6.04	7
	B_{13}	7.16	6.56	6.64	5.82	5.86	6.09	6.02	0	0	6.12	6
	B_{14}	17.87	16.42	16.76	14.85	15.19	15.83	15.80	7	100	15.81	3
	合计	35.94	35.45	38.30	33.58	33.88	35.61	36.49	—		35.60	1
B_2	B_{21}	6.46	6.55	7.44	5.66	4.66	3.27	0	0	0	3.45	8
	B_{22}	34.40	31.88	32.76	29.16	29.45	30.37	30.93	7	100	30.72	1
	合计	40.86	38.43	40.20	34.82	34.11	33.64	30.93	—		34.17	2
B_3	B_{31}	9.75	12.97	6.07	14.25	14.49	8.01	6.48	5	71.43	9.52	4
	B_{32}	13.45	13.15	15.43	17.36	17.52	22.74	26.11	7	100	20.71	2
	合计	23.20	26.12	21.50	31.61	32.01	30.75	32.59	—		30.23	3

注：表中字母代表的指标见表 2-1。

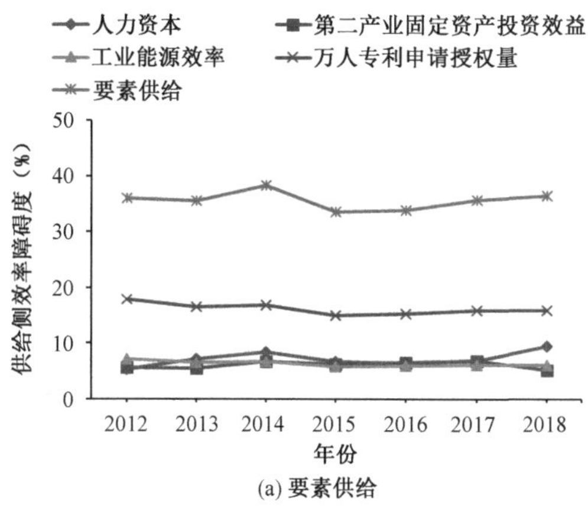

(a) 要素供给

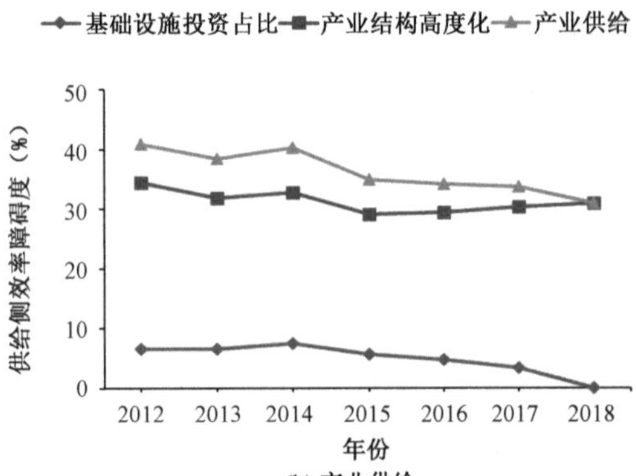

(b) 产业供给

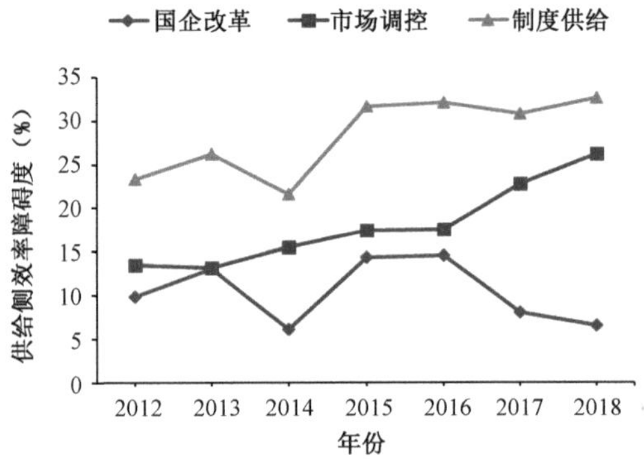

(c) 制度供给

图 3-10　张家口市供给侧改革各指标障碍度变化

按照出现频率高低排名来看,“万人专利申请授权量”(B_{14})、“产业结构高度化”(B_{22})和“市场调控”(B_{32})出现频率均为 100%,在研究期间排名均位于前四;“国企改革”(B_{31})出现频率约为 71.43%,分别在 2012—2013 年和 2015—2017 年排名位于前四;“人力资本”(B_{11})在 2014 年和 2018 年位于前四位,出现频率约为 28.57%;“第二产业固定资产投资效益”(B_{12})、“工业能源效率”(B_{13})和“基础设施产业投资占比”(B_{21})出现的频率均为 0%,在研究期间排名均未进入前四。排名出现变动的原因主要是张家口市城镇就业人数在 2014 年和 2018 年分别出现了约为 79.65%和 10.80%的降幅,使得其城镇国有经济就业人数在城镇就业人数中所占比重减小,从而使“国企改革”(B_{31})对供给侧改革的阻碍作用减小。

(2) 时间加权障碍度

从时间加权障碍度进一步考察可知,虽然张家口市排名前四的障碍因子在研究期间发生了变化,但是由于其障碍度较小,所以对时间加权障碍度产生的影响有限,总的来看,阻碍张家口市供给侧改革的因子在长期较为稳定。分析原因,张家口市作为华北能源大市,拥有丰富的风能、太阳能、煤炭等资源,装备制造业等传统工业基础较好,虽然在近年积极推动产业结构优化,大力发展旅游服务业,但是其产业结构高度化程度仍然较低;而且在近年为了打造"奥运新城"积极建设基础设施也使得当地政府财政支出较大,因此市场调控受到影响。不过张家口市也在积极打造先进制造业基地和新能源产业基地,大力培育现代物流业,并推动其机械装备走精品化、专业化道路,这有助于延伸其产业和服务增值链条,并促进当地供给侧改革的进一步发展。

3.2.2.10　承德市供给侧改革效率障碍因素分析

(1) 时点障碍度

由表3-11、图3-11可知,承德市"要素供给"(B_1)障碍度以年均约2.49%的速度上升,就其内部指标来看,虽然"工业能源效率"(B_{13})和"万人专利申请授权量"(B_{14})的障碍度在整体上呈现下降趋势,但是其下降速度较慢,年均下降速度分别约为0.53%、0.34%,所以对B_1的影响有限,而且"人力资本"(B_{11})和"第二产业固定资产投资效益"(B_{12})的障碍度分别以年均约13.87%、8.21%的速度上升,使得B_1的障碍度在整体上呈现上升趋势;"产业供给"(B_2)障碍度与"基础设施产业投资占比"(B_{21})障碍度的整体变化趋势相似,但是由于"产业结构高度化"(B_{22})障碍度以年均约0.08%的速度下降,所以B_2的障碍度在整体上呈现小幅下降的趋势,其年均下降速度约为1.09%;"制度供给"(B_3)障碍度在2014年以前受其内部指标"国企改革"(B_{31})和"市场调控"(B_{32})的障碍度分别以年均约15.18%和3.14%的速度下降的影响,而整体呈现下降趋势,其年均下降速度约为9.67%,而在2015年后,虽然B_{31}的障碍度仍保持年均约12.34%的下降幅度,但是由于B_{32}的障碍度开始以年均约13.14%的速度上升,使得B_3的障碍度也开始以年均约3.17%的速度上升。

表 3-11　2012—2018 年承德市供给侧改革障碍度

指标		2012	2013	2014	2015	2016	2017	2018	次数	频率(%)	时间加权	排名
B_1	B_{11}	2.99	4.55	6.28	5.21	5.03	5.03	5.71	0	0	5.25	8
	B_{12}	4.74	5.49	6.52	7.16	7.36	7.32	7.51	1	14.29	7.07	5
	B_{13}	6.56	6.59	6.46	6.52	6.88	6.32	6.32	0	0	6.47	6
	B_{14}	17.54	17.82	17.77	17.75	18.72	17.40	17.11	7	100	17.63	2
	合计	31.83	34.45	37.03	36.64	37.99	36.07	36.65	—		36.42	2
B_2	B_{21}	8.56	7.34	7.36	5.55	1.86	5.70	6.01	0	0	5.52	7
	B_{22}	35.24	35.91	35.73	35.86	37.77	35.06	34.93	7	100	35.67	1
	合计	43.80	43.25	43.09	41.41	39.63	40.76	40.94	—		41.19	1
B_3	B_{31}	12.75	9.85	9.10	8.46	8.54	8.25	4.96	6	85.71	7.67	4
	B_{32}	11.62	12.45	10.78	13.48	13.84	14.91	17.46	7	100	14.72	3
	合计	24.37	22.30	19.88	21.94	22.38	23.16	22.42	—		22.39	3

注:表中字母代表的指标见表 2-1。

按照出现频率高低排名来看,“万人专利申请授权量”(B_{14})、“产业结构高度化”(B_{22})和“市场调控”(B_{32})的出现频率均为 100%,在 2012—2018 年排名均位于前四;“国企改革”(B_{31})除了在 2018 年退至末位以外,在其他年份均位于前四,出现频率约为 85.71%;“第二产业固定资产投资效益”(B_{12})则仅在 2018 年排名进入前四,出现频率约为 14.29%;“人力资本”(B_{11})、“工业能源效率”(B_{13})和“基础设施产业投资占比”(B_{21})的出现频率均为 0%,在研究期间排名均未进入前四。这与承德市继续坚持就业优先战略和更加积极的就业政策有关,使得其城镇就业人数在 2018 年出现了约为 39.10%的涨幅,从而使 B_{31} 对承德市供给侧改革的阻碍作用显著减小。

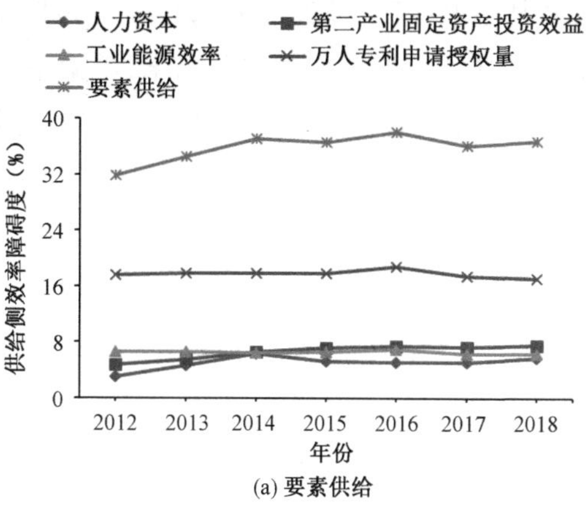

(a) 要素供给

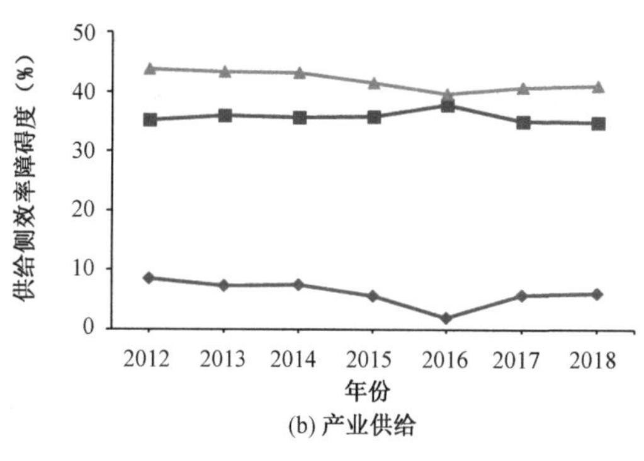

(b) 产业供给

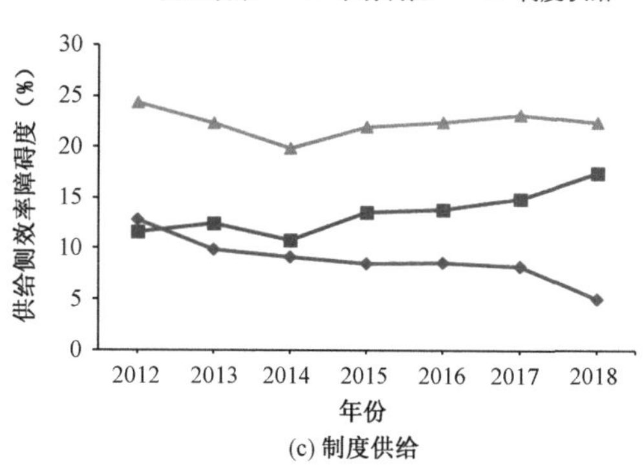

(c) 制度供给

图 3-11　承德市供给侧改革各指标障碍度变化

(2) 时间加权障碍度

从时间加权障碍度进一步考察可知，各指标的时间加权障碍度排名与按照出现频率高低所得的排名基本上保持一致,由此可知,承德市供给侧改革的障碍因子长期以来也较为稳定。不过供给侧结构性改革以来,承德市的万人专利申请授权量的增长速度加快,由 2012—2014 年间年均约 20.33%的增长速度提升至约 33.86%;除此之外,承德市也加大了对其传统产业改造升级的力度,在将高端装备制造业作为全市重点培育的新兴产业的同时,也积极发展现代服务业,努力将旅游业打造为承德市的支柱产业,这一系列的措施使得承德市产业结构高度化水平和科技创新能力有所提升,不过在这一过程中会使得其政府财政支出增加,从而在一定时期影响其市场调控能力。

3.2.2.11 沧州市供给侧改革效率障碍因素分析

(1) 时点障碍度

由表 3-12、图 3-12 可知,沧州市"要素供给"(B_1)障碍度以年均约 1.28%的速度上升,从其内部指标来看,"人力资本"(B_{11})和"第二产业固定资产投资效益"(B_{12})的障碍度分别以年均约 38.72%和 9.08%的速度上升,但是由于"工业能源效率"(B_{13})和"万人专利申请授权量"(B_{14})的障碍度分别以年均约 1.69%和 2.52%的速度下降,使得 B_1 的障碍度在整体上上升速度较慢;"产业供给"(B_2)障碍度在整体上呈现下降趋势,年均下降速度约为 1.70%,这与其内部指标的障碍度分别以年均约 2.17%和 1.50%的速度下降有关;"制度供给"(B_3)障碍度与其内部指标"市场调控"(B_{32})的障碍度在整体上的变动趋势较为相似,分别以年均约 3.76%和 20.09%的速度上升,而"国企改革"(B_{31})障碍度出现了年均约 3.73%的降幅,这使得 B_3 的障碍度在研究期间上升速度较慢。

表 3-12 2012—2018 年沧州市供给侧改革障碍度

指标		2012	2013	2014	2015	2016	2017	2018	次数	频率(%)	时间加权	排名
B_1	B_{11}	1.46	4.98	5.26	3.65	3.89	2.92	3.93	0	0	3.73	8
	B_{12}	4.90	6.58	7.08	7.50	7.64	8.13	8.00	1	14.29	7.61	5
	B_{13}	5.34	4.80	4.59	4.82	5.04	4.85	4.78	0	0	4.85	7
	B_{14}	19.38	18.48	18.49	17.97	17.92	18.08	16.58	7	100	17.69	2
	合计	31.08	34.84	35.42	33.94	34.49	33.98	33.29	—		33.88	2

续表

指标		2012	2013	2014	2015	2016	2017	2018	次数	频率（%）	时间加权	排名
B_2	B_{21}	15.30	14.56	13.66	13.70	13.86	13.78	13.38	7	100	13.76	3
	B_{22}	38.66	37.18	37.46	36.84	36.89	37.12	35.25	7	100	36.57	1
	合计	53.96	51.74	51.12	50.54	50.75	50.90	48.63	—		50.33	1
B_3	B_{31}	11.70	9.66	9.16	8.73	8.30	7.63	9.00	5	71.43	8.72	4
	B_{32}	3.25	3.77	4.29	6.79	6.46	7.50	9.09	1	14.29	7.06	6
	合计	14.95	13.43	13.45	15.52	14.76	15.13	18.09	—		15.78	3

注：表中字母代表的指标见表2-1。

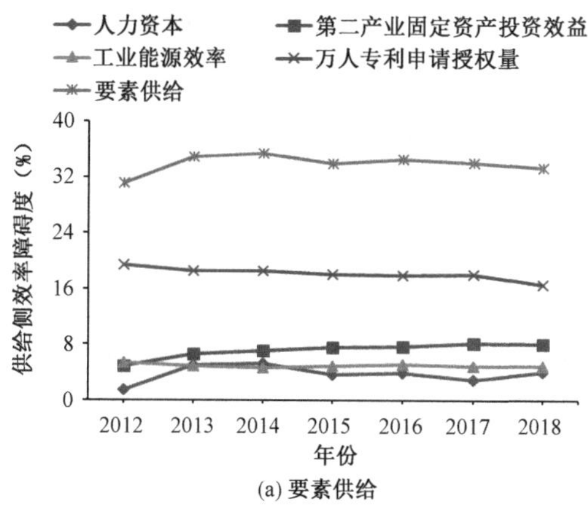

(a) 要素供给

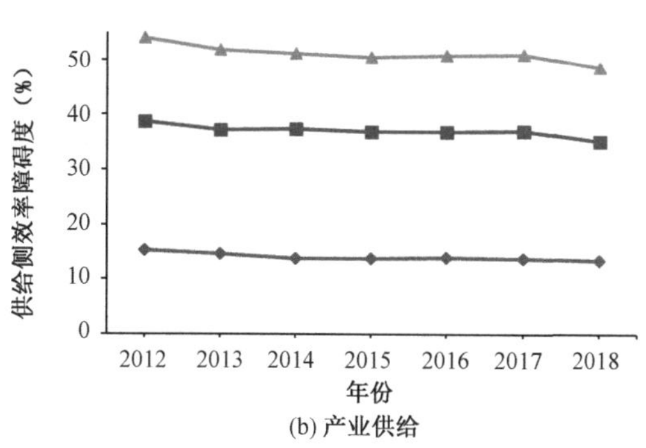

(b) 产业供给

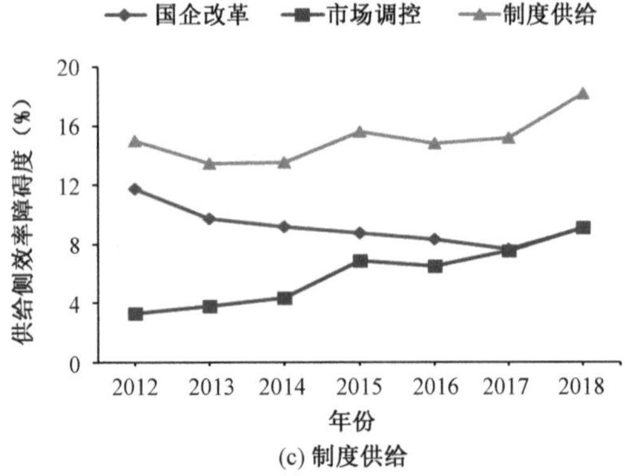

(c) 制度供给

图 3-12　沧州市供给侧改革各指标障碍度变化

按照出现频率高低排名来看,“万人专利申请授权量”(B_{14})、“基础设施产业投资占比”(B_{21})和“产业结构高度化”(B_{22})排名均位于前四,出现频率均为100%;“国企改革”(B_{31})主要在 2016 年以前位于第四位,出现频率约为 71.43%;“第二产业固定资产投资效益”(B_{12})和“市场调控”(B_{32})分别在 2017 年和 2018 年排名进入前四,出现频率均约为 14.29%;而“人力资本”(B_{11})和“工业能源效率”(B_{13})在研究期间排名均未进入前四,出现频率均为 0%。由于沧州市不断深化国企改革,使得其城镇国有经济就业人数始终保持下降趋势,年均下降速度约为 4.11%,再加上沧州市长期致力于解决其“就业难”的问题,在 2016 年还举办了“沧州市首届高校毕业生就业市场”,使得当年的城镇就业人数出现了约为 5.67%的涨幅,进而使 B_{31} 对沧州市供给侧改革的障碍作用减弱。

(2) 时间加权障碍度

从时间加权障碍度进一步考察可知,各指标的时间加权障碍度排名与按照出现频率高低所得的排名基本上保持一致,由此可知,虽然沧州市排名前四的障碍因子发生了变动,但是由于其障碍度小,所以对时间加权障碍度的影响有限。不过沧州市在近年为了打造国家清洁能源保障基地和京津冀城市群产业支撑及科技转化基地,开始更加注重科技创新水平的提升和产业结构的优化,在基础设施建设方面也加大投资力度,这将有助于沧州市供给侧改革的进一步深化。

3.2.2.12　廊坊市供给侧改革效率障碍因素分析

(1) 时点障碍度

由表 3-13、图 3-13 可知,廊坊市“要素供给”(B_1)障碍度以年均约 1.12%的速度上升，就其内部指标来看，“人力资本”(B_{11})和“第二产业固定资产投资效益”(B_{12})的障碍度分别以年均约 13.09%和 7.34%的速度上升，不过由于“工业能源效率”(B_{13})和“万人专利申请授权量”(B_{14})的障碍度分别以年均约 4.55%和 2.68%的速度下降，使得 B_1 障碍度的上升幅度较小；“产业供给”(B_2)障碍度主要受其内部指标的障碍度分别以年均约 6.94%和 1.03%的速度下降的影响而在整体上呈现下降趋势，其年均下降速度约为 2.45%；“制度供给”(B_3)障碍度在整体上波动较大，在 2016 年以前主要与“市场调控”(B_{32})障碍度的变动趋势较为相似，但是由于“国企改革”(B_{31})障碍度在 2017 年和 2018 年分别出现了约为 75.28%的降幅和约为 541.28%的升幅，使得 B_3 开始更多地受其影响，障碍度也在 2017 年以约 6.71%的速度下降，次年又以约 39.04%的速度上升。

表 3-13　2012—2018 年廊坊市供给侧改革障碍度

指标		2012	2013	2014	2015	2016	2017	2018	次数	频率(%)	时间加权	排名
B_1	B_{11}	4.14	6.67	7.33	9.01	9.05	8.48	7.67	0	0	7.99	5
	B_{12}	5.42	6.15	7.34	6.90	7.33	8.17	8.13	1	14.29	7.56	6
	B_{13}	5.15	4.85	4.92	4.41	4.17	4.01	3.88	0	0	4.22	8
	B_{14}	18.50	18.10	17.98	16.11	16.33	17.07	15.58	7	100	16.58	2
	合计	33.21	35.77	37.57	36.43	36.88	37.73	35.26	—		36.35	2
B_2	B_{21}	13.24	12.21	12.64	12.24	12.30	10.81	8.37	7	100	10.81	4
	B_{22}	39.17	38.33	38.63	35.41	35.62	37.27	36.64	7	100	36.85	1
	合计	52.41	50.54	51.27	47.65	47.92	48.08	45.01	—		47.66	1
B_3	B_{31}	6.99	6.31	4.91	4.52	4.41	1.09	6.99	0	0	4.75	7
	B_{32}	7.39	7.39	6.26	11.40	10.80	13.10	12.74	6	85.71	11.25	3
	合计	14.38	13.70	11.17	15.92	15.21	14.19	19.73	—		16.00	3

注：表中字母代表的指标见表 2-1。

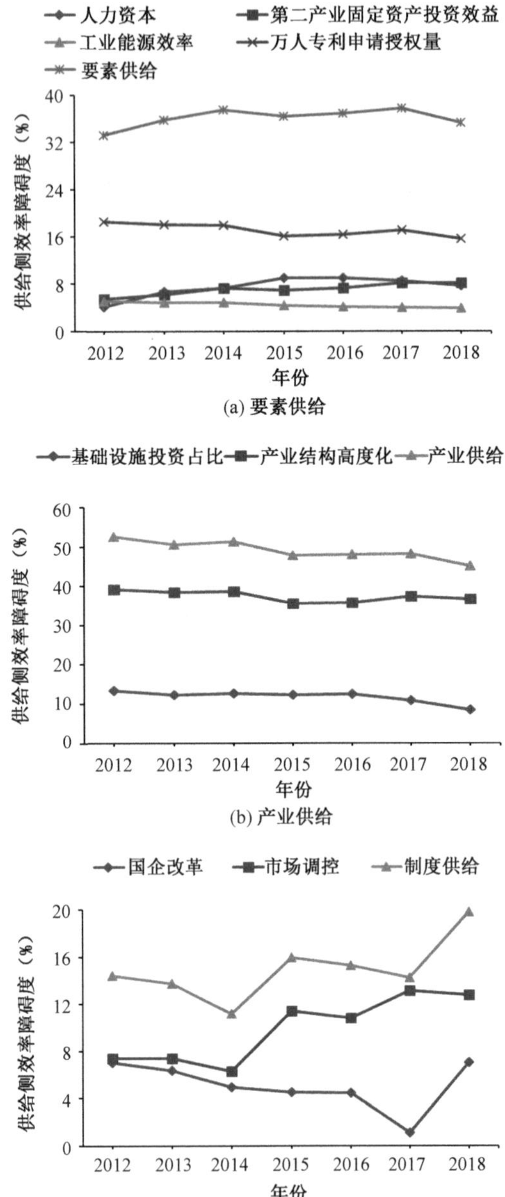

(a) 要素供给

(b) 产业供给

(c) 制度供给

图 3-13 廊坊市供给侧改革各指标障碍度变化

按照出现频率高低排名来看,“万人专利申请授权量”(B_{14})、“基础设施产业投资占比”(B_{21})和“产业结构高度化”(B_{22})在 2012—2018 年排名均位于前四,出现频率均为 100%；“市场调控”(B_{32})除了在 2014 年排名退至第六位以外，在其他年份均位于前四，出现频率约为 85.71%；“第二产业固定资产投资效益”(B_{12})仅在 2014 年升至第四位，出现频率约为 14.29%；“人力资本”(B_{11})、“工业能源效率”(B_{13})和“国企改革”(B_{31})在研究期间排名均未进入前四，出现频率均为 0%。排名前四位的因子发生变动的原因主要是 2014 年廊坊市的国内生产总值的涨幅大于地方财政支出的涨幅，分别约为 11.98% 和 3.45%，使得当年市场调控对供给侧改革的阻碍作用减小。

(2) 时间加权障碍度

从时间加权障碍度进一步考察可知，出现频率约为 85.71% 的“市场调控”(B_{32})的时间加权障碍度排名超过了出现频率为 100% 的“基础设施产业投资占比”(B_{21})，位于第三位；出现频率为 0% 的“人力资本”(B_{11})的时间加权障碍度排名超过出现频率约为 14.29% 的“第二产业固定资产投资效益”(B_{12})，位于第五位。分析原因，这主要是由于廊坊市地方财政支出的增长速度在 2015 年后出现了明显的提升，由 2014 年以前年均约 6.27% 的增速提升至约 21.47%，使得其地方财政教育支出在地方财政支出中所占的比重有所下降，且地方财政支出与廊坊市国内生产总值之比上升，导致人力资本和市场调控对廊坊市供给侧改革的阻碍作用增加。不过供给侧改革本身就需要政府的力量来矫正要素配置的扭曲，因此不可避免会在一定时期出现“阵痛”现象。

3.2.2.13　衡水市供给侧改革效率障碍因素分析

(1) 时点障碍度

由表 3-14、图 3-14 可知，“要素供给”(B_1)障碍度在 2012—2018 年以年均约 1.16% 的速度上升，虽然“工业能源效率”(B_{13})和“万人专利申请授权量”(B_{14})的障碍度分别以年均约 10.81% 和 2.33% 的速度下降，但是由于“人力资本”(B_{11})和“第二产业固定资产投资效益”(B_{12})的障碍度分别以年均约 35.58% 和 4.77% 的速度上升，使得“要素供给”(B_1)的障碍度在整体上呈现小幅上升的趋势；“产业供给”(B_2)障碍度受其内部指标“基础设施产业投资占比”(B_{21})和“产业结构高度化”(B_{22})的障碍度分别以年均约 3.18% 和 1.82% 的速度下降的影响，在整体上也呈现下降趋势，其年均下降速度约为 2.21%；“制度供给”(B_3)障碍度则在整体上呈现上升趋势，其年均上升速度约为 5.38%，这是由于其内部指标“国企改革”(B_{31})和“市场调控”(B_{32})的障碍度分别以年均约 3.28%和 11%的速度上升。

表 3-14　2012—2018 年衡水市供给侧改革障碍度

指标		2012	2013	2014	2015	2016	2017	2018	次数	频率(%)	时间加权	排名
B_1	B_{11}	2.19	6.13	8.66	7.61	7.52	5.84	7.47	0	0	6.92	7
	B_{12}	5.46	5.98	6.61	6.80	6.92	7.46	7.17	0	0	6.96	6
	B_{13}	4.44	3.84	3.15	2.43	1.58	2.17	1.89	0	0	2.30	8
	B_{14}	18.24	17.04	16.25	15.65	16.08	16.67	15.76	7	100	16.23	2
	合计	30.33	32.99	34.67	32.49	32.10	32.14	32.29	—		32.41	2
B_2	B_{21}	15.30	14.76	14.31	12.78	12.48	12.96	12.53	7	100	13.05	3
	B_{22}	38.72	36.38	34.49	33.59	34.36	35.99	34.52	7	100	35.01	1
	合计	54.02	51.14	48.80	46.37	46.84	48.95	47.05	—		48.06	1
B_3	B_{31}	7.49	6.82	4.35	8.34	8.55	7.42	6.22	0	0	7.05	5
	B_{32}	8.15	9.06	12.17	12.80	12.52	11.49	14.45	7	100	12.49	4
	合计	15.64	15.88	16.52	21.14	21.07	18.91	20.67	—		19.54	3

注：表中字母代表的指标见表 2-1。

按照出现频率高低排名来看，“万人专利申请授权量”(B_{14})、“基础设施产业投资占比”(B_{21})、“产业结构高度化”(B_{22})和“市场调控”(B_{32})排名均位于前四，出现频率均为 100%；“人力资本”(B_{11})、“第二产业固定资产投资效益”(B_{12})、“工业能源效率”(B_{13})和“国企改革”(B_{31})在研究期间排名均未进入前四，出现频率均为 0%。分析原因，由于衡水市在提升科技创新水平和吸引高素质人才方面能力有限，在基础设施建设方面的投资力度较小，年均基础设施产业投资占比仅约为 11.42%，使 B_{14}、B_{21} 和 B_{22} 对当地供给侧改革的阻碍作用较强；除此之外，由于衡水市地方财政支出的上升速度(年均约 14.75%)大于其国内生产总值的上升速度(年均约 7.56%)，使得 B_{32} 的障碍度也始终较大。

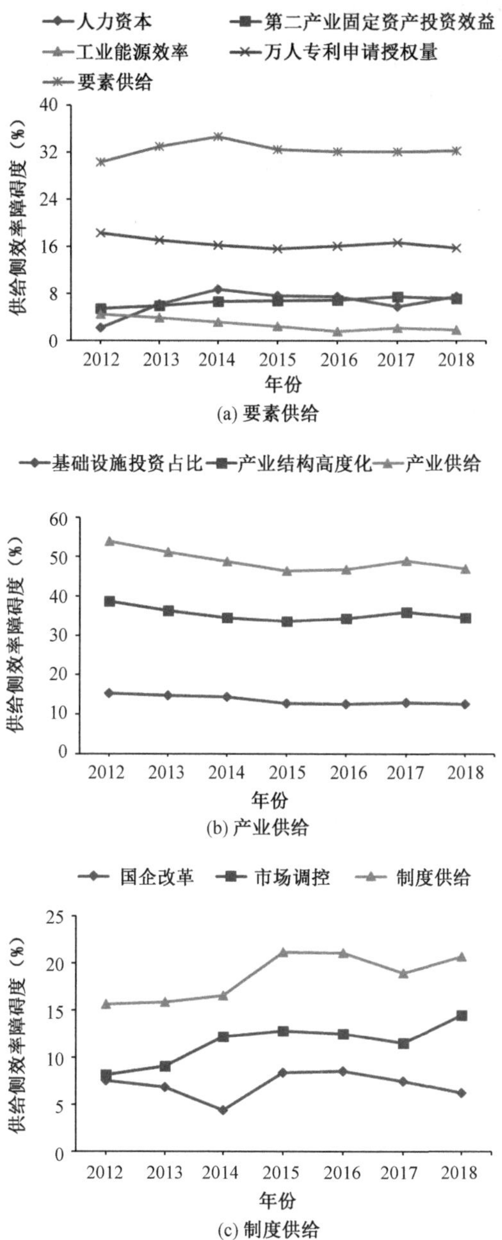

(a) 要素供给

(b) 产业供给

(c) 制度供给

图3-14　衡水市供给侧改革各指标障碍度变化

（2）时间加权障碍度

从时间加权障碍度进一步考察可知，各指标的时间加权障碍度排名与按照出现频率高低所得的排名基本上保持一致，可知阻碍衡水市供给侧改革的因素在研究期间较为稳定。不过衡水市在供给侧结构性改革提出后也积极地补短板,例如在城市基础设施投资方面就出现了大幅的提升,投资额由原来年均约 5. 38%的增速提升至约 39. 56%,使得其城市基础设施投资的拉动力显著增强。

3. 2. 2. 14　京津冀供给侧改革效率障碍因素的空间格局分析

为便于总结京津冀供给侧改革障碍因素的空间异质性,在对 13 市供给侧改革障碍因素进行分析的基础上,依据时间加权障碍度进行排名,同样将≥10%、≥5%、<5%的指标界定为重点障碍因子、一般障碍因子和轻度障碍因子,在表中分别用"■、▲、★"标识,如表 3-15 所示;同时借助 Geoda 将结果以地图形式呈现,如图 3-15 所示,能够更加直观地体现空间异质性。

表 3-15　京津冀 13 市供给侧改革时间加权障碍度及排名

指标		B_{11}	B_{12}	B_{13}	B_{14}	B_1	B_{21}	B_{22}	B_2	B_{31}	B_{32}	B_3
北京	障碍度	22. 09	3. 38	3. 52	6. 21	35. 20	20. 31	4. 00	24. 31	7. 02	33. 47	40. 49
	排名	2■	8★	7★	5▲	②	3■	6★	③	4▲	1■	①
天津	障碍度	10. 88	8. 25	4. 08	10. 98	34. 19	13. 14	40. 75	53. 89	0. 70	11. 23	11. 93
	排名	5■	6▲	7★	4■	②	2■	1■	①	8★	3■	③
石家庄	障碍度	4. 47	8. 30	6. 35	17. 42	36. 54	10. 80	37. 03	47. 83	9. 65	5. 98	15. 63
	排名	8★	5▲	6▲	2■	②	3■	1■	①	4▲	7▲	③
唐山	障碍度	5. 52	7. 29	7. 59	18. 28	38. 68	11. 39	39. 86	51. 25	7. 72	2. 35	10. 07
	排名	7▲	6▲	5▲	2■	②	3■	1■	①	4▲	8★	③
秦皇岛	障碍度	6. 62	6. 49	7. 49	17. 53	38. 13	7. 92	34. 27	42. 19	8. 63	11. 05	19. 68
	排名	7▲	8▲	6▲	2■	②	5▲	1■	①	4▲	3■	③
邯郸	障碍度	4. 36	7. 70	7. 12	18. 04	37. 22	11. 71	35. 98	47. 69	6. 83	8. 28	15. 11
	排名	8★	5▲	6▲	2■	②	3■	1■	①	7▲	4▲	③
邢台	障碍度	4. 25	7. 25	5. 84	16. 57	33. 91	12. 08	35. 70	47. 78	6. 01	12. 30	18. 31
	排名	8★	5▲	7▲	2■	②	4■	1■	①	6▲	3■	③
保定	障碍度	5. 35	6. 60	3. 27	16. 96	32. 18	10. 88	35. 36	46. 24	7. 44	14. 14	21. 58
	排名	7▲	6▲	8★	2■	②	4■	1■	①	5▲	3■	③
张家口	障碍度	7. 63	6. 04	6. 12	15. 81	35. 60	3. 45	30. 72	34. 17	9. 52	20. 71	30. 23
	排名	5▲	7▲	6▲	3■	①	8★	1■	②	4▲	2■	③

续表

指标		B_{11}	B_{12}	B_{13}	B_{14}	B_1	B_{21}	B_{22}	B_2	B_{31}	B_{32}	B_3
承德	障碍度	5.25	7.07	6.47	17.63	36.42	5.52	35.67	41.19	7.67	14.72	22.39
	排名	8▲	5▲	6▲	2■	②	7▲	1■	①	4▲	3■	③
沧州	障碍度	3.73	7.61	4.85	17.69	33.88	13.76	36.57	50.33	8.72	7.06	15.78
	排名	8★	5▲	7★	2■	②	3■	1■	①	4▲	6▲	③
廊坊	障碍度	7.99	7.56	4.22	16.58	36.35	10.81	36.85	47.66	4.75	11.25	16.00
	排名	5▲	6▲	8★	2■	②	4■	1■	①	7★	3■	③
衡水	障碍度	6.92	6.96	2.30	16.23	32.41	13.05	35.01	48.06	7.05	12.49	19.54
	排名	7▲	6▲	8★	2■	②	3■	1■	①	5▲	4■	③

注：表中“■、▲、★”分别表示重点障碍因子、一般障碍因子、轻度障碍因子。

（1）“人力资本”（B_{11}）。如表 3-15 和图 3-15(a)所示，人力资本在北京市和天津市的时间加权障碍度分别约为 22.09%和 10.88%，为重点障碍因子；在石家庄市、邯郸市、邢台市和沧州市分别约为 4.47%、4.36%、4.25%和 3.73%，为轻度障碍因子；在其他 7 市均为一般障碍因子。这与北京市和天津市的教育发展程度较高有关，使其地方财政教育支出的增长速度较为缓慢，而且北京市和天津市作为直辖市，地方财政支出总额较大，且年均增长速度分别约为 12.69%和 6.98%，均快于其地方财政教育支出分别约为 8.55%和 3.44%的增速，使得两市的人力资本对供给侧改革的阻碍作用更为凸显。

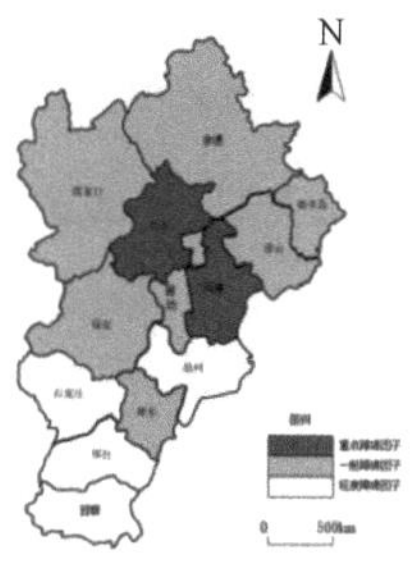

(a) 人力资本

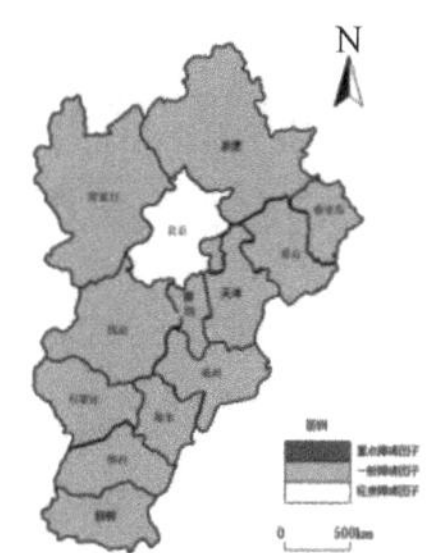

(b) 第二产业固定资产投资效益

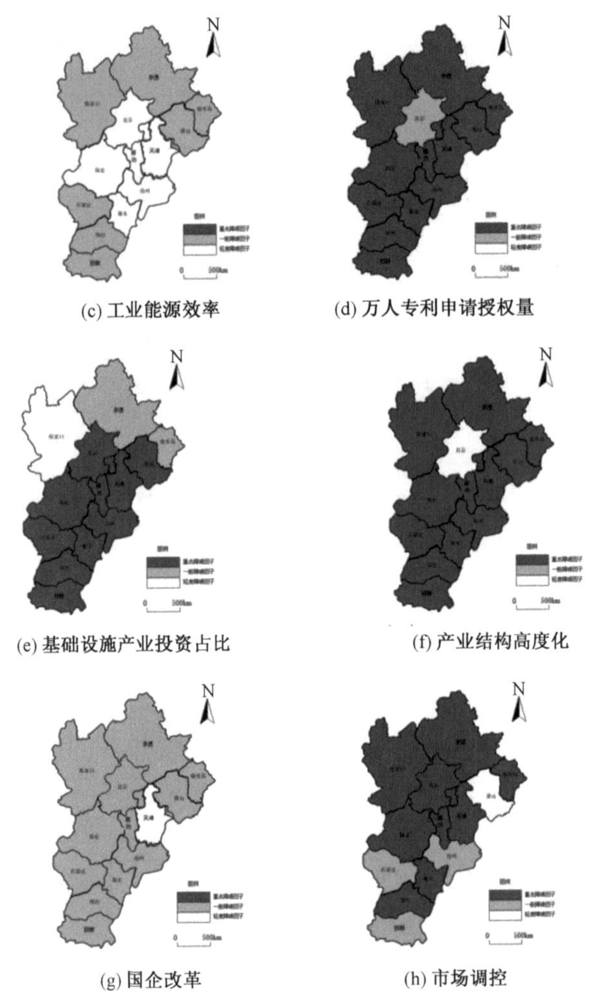

(c) 工业能源效率　(d) 万人专利申请授权量

(e) 基础设施产业投资占比　(f) 产业结构高度化

(g) 国企改革　(h) 市场调控

图 3-15　京津冀供给侧改革障碍因素空间格局

(2)“第二产业固定资产投资效益”(B_{12})。如表 3-15 和图 3-15(b)所示,第二产业固定资产投资效益除了在北京市为轻度障碍因子(时间加权障碍度约为 3.38%)外,在其他 12 个市均为一般障碍因子。由于北京市早已进入后工业化时期,第三产业的比重大于第二产业,再加上“疏解北京非首都功能”理念的提出,使北京市开始将相对低端的产业疏解出去,逐步转向高精尖产业体系,这使得北京市的第二产业被进一步压缩,导致其第二产业固定资产投资额较小,且以年均约 4.58%的速度下降,从而其第二产业固定资产投资效益较好;而另外 12 市中除了天津市在 2015 年第三产业比重超过第二产业外,河北省 11 市均处于工业化中期向后期转化的过程中，第二产业固定资产投资额较大，而且承接了部分转移产业，使得其第二产业固定资产投资效益相对较小。

(3)“工业能源效率”(B_{13})。如表 3-15 和图 3-15(c)所示，工业能源效率的时间加权障碍度在石家庄市、唐山市、秦皇岛市、邯郸市、邢台市、张家口市、承德市均介于 5%和 10%之间，为一般障碍因子；在北京市、天津市、保定市、沧州市、廊坊市和衡水市均小于 5%，为轻度障碍因子。石家庄市、唐山市、邯郸市和邢台市主要是由于当地工业基础深厚，对能源依赖性较强，如唐山市和邯郸市的工业增加值在全部生产总值中的比重均超过 50%；而秦皇岛市、张家口市和承德市则由于城市功能定位的原因，工业化进程较缓，导致对能源的利用效率较低。

(4)“万人专利申请授权量”(B_{14})。如表 3-15 和图 3-15(d)所示，万人专利申请授权量除了在北京市为一般障碍因子(时间加权障碍度约为 6. 21%)外，在另外 12 个市均为重点障碍因子。北京市作为全国的科技创新中心，十分重视科技的发展与创新能力的提高，而且其本身对于高素质人才也具有极强的吸引力，使得其万人专利申请授权量以年均约 40. 82 件/万人的水平遥遥领先于另外 12 市，由此可知另外 12 市在技术创新和人才培养与引进等方面仍有较大的进步空间。

(5)“基础设施产业投资占比”(B_{21})。如表 3-15 和图 3-15(e)所示，基础设施产业投资占比在张家口市为轻度障碍因子，时间加权障碍度约为 3. 45%；在秦皇岛市为一般障碍因子，时间加权障碍度约为 7. 92%；在另外 11 个市的时间加权障碍度均大于 10%，为重点障碍因子。由于 2015 年我国申奥成功并将 76 个冬奥项目交由张家口赛场负责，所以张家口市在近年大力建设基础设施，其年均基础设施建设投资占比约为 43. 49%，位于 13 市首位；而秦皇岛市的基础设施建设投资是在 2015 年后开始由降转升，从 2012—2014 年间以年均约为 3. 81%的速度下降转为以年均约 10. 39%的速度上升，这与其近年大力建设“国际滨海休闲之都”和“国际健康城”有关；而其他市在基础设施建设投资方面并没有出现很大的波动。

(6)“产业结构高度化”(B_{22})。如表 3-15 和图 3-15(f)所示，产业结构高度化除了在北京市为轻度障碍因子(时间加权障碍度约为 4%)外，在另外 12 个市均为重点障碍因子。这一方面是由于北京市早已进入后工业化时期，第三产业比重大于第二产业，再加上“非首都功能”产业的大规模转移，导致其第二产业规模被进一步压缩；另一方面由于北京市作为科技创新中心，大力发展高新技术产业，使得其第三产业增加值在研究期间以年均约 7. 62%的速度上升。

(7) “国企改革”(B_{31})。如表 3-15 和图 3-15(g)所示,国企改革的时间加权障碍度在天津市和廊坊市分别约为 0.70%和 4.75%,为轻度障碍因子,在另外 11 市均为一般障碍因子。天津市主要是由于其国企改革力度较大,使其国有经济就业人数几乎逐年递减,年均下降幅度约为 6.55%,再加上天津市在稳定就业方面成效较好,使得城镇国有经济就业人数在城镇就业人数中的占比呈下降趋势;而廊坊市则主要是由于政府对就业问题的重视,使得其城镇就业人数几乎逐年增加,仅在 2017 年,廊坊市的城镇单位就业人员与城镇私营和个体就业人员便分别出现了约为 38.59%和 109.11%的涨幅。

(8) “市场调控”(B_{32})。如表 3-15 和图 3-15(h)所示,市场调控的时间加权障碍度在唐山市约为 2.35%,为轻度障碍因子;在石家庄市、邯郸市和沧州市分别约为 5.98%、8.28%和 7.06%,为一般障碍因子;在其他 9 个市均大于 10%,为重点障碍因子。唐山市作为京津唐工业基地的中心城市,第二产业比重较大的现实情况使得其对当地国内生产总值的拉动效应明显,导致地方财政支出与国内生产总值之比较小,市场调控在研究期间年均水平约为 90.46%,居于 13 市首位。

3.3 京津冀供给侧改革区域协同障碍因素的双重异质性分析

根据公式(3-9)、(3-1)和(3-2),可分别得到 2012—2018 年京津冀 13 市供给侧改革区域协同的个体时点障碍度;根据公式(3-3)、(3-4),可得到京津冀供给侧改革区域协同的总体时点障碍度;同样取“时间度” $\tau = 0.3$,根据公式(3-5)和(3-6),可分别得到京津冀 13 市供给侧改革区域协同的个体时间加权障碍度;根据公式(3-7)和(3-8),可得到京津冀供给侧改革区域协同的总体时间加权障碍度,如表 3-16~表 3-30 所示。

3.3.1 时间异质性分析

由表 3-16、图 3-16 可知,虽然“万人专利申请授权量”(B_{14})障碍度以年均约 1.45%的速度下降,但是由于“人力资本”(B_{11})、“第二产业固定资产投资效益”(B_{12})和“工业能源效率”(B_{13})的障碍度均呈上升趋势,其年均上升速度分别约为 8.37%、11.91%和 4.26%,所以使得京津冀“要素供给”(B_1)障碍度以年均约 2.24%的速度上升;“产业供给”(B_2)障碍度在整体上呈现下降趋势,年均下降速度约为 1.50%,这主要由于其内部指标“基础设施产业投资占比”(B_{21})和“产业结构高度化”(B_{22})的障碍度分别以年均约 1.28%和 1.18%的速度下降;“制度供给”

(B_3)障碍度则与其内部指标“国企改革”(B_{31})障碍度的变化趋势基本保持一致,但是由于“市场调控”(B_{32})障碍度在 2018 年出现了约为 41.75%的涨幅,使得 B_3 的障碍度在当年的降幅较小。

表 3-16　2012—2018 年京津冀供给侧改革区域协同障碍度

指标		2012	2013	2014	2015	2016	2017	2018	次数	频率(%)	时间加权	排名
B_1	B_{11}	3.62	3.26	3.43	3.63	4.03	4.25	3.88	0	0	3.87	8
	B_{12}	6.71	7.63	7.86	7.88	8.74	7.96	10.51	1	14.29	8.78	5
	B_{13}	6.87	7.03	7.17	7.04	7.11	7.43	7.47	0	0	7.27	6
	B_{14}	25.35	24.33	24.63	22.86	22.82	22.98	21.43	7	100	22.79	2
	合计	42.55	42.25	43.09	41.41	42.70	42.62	43.29	—		42.71	1
B_2	B_{21}	13.83	14.07	14.29	12.96	12.34	11.83	13.46	7	100	12.98	3
	B_{22}	29.18	28.83	28.3	27.58	26.96	28.42	27.34	7	100	27.80	1
	合计	43.01	42.90	42.59	40.54	39.30	40.25	40.80	—		40.78	2
B_3	B_{31}	10.68	10.97	10.07	13.44	13.55	11.94	9.37	6	85.71	11.31	4
	B_{32}	3.75	3.87	4.25	4.61	4.45	5.18	6.55	0	0	5.20	7
	合计	14.43	14.84	14.32	18.05	18.00	17.12	15.92	—		16.51	3

注:表中字母代表的指标见表 2-1。

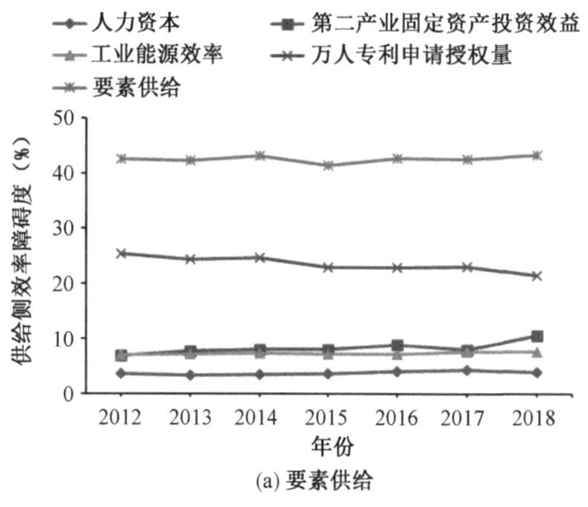

(a) 要素供给

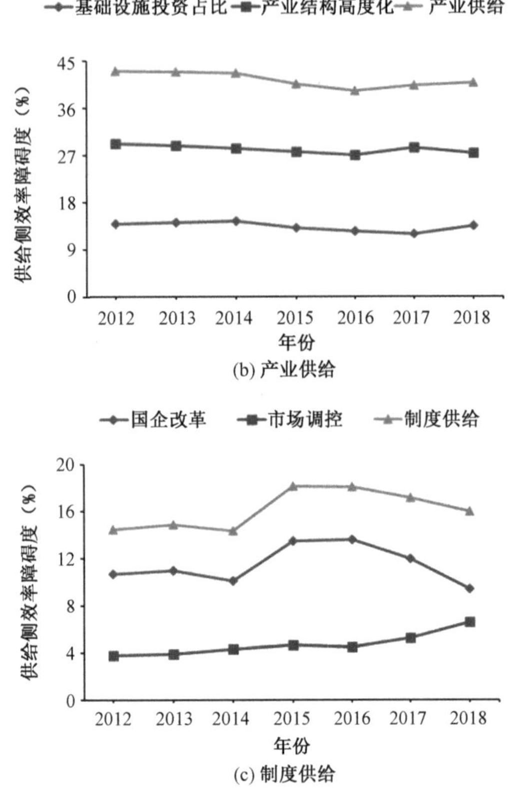

(b) 产业供给

(c) 制度供给

图 3-16 京津冀供给侧改革区域协同各指标障碍度变化

为进一步总结变化规律，依据三级指标障碍度的大小，对每一年各因子的障碍度进行排序，将障碍度最大的前四位数据加粗，并计算各因子在研究期间位于前四位的频率。按照出现频率高低排名来看，“万人专利申请授权量”（B_{14}）、“基础设施产业投资占比”（B_{21}）和“产业结构高度化”（B_{22}）在 2012—2018 年排名均位于前四，出现频率均为 100%；“国企改革”（B_{31}）在 2012—2017 年位于前四位，出现频率约为 85.71%；而“第二产业固定资产投资效益”（B_{12}）仅在 2018 年位于第四位，出现频率约为 14.29%；“人力资本”（B_{11}）、“工业能源效率”（B_{13}）和“市场调控”（B_{32}）则在研究期间排名均未进入前四，出现频率均为 0%。分析排名位于前四位的因子出现变动的原因可知，2018 年北京市、秦皇岛市和张家口市的第二产业固定资产投资效益分别出现了约为 77.34%、22.15% 和 285.37% 的涨幅，与其他市之间的差距显著扩大。

同样地，考虑到“时代性”，进一步考察时间加权障碍度。根据时间加权障碍度对障碍因子的类型进行界定,将时间加权障碍度≥10%、≥5%、<5%的指标分别界定为重点障碍因子、一般障碍因子和轻度障碍因子。如表 3-16 所示,“产业结构高度化”(B_{22})、“万人专利申请授权量”(B_{14})、“基础设施产业投资占比”(B_{21})和“国企改革”(B_{31})的时间加权障碍度分别约为 27. 80%、22. 79%、12. 98%和 11. 31%,为重点障碍因子;“第二产业固定资产投资效益”(B_{12})、“工业能源效率”(B_{13})和“市场调控”(B_{32})的时间加权障碍度分别约为 8. 78%、7. 27%和 5. 20%,为一般障碍因子;“人力资本”(B_{11})的时间加权障碍度约为 3. 87%,为轻度障碍因子。将各指标的时间加权障碍度排名与按照出现频率高低所得的排名进行比较,可以发现两种排名基本上保持一致,可见对京津冀整体供给侧改革区域协同产生阻碍作用的因子在研究期间较为稳定。由于北京市作为全国的政治中心和科技创新中心,在创新发展与稳定就业等方面能力较强,再加上其工业化发展程度高,使得京津冀地区在以上指标之间的差异始终较大;而在基础设施建设投资方面,研究期间,张家口市的基础设施产业投资占比年均约为 43. 49%,遥遥领先于其他 12 市,主要与我国申奥成功并将张家口市设为比赛场地之一有关。

3. 3. 2　空间异质性分析

同样,在对京津冀供给侧改革区域协同障碍因素进行时间异质性分析的基础上,考虑京津冀经济发展的不平衡性,进一步探讨京津冀供给侧改革区域协同障碍因素的空间异质性。

3. 3. 2. 1　北京市供给侧改革区域协同障碍因素分析

(1) 时点障碍度

由表 3-17、图 3-17 可知,北京市“要素供给”(B_1)障碍度与其内部指标“第二产业固定资产投资效益”(B_{12})障碍度的变动趋势基本保持一致,分别以年均约 1. 69%和 8. 93%的速度上升,虽然“万人专利申请授权量”(B_{14})障碍度在整体上呈现下降趋势,但由于其年均下降速度较慢,约为 1. 47%,所以对 B_1 障碍度的影响不大;“产业供给”(B_2)障碍度在整体上呈现下降趋势,年均下降速度约为 1. 10%,这是由于其内部指标“基础设施产业投资占比”(B_{21})和“产业结构高度化”(B_{22})的障碍度分别以年均约 0. 80%和 1. 07%的速度下降;“制度供给”(B_3)障碍度则由于其内部指标“国企改革”(B_{31})和“市场调控”(B_{32})的障碍度分别以年均约 0. 28%和 2. 26%的速度上升而整体呈上升趋势,年均上升速度约为 0. 57%。

表 3-17　2012—2018 年北京市供给侧改革区域协同障碍度

指标		2012	2013	2014	2015	2016	2017	2018	次数	频率（%）	时间加权	排名
B_1	B_{11}	3.02	2.29	2.07	3.03	3.80	4.03	3.36	0	0	3.35	7
	B_{12}	6.11	8.25	9.42	7.86	9.01	9.03	9.58	7	100	8.92	3
	B_{13}	4.04	4.86	4.95	4.78	4.87	4.90	5.84	0	0	5.14	6
	B_{14}	22.68	22.56	22.79	21.96	21.65	21.45	20.74	7	100	21.56	2
	合计	35.85	37.96	39.23	37.63	39.33	39.41	39.52	—		38.97	2
B_2	B_{21}	7.18	6.39	6.92	6.07	5.45	5.95	6.62	0	0	6.25	5
	B_{22}	45.25	44.85	44.67	44.25	43.20	42.73	42.42	7	100	43.29	1
	合计	52.43	51.24	51.59	50.32	48.65	48.68	49.04	—		49.54	1
B_3	B_{31}	9.16	8.23	6.66	8.91	8.62	8.58	8.65	7	100	8.49	4
	B_{32}	2.55	2.56	2.51	3.14	3.40	3.33	2.79	0	0	3.00	8
	合计	11.71	10.79	9.17	12.05	12.02	11.91	11.44	—		11.49	3

注：表中字母代表的指标见表 2-1。

按照出现频率高低排名来看，“第二产业固定资产投资效益”（B_{12}）、“万人专利申请授权量”（B_{14}）、“产业结构高度化”（B_{22}）和“国企改革”（B_{31}）在 2012—2018 年排名均位于前四，出现频率均为 100%；“人力资本”（B_{11}）、“工业能源效率”（B_{13}）、“基础设施产业投资占比”（B_{21}）和“市场调控”（B_{32}）在研究期间排名未进入前四，出现频率均为 0%。

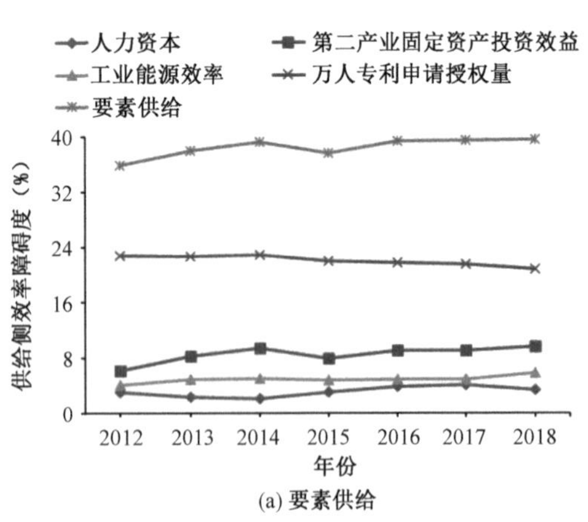

(a) 要素供给

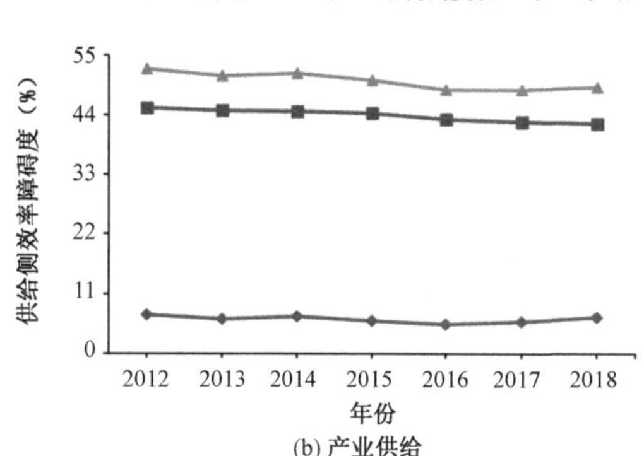

(b) 产业供给

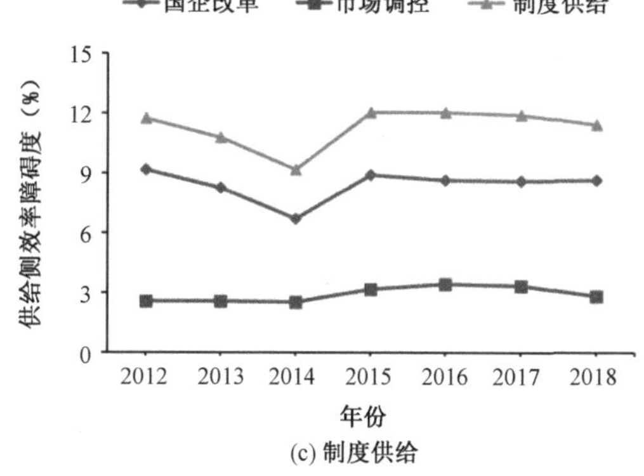

(c) 制度供给

图 3-17　北京市供给侧改革区域协同各指标障碍度变化

（2）时间加权障碍度

从时间加权障碍度进一步考察可知，各因子的时间加权障碍度排名与按照出现频率高低所得的排名基本上保持一致，可见北京市供给侧改革区域协同的障碍因子在研究期间较为稳定。究其原因，北京市作为科技创新中心，年均万人专利申请授权量约为 40.82 件/万人，遥遥领先于另外 12 市；而且北京市已经处于后工业化时期，其工业化发展程度较高，再加上近年“非首都功能”产业的外移，使得其第二产业固定资产投资效益和产业结构高度化同样位于 13 市之首，年均水平分别约为 34.18%和 444.21%；除此之外，作为全国政治中心，北京市在稳定就业方面成效较好，使得城镇国有经济就业人数在城镇就业人数中的占比与其他市之间始终存在一定差距。

3.3.2.2 天津市供给侧改革区域协同障碍因素分析

(1) 时点障碍度

由表3-18、图3-18可知,天津市"要素供给"(B_1)障碍度在2017年以前主要受"人力资本"(B_{11})、"第二产业固定资产投资效益"(B_{12})障碍度的影响,整体呈上升趋势,在这一时期虽然"工业能源效率"(B_{13})和"万人专利申请授权量"(B_{14})的障碍度分别以年均约0.02%和3.20%的速度下降,但是由于B_{11}、B_{12}障碍度的年均上升速度分别约为14.25%和15.99%,而使B_1的障碍度以年均约1.19%的速度上升;"产业供给"(B_2)障碍度在整体上呈现下降趋势,年均下降速度约为1.55%,这主要是其内部指标"基础设施产业投资占比"(B_{21})和"产业结构高度化"(B_{22})的障碍度分别以年均约0.31%和1.92%的速度下降所致;"制度供给"(B_3)障碍度则由于"国企改革"(B_{31})和"市场调控"(B_{32})的障碍度分别以年均约1.99%和11.70%的速度上升而同样呈现上升趋势,年均上升速度约为3.45%。

表3-18 2012—2018年天津市供给侧改革区域协同障碍度

指标		2012	2013	2014	2015	2016	2017	2018	次数	频率(%)	时间加权	排名
B_1	B_{11}	3.96	2.54	2.59	3.71	5.50	6.25	3.87	0	0	4.46	7
	B_{12}	5.18	5.34	5.75	5.94	7.58	10.48	10.39	1	14.29	8.51	5
	B_{13}	5.89	6.33	6.25	6.15	6.15	5.86	5.92	0	0	6.02	6
	B_{14}	31.42	32.75	31.85	29.22	27.89	26.59	25.34	7	100	27.75	1
	合计	46.45	46.96	46.44	45.02	47.12	49.18	45.52	—		46.74	1
B_2	B_{21}	11.75	11.29	11.50	10.22	9.31	8.83	11.07	6	85.71	10.27	4
	B_{22}	21.95	22.61	21.68	21.25	20.64	20.27	19.50	7	100	20.54	2
	合计	33.70	33.90	33.18	31.47	29.95	29.10	30.57	—		30.81	2
B_3	B_{31}	17.11	16.12	17.10	20.14	19.73	18.16	18.86	7	7	18.60	3
	B_{32}	2.72	3.01	3.28	3.37	3.21	3.58	5.05	0	0	3.85	8
	合计	19.83	19.13	20.38	23.51	22.94	21.74	23.91	—		22.45	3

注:表中字母代表的指标见表2-1。

按照出现频率高低排名来看,"万人专利申请授权量"(B_{14})、"产业结构高度化"(B_{22})和"国企改革"(B_{31})在2012—2018年排名均位于前四,出现频率均为

100%；“基础设施产业投资占比”（B_{21}）除了在 2017 年降至第五位以外，在其他年份均位于前四，出现频率约为 85.71%；“第二产业固定资产投资效益”（B_{12}）仅在 2017 年进入前四，出现频率约为 14.29%；而“人力资本”（B_{11}）、“工业能源效率”（B_{13}）和“市场调控”（B_{32}）在研究期间出现频率均为 0%。分析排名前四位的障碍因子发生变化的原因可知，在 2017 年，天津市的第二产业增加值增加额出现了约为 86.87%的降幅，使得其第二产业固定资产投资效益在当年便降至约 1.22%的水平，进一步拉大了与其他市之间的差距，使得第二产业固定资产投资效益在 2018 年对天津市供给侧改革区域协同的阻碍作用凸显。

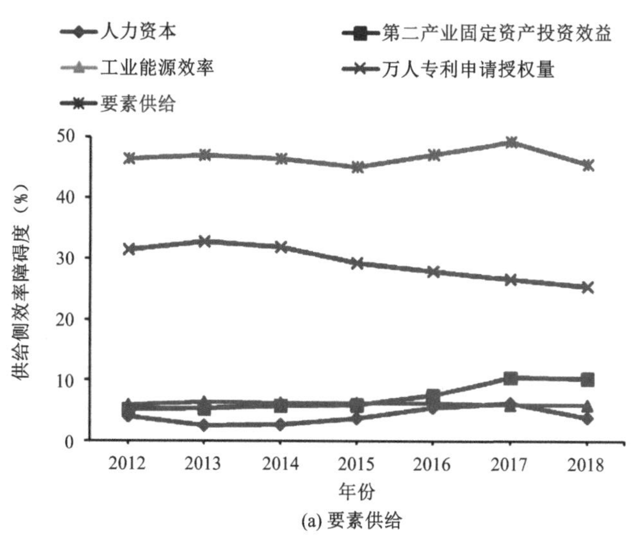

(a) 要素供给

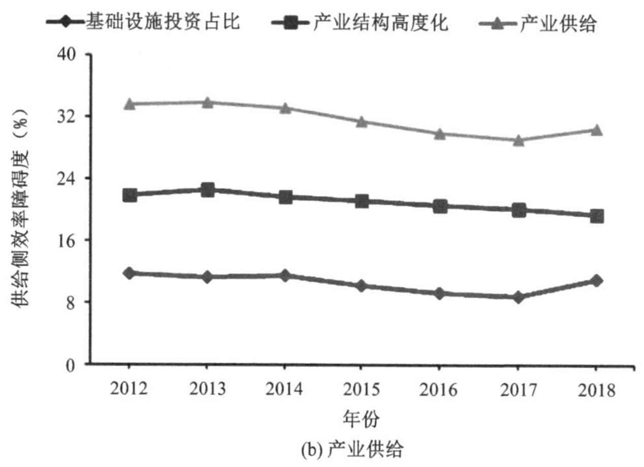

(b) 产业供给

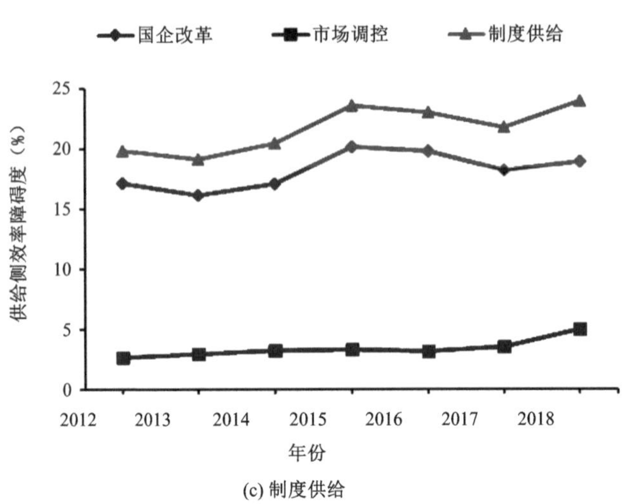

(c) 制度供给

图 3-18　天津市供给侧改革区域协同各指标障碍度变化

(2) 时间加权障碍度

从时间加权障碍度进一步考察可知，各指标的时间加权障碍度排名与按照出现频率高低所得的排名基本上保持一致，虽然排名前四的障碍因子发生过变化，但由于发生变动的障碍因子本身障碍度不大，所以对时间加权障碍度的影响作用有限。由于天津市在控制失业方面效果较好，使得在研究期间其城镇国有经济就业人数在城镇就业人数中的占比年均增长仅约为 11.49%；作为直辖市的天津市对于创新同样较为重视，在研究期间，年均万人专利申请授权量约为 22.83 件，领先于河北省 11 个地级市，但与北京市约为 40.82 件/万人的水平仍有较大差距；除此之外，天津市也需进一步优化产业结构，大力发展高新技术产业和现代化服务业，进一步完善基础设施建设，从而缩小差距，更好地促进其供给侧改革区域协同指数的提高。

3.3.2.3　石家庄市供给侧改革区域协同障碍因素分析

(1) 时点障碍度

由表 3-19、图 3-19 可知，石家庄市“要素供给”(B_1)障碍度受其内部指标的障碍度均呈波动上升趋势的影响，在整体上以年均约 0.09% 的速度同样呈现波动上升的趋势，具体就“人力资本”(B_{11})、“第二产业固定资产投资效益”(B_{12})、“工业能源效率”(B_{13})和“万人专利申请授权量”(B_{14})来看，其障碍度的年均上升速度分别约为 3.55%、3.79%、3.09%和 0.46%；"产业供给"(B_2)障碍度与"基础设施产业投资占比"(B_{21})和"产业结构高度化"(B_{22})障碍度的变动趋势基本上均保持一致，在 2014 年以前分别以年均约 3.95%、1.44%和 5.34%的速度上升，在 2015—2016 年分别以年均约 8.64%、14.29%和 6.13%的速度下降，随后又分别以年均约 13.79%、24.25%和 10.10%的速度上升；"制度供给"(B_3)障碍度则与其内部指标"国企改革"(B_{31})障碍度的变动趋势基本上保持一致，在 2014 年以前分别以年均约 6.36%和 11.72%的速度下降，随后两年分别以年均约 21.78%和 31.47% 的速度上升，在 2017 年后再次分别以年均约 24.37%和 35.60%的速度上升，虽然"市场调控"(B_{32})障碍度以年均约 5.28%的速度上升，但是由于其障碍度较小，所以对"制度供给"(B_3)障碍度的影响有限。

表 3-19　2012—2018 年石家庄市供给侧改革区域协同障碍度

指标		2012	2013	2014	2015	2016	2017	2018	次数	频率(%)	时间加权	排名
B_1	B_{11}	3.59	4.48	4.40	3.09	3.85	3.67	3.97	0	0	3.83	8
	B_{12}	12.34	13.57	9.39	10.97	12.35	6.40	10.39	4	57.14	10.08	5
	B_{13}	6.54	6.68	7.20	6.54	6.27	7.57	7.66	0	0	7.14	6
	B_{14}	22.98	21.53	23.94	21.22	21.31	23.43	23.17	7	100	22.66	2
	合计	45.45	46.26	44.93	41.82	43.78	41.07	45.19	—		43.71	1
B_2	B_{21}	11.90	12.72	12.21	10.60	8.97	9.78	13.64	5	71.43	11.42	4
	B_{22}	23.76	24.02	26.32	24.65	23.19	27.14	28.00	7	100	26.07	1
	合计	35.66	36.74	38.53	35.25	32.16	36.92	41.64	—		37.49	2
B_3	B_{31}	14.29	12.27	11.13	17.10	18.69	15.71	7.03	5	71.43	13.01	3
	B_{32}	4.60	4.73	5.41	5.83	5.37	6.30	6.13	0	0	5.80	7
	合计	18.89	17.00	16.54	22.93	24.06	22.01	13.16	—		18.81	3

注：表中字母代表的指标见表 2-1。

按照出现频率高低排名来看，"万人专利申请授权量"(B_{14})、"产业结构高度化"(B_{22})在 2012—2018 年排名均位于前四，出现频率均为 100%；"基础设施产业投资占比"(B_{21})除了在 2015—2016 年排名降至第五外，在其他年份排名均位于前四，出现频率约为 71.43%；"国企改革"(B_{31})分别在 2012 年和 2014—2017 年间位于前四位，出现频率约为 71.43%；"第二产业固定资产投资效益"(B_{12})的障碍度则波动较为频繁，分别在 2013 年、2015—2016 年和 2018 年排名位于前四，出现频率约为 57.14%；“人力资本”(B_{11})、“工业能源效率”(B_{13})和“市场调控”(B_{32})在研究期间排名均未进入前四，出现频率均为 0%。

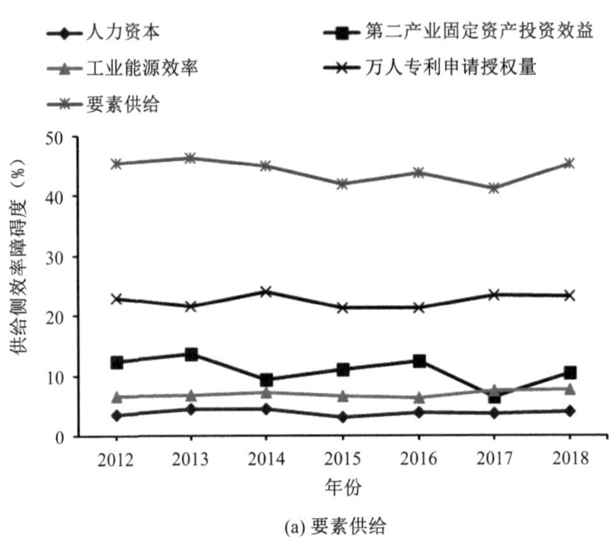

(a) 要素供给

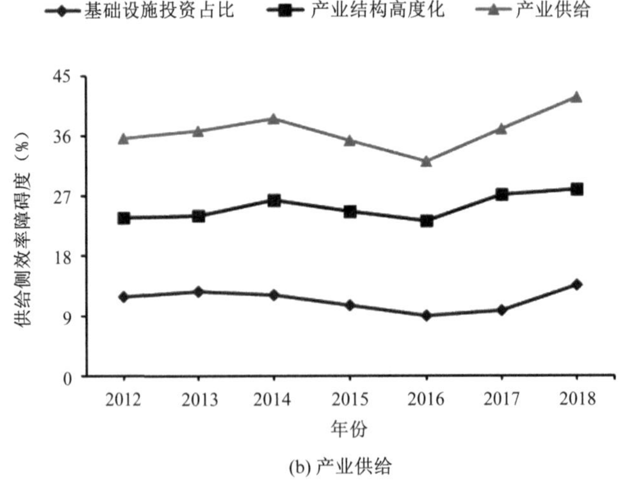

(b) 产业供给

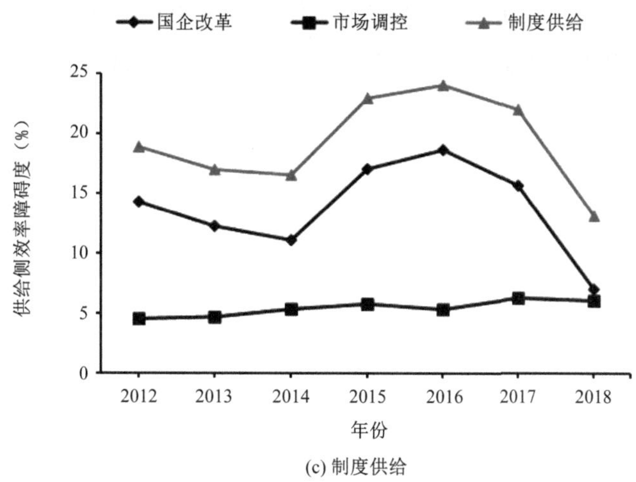

(c) 制度供给

图 3-19　石家庄市供给侧改革区域协同各指标障碍度变化

(2) 时间加权障碍度

从时间加权障碍度进一步考察可知,各指标的时间加权障碍度排名与按照出现频率高低所得的排名基本上保持一致,虽然排名前四的障碍因子在研究期间发生过变化,但由于排名变动的因子的障碍度之间差距不大,所以对时间加权障碍度排名的影响有限,不过基础设施产业投资占比障碍度在后期有增加趋势,对其时间加权障碍度产生了一定的影响。究其原因,虽然石家庄市 2017 年后基础设施产业投资占比增速加快,年均增长速度约为 25.93%,但是天津市的基础设施产业投资占比在 2017 年后出现了年均约 45.11%的降幅,而且原本增速较快的张家口市的基础设施产业投资占比在此期间又出现了增速加快的情况,年均增长速度上升至约 20.95%,所以使石家庄在基础设施产业投资占比方面与其他市之间的差距存在扩大趋势。

3.3.2.4　唐山市供给侧改革区域协同障碍因素分析

(1) 时点障碍度

由表 3-20、图 3-20 可知,唐山市"要素供给"(B_1)障碍度在 2012—2018 年以年均约 1.38%的速度下降,虽然"人力资本"(B_{11})、"第二产业固定资产投资效益"(B_{12})和"工业能源效率"(B_{13})的障碍度分别以年均约 1.54%、3.64%和 0.53%的速度上升,但是由于"万人专利申请授权量"(B_{14})障碍度在整体上以年均约

3.69%的速度下降,使得 B_1 的障碍度在整体上呈现小幅下降的趋势;“产业供给”(B_2)障碍度在整体上呈上升趋势,年均上升速度约为 1.06%,这主要由于其内部指标“基础设施产业投资占比”(B_{21})和“产业结构高度化”(B_{22})的障碍度分别以年均约 4.35%和 0.33%的速度上升;“制度供给”(B_3)障碍度在整体上与其内部指标“国企改革”(B_{31})障碍度的变化趋势相似,但是由于“市场调控”(B_{32})障碍度以年均约 6.42%的速度上升,所以使 B_3 的障碍度整体呈现小幅上升的趋势,年均上升速度约为 1.63%。

表 3-20　2012—2018 年唐山市供给侧改革区域协同障碍度

指标		2012	2013	2014	2015	2016	2017	2018	次数	频率(%)	时间加权	排名
B_1	B_{11}	3.39	2.86	3.97	3.75	3.73	3.66	3.44	0	0	3.58	8
	B_{12}	9.61	9.84	7.03	7.55	8.53	7.58	10.52	2	28.57	8.82	6
	B_{13}	8.66	8.45	8.53	8.39	8.61	9.47	8.87	0	0	8.84	5
	B_{14}	22.36	21.34	22.43	19.59	19.68	20.17	17.55	7	100	19.57	2
	合计	44.02	42.49	41.96	39.28	40.55	40.88	40.38	—		40.81	2
B_2	B_{21}	12.37	14.06	13.79	12.78	12.78	10.25	14.50	7	100	12.89	3
	B_{22}	27.65	27.68	28.10	28.09	27.42	29.95	28.02	7	100	28.33	1
	合计	40.02	41.74	41.89	40.87	40.20	40.20	42.52	—		41.22	1
B_3	B_{31}	9.62	9.01	9.05	11.69	11.58	10.20	8.01	5	71.43	9.72	4
	B_{32}	6.35	6.75	7.11	8.17	7.66	8.72	9.10	0	0	8.24	7
	合计	15.97	15.76	16.16	19.86	19.24	18.92	17.11	—		17.96	3

注:表中字母代表的指标见表 2-1。

按照出现频率高低排名来看,“万人专利申请授权量”(B_{14})、“基础设施产业投资占比”(B_{21})和“产业结构高度化”(B_{22})在 2012—2018 年排名均位于前四,出现频率均为 100%;“国企改革”(B_{31})除了在 2013 年和 2018 年排名退出前四位以外,在其他年份均位于第四位,出现频率约为 71.43%;“第二产业固定资产投资效益”(B_{12})仅在 2013 年和 2018 年进入前四位,出现频率约为 28.57%;而“人力资本”(B_{11})、“工业能源效率”(B_{13})和“市场调控”(B_{32})在研究期间排名均未进入前四,出现频率均为 0%。

(2) 时间加权障碍度

从时间加权障碍度进一步考察可知,出现频率为 0%的“工业能源效率”(B_{13})的时间加权障碍度排名超过了出现频率约为 28.57%的“第二产业固定资产投资效益”(B_{12}),位于第五位。分析原因可知,由于河北省“6643”工程以及生态文明建设的要求,使得唐山市的第二产业增加值增加额在 2013 年出现了约为 42.85%的降幅,在 2014 年便使第二产业固定资产投资效益降至约 8.86%的水平,与其他市之间的差异缩小,在之后年间虽然该因子的障碍度偶有回升,但是对时间加权障碍度的影响较小;而 B_{13} 的障碍度在研究期间始终稳定在 9%左右,从而使得其时间加权障碍度略大于 B_{12}。

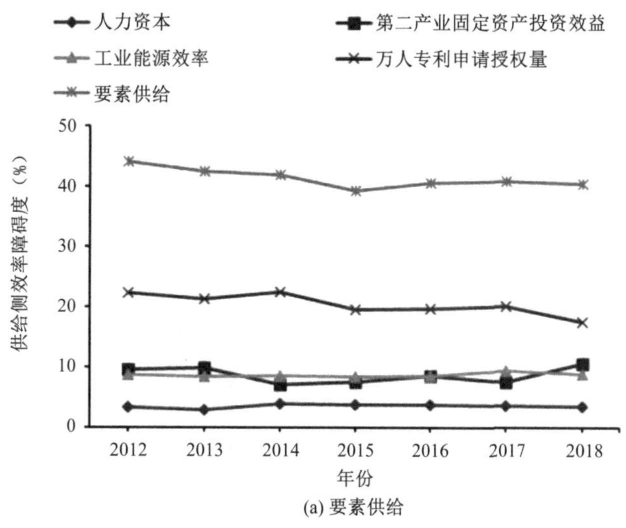

(a) 要素供给

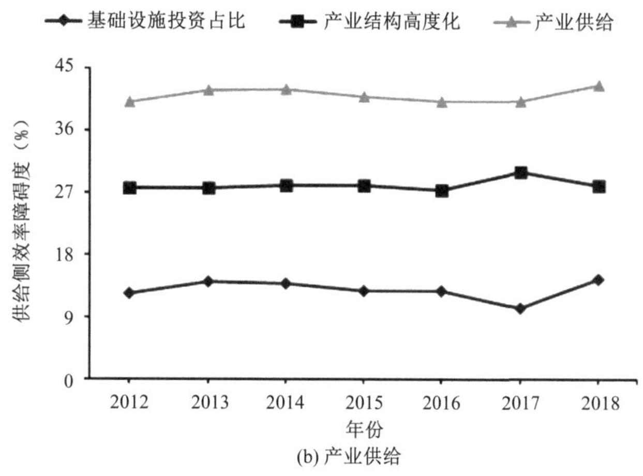

(b) 产业供给

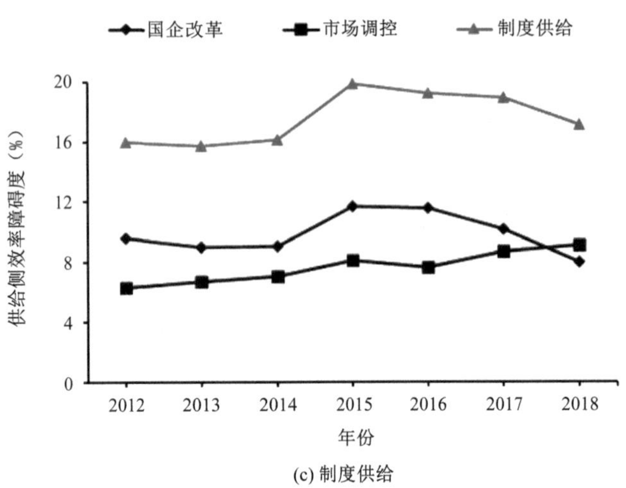

(c) 制度供给

图 3-20　唐山市供给侧改革区域协同各指标障碍度变化

3.3.2.5　秦皇岛市供给侧改革区域协同障碍因素分析

（1）时点障碍度

由表 3-21、图 3-21 可知，秦皇岛市“要素供给”(B_1)障碍度以年均约 1.03%的速度上升，虽然“人力资本”(B_{11})和“万人专利申请授权量”(B_{14})的障碍度分别以年均约 5.51%和 2.76%的速度下降，但由于“第二产业固定资产投资效益”(B_{12})和“工业能源效率”(B_{13})的障碍度分别以年均约 14.89%和 1.99%的速度上升，所以使 B_1 的障碍度在整体上呈现小幅上升的趋势；“产业供给”(B_2)障碍度在整体上以年均约 1.03%的速度下降，这与其内部指标“基础设施产业投资占比”(B_{21})和“产业结构高度化”(B_{22})的障碍度分别以年均约 0.10%和 1.17%的速度下降有关；“制度供给”(B_3)障碍度则与其内部指标“国企改革”(B_{31})障碍度的变动趋势几乎保持一致，但由于“市场调控”(B_{32})障碍度在 2018 年出现了约为 47.68%的涨幅，使得 B_3 的障碍度在当年同样以约为 5.19%的速度上升，在研究期间其年均上升速度约为 2.53%。

表 3-21　2012—2018 年秦皇岛市供给侧改革区域协同障碍度

指标		2012	2013	2014	2015	2016	2017	2018	次数	频率（%）	时间加权	排名
B_1	B_{11}	4.05	3.05	2.79	2.56	2.63	2.66	2.78	0	0	2.78	8
	B_{12}	5.87	4.85	6.30	6.90	8.50	11.22	12.58	2	28.57	9.66	4
	B_{13}	5.85	6.04	6.14	5.47	5.43	6.05	6.49	0	0	6.02	6
	B_{14}	21.53	21.66	19.42	23.12	22.63	21.29	17.49	7	100	20.42	2
	合计	37.30	35.60	34.65	38.05	39.19	41.22	39.34	—		38.88	2
B_2	B_{21}	12.29	10.79	10.93	12.00	12.58	12.11	12.04	7	100	11.98	3
	B_{22}	40.49	42.04	41.45	37.31	35.75	36.07	37.46	7	100	37.60	1
	合计	52.78	52.83	52.38	49.31	48.33	48.18	49.50	—		49.58	1
B_3	B_{31}	7.20	9.04	10.15	9.84	9.78	7.58	6.69	5	71.43	8.21	5
	B_{32}	2.71	2.53	2.83	2.79	2.71	3.02	4.46	0	0	3.33	7
	合计	9.91	11.57	12.98	12.63	12.49	10.60	11.15	—		11.54	3

注：表中字母代表的指标见表 2-1。

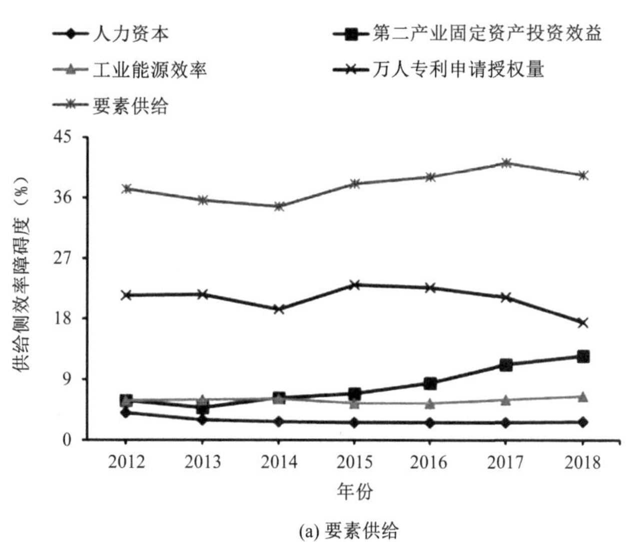

(a) 要素供给

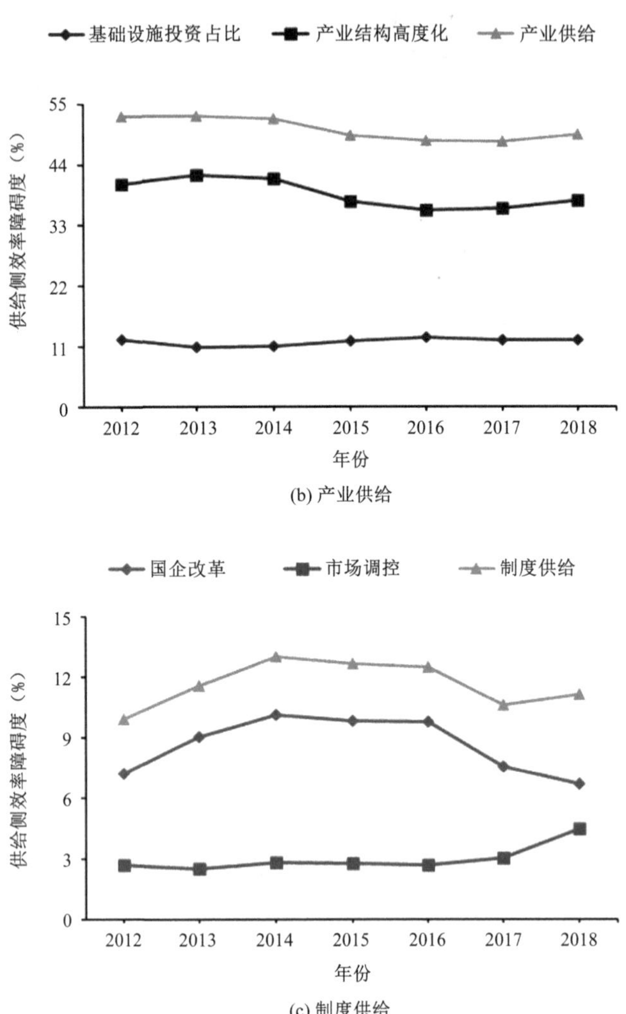

图 3-21　秦皇岛市供给侧改革区域协同各指标障碍度变化

按照出现频率高低排名来看，“万人专利申请授权量”（B_{14}）、“基础设施产业投资占比”（B_{21}）和“产业结构高度化”（B_{22}）在 2012—2018 年排名均位于前四，出现频率均为 100%；“国企改革”（B_{31}）主要在 2016 年以前位于第四位，出现频率约为 71.43%；“第二产业固定资产投资效益”（B_{12}）的障碍度在 2017 年迅速增加，排名开始进入前四位，出现频率约为 28.57%；“人力资本”（B_{11}）、“工业能源效率”（B_{13}）和“市场调控”（B_{32}）在研究期间排名均未进入前四，出现频率均为 0%。分析排名前四的障碍因子发生变动的原因可知，按照环渤海经济圈开发战略的总体要求，地处华北与东北结合部的秦皇岛市经济迎来加速上升时期，在这一过程中，第二产业发挥更大的作用，从 2016 年开始，秦皇岛市第二产业增加值增加额便开始以年均约 20.83%的速度上升，使得 2017 年起秦皇岛市与其他市之间出现较为明显的差距。

（2）时间加权障碍度

从时间加权障碍度进一步考察可知，出现频率仅约 28.57%的“第二产业固定资产投资效益”（B_{12}）的时间加权障碍度排名超过了出现频率约 71.43%的“国企改革”（B_{31}），位于第四位。究其原因，由于近年来秦皇岛市的第二产业增加值增加额出现上升趋势，使得第二产业固定资产投资效益的障碍度在 2014 年便开始呈现上升趋势，年均上升速度约为 21.35%，而国企改革的障碍度则从 2015 年开始以年均约 5.12%的速度下降，从而导致 B_{12} 的时间加权障碍度超过了 B_{31}。

3.3.2.6　邯郸市供给侧改革区域协同障碍因素分析

（1）时点障碍度

由表 3-22、图 3-22 可知，邯郸市“要素供给”（B_1）障碍度与其内部指标“万人专利申请授权量”（B_{14}）障碍度的变动趋势整体上保持一致，在 2015 年以前分别以年均约 4.35%和 9.33%的速度下降，在 2016 年后开始分别以年均约 3.66%和 7.40%的速度上升，虽然“人力资本”（B_{11}）、“工业能源效率”（B_{13}）的障碍度分别以年均约 6.23%和 1.21%的速度下降，“第二产业固定资产投资效益”（B_{12}）障碍度以年均约 10.63%的速度上升，但是由于其障碍度均较小，所以对 B_1 障碍度的影响有限；“产业供给”（B_2）障碍度更多地受其内部指标“产业结构高度化”（B_{22}）障碍度的影响而呈现下降趋势，年均下降速度约为 0.35%，由于“基础设施产业投资占比”（B_{21}）障碍度在研究期间变动较小，整体以年均约 0.32%的速度上升，所以对 B_2 障碍度的影响有限；“制度供给”（B_3）障碍度则由于其内部指标“国企改革”（B_{31}）和“市场调控”（B_{32}）的障碍度分别在整体上以年均约 7.10%和 5.33%的速度上升而同样呈现上升趋势，年均上升速度约为 6%，不过由于 B_{31} 的障碍度较大，所以 B_3 与 B_{31} 障碍度的整体变动情况几乎保持一致。

表 3-22　2012—2018 年邯郸市供给侧改革区域协同障碍度

指标		2012	2013	2014	2015	2016	2017	2018	次数	频率（%）	时间加权	排名
B_1	B_{11}	5.71	5.97	5.61	3.47	3.60	4.13	3.46	0	0	4.07	8
	B_{12}	5.78	7.86	8.99	9.04	8.57	8.59	10.12	0	0	8.98	5
	B_{13}	9.06	8.78	8.48	9.01	8.52	8.93	8.36	0	0	8.66	6
	B_{14}	27.39	24.46	24.93	20.14	25.83	26.89	24.16	7	100	24.80	1
	合计	47.94	47.07	48.01	41.66	46.52	48.54	46.10	—		46.51	1
B_2	B_{21}	13.74	12.53	14.74	13.01	10.36	11.49	13.13	7	100	12.43	4
	B_{22}	24.00	22.63	22.40	24.22	23.11	25.08	23.34	7	100	23.70	2
	合计	37.74	35.16	37.14	37.23	33.47	36.57	36.47	—		36.13	2
B_3	B_{31}	10.25	13.32	10.64	16.57	15.55	10.08	11.93	7	100	12.54	3
	B_{32}	4.08	4.46	4.21	4.53	4.46	4.81	5.50	0	0	4.83	7
	合计	14.33	17.78	14.85	21.10	20.01	14.89	17.43	—		17.37	3

注：表中字母代表的指标见表 2-1。

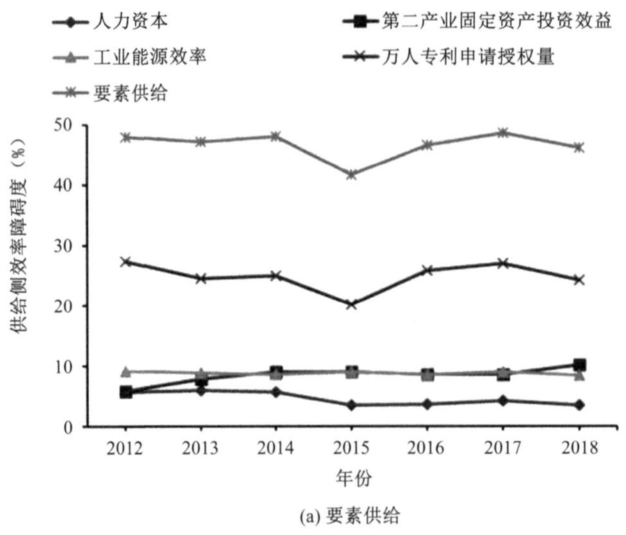

(a) 要素供给

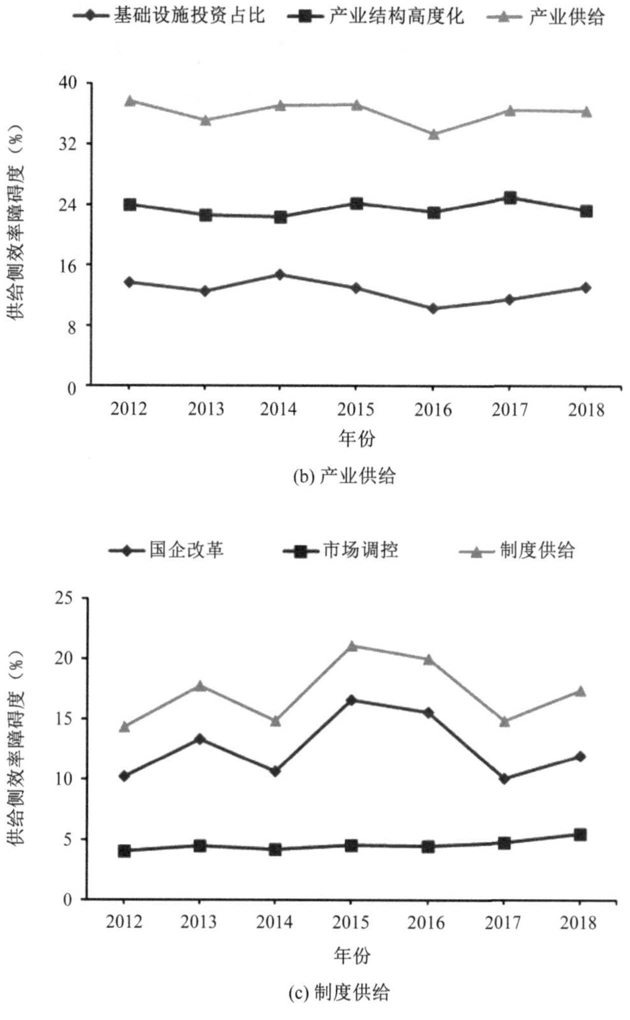

(b) 产业供给

(c) 制度供给

图 3-22　邯郸市供给侧改革区域协同各指标障碍度变化

按照出现频率高低排名来看,“万人专利申请授权量”(B_{14})、“基础设施产业投资占比”(B_{21})、“产业结构高度化”(B_{22})和“国企改革”(B_{31})在 2012—2018 年排名位于前四,出现频率均为 100%;“人力资本”(B_{11})、“第二产业固定资产投资效益”(B_{12})、“工业能源效率”(B_{13})和“市场调控”(B_{32})则在研究期间排名并未进入前四位,出现频率均为 0%。可见阻碍邯郸市供给侧改革区域协同的因子在研究期间较为稳定,究其原因,邯郸市作为北方制造业基地,在科研创新和高素质人才吸引方面能力有限,与其他市之间的差距长期较为明显;而且邯郸市在近年由于受到供给侧结构性改革“去产能”以及“绿色发展”理念的影响,使得许多资源退出“僵尸企业”和高污染企业,在这一过程中不可避免地带来了失业的情况,其城镇就业人数在 2015 年后以年均约 12.20%的速度减少,使得邯郸市的国企改革水平与其他市之间的差距有所扩大。

(2) 时间加权障碍度

从时间加权障碍度进一步考察可知,各指标的时间加权障碍度排名与按照出现频率高低所得的排名基本上保持一致,再次印证邯郸市供给侧改革区域协同障碍因子的稳定性。不过近年邯郸市积极打造全国重要的先进制造业基地,这有助于提升其创新能力并优化其产业结构,也会在一定程度上促进基础设施建设投资以及城镇就业人数的增长,从而使邯郸市供给侧改革区域协同取得更好的成效。

3.3.2.7 邢台市供给侧改革区域协同障碍因素分析

(1) 时点障碍度

由表 3-23、图 3-23 可知,虽然“人力资本”(B_{11})、“第二产业固定资产投资效益”(B_{12})和“工业能源效率”(B_{13})的障碍度均呈上升趋势,其年均上升速度分别约为 4.00%、5.43%和 2.59%,但是由于“万人专利申请授权量”(B_{14})的障碍度在整体上以年均约 3.39%的速度下降,使得“要素供给”(B_1)障碍度以年均约 0.69%的速度下降;“产业供给”(B_2)障碍度在 2016 年以前与其内部指标“基础设施产业投资占比”(B_{21})障碍度的变动趋势较为相似,但是在 2017 年“产业结构高度化”(B_{22})的障碍度出现了约 9.97%的涨幅,使得 B_2 的障碍度也以约 1.19%的速度小幅回升,不过在 2018 年由于 B_{21} 的障碍度又出现了约 11.20%的涨幅,使得 B_2 的障碍度在当年继续保持上升的态势,上升速度约为 2.10%;“制度供给”(B_3)障碍度则与其内部指标“国企改革”(B_{31})障碍度的整体变动趋势相似,不过由于“市场调控”(B_{32})的障碍度在研究期间以年均约 13.13%的速度上升,使得 B_3 的障碍度在整体上也呈现上升趋势,年均上升速度约为 3.43%。

表 3-23 2012—2018 年邢台市供给侧改革区域协同障碍度

指标		2012	2013	2014	2015	2016	2017	2018	次数	频率（%）	时间加权	排名
B_1	B_{11}	3.41	3.54	2.66	3.52	3.73	4.27	3.94	0	0	3.78	8
	B_{12}	7.95	8.95	10.42	9.98	8.40	6.61	9.58	2	28.57	8.73	5
	B_{13}	6.88	6.66	6.45	6.94	7.41	8.05	7.96	0	0	7.52	6
	B_{14}	24.11	22.11	21.40	18.46	20.60	21.96	19.05	7	100	20.49	2
	合计	42.35	41.26	40.93	38.90	40.14	40.89	40.53	—		40.52	2
B_2	B_{21}	15.37	18.69	21.52	18.04	14.77	12.41	13.80	7	100	15.16	3
	B_{22}	29.80	28.11	26.32	27.52	28.90	31.78	31.32	7	100	29.91	1
	合计	45.17	46.80	47.84	45.56	43.67	44.19	45.12	—		45.07	1
B_3	B_{31}	9.51	9.08	8.07	11.59	12.29	10.64	8.42	5	71.43	9.97	4
	B_{32}	2.97	2.86	3.17	3.95	3.90	4.28	5.93	0	0	4.45	7
	合计	12.48	11.94	11.24	15.54	16.19	14.92	14.35	—		14.42	3

注：表中字母代表的指标见表 2-1。

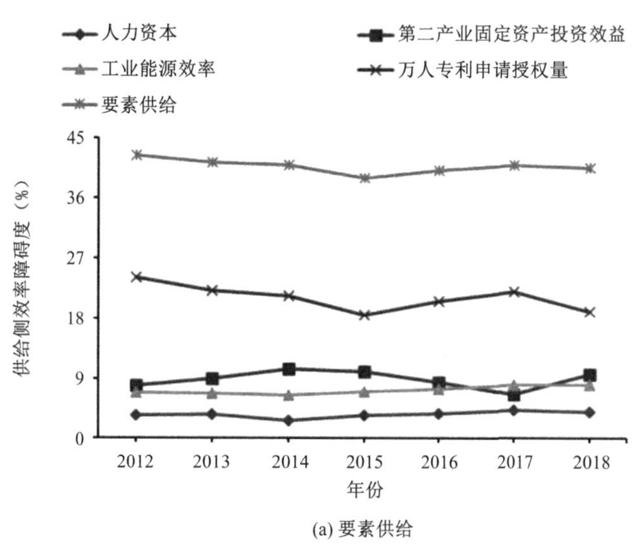

(a) 要素供给

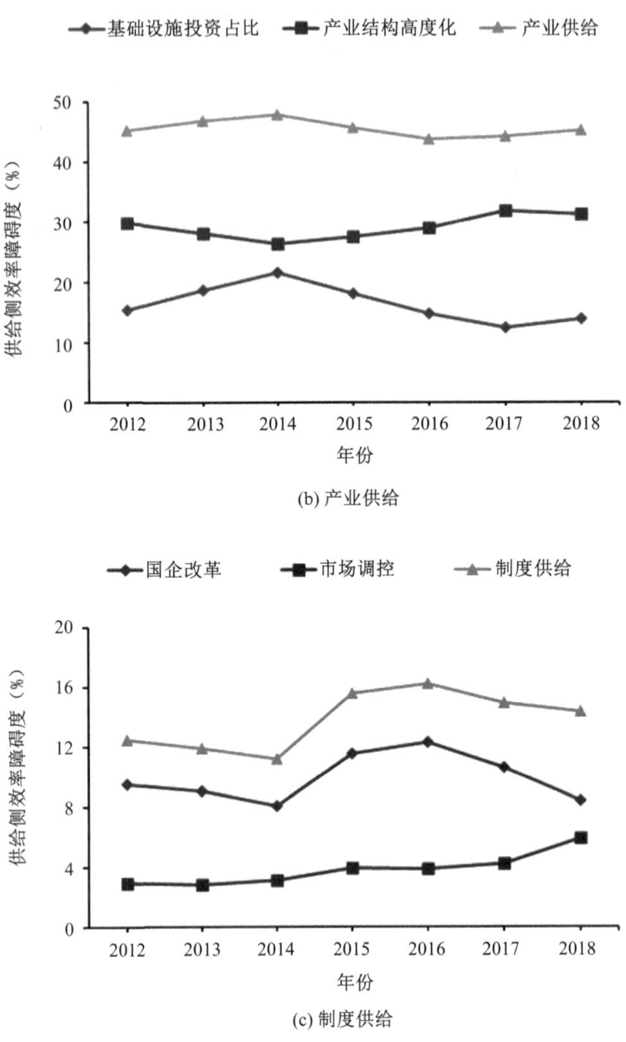

(b) 产业供给

(c) 制度供给

图 3-23　邢台市供给侧改革区域协同各指标障碍度变化

按照出现频率高低排名来看，“万人专利申请授权量”（B_{14}）、“基础设施产业投资占比”（B_{21}）和“产业结构高度化”（B_{22}）在研究期间排名均位于前四，出现频率均为100%；“国企改革”（B_{31}）除了在2014年和2018年其排名降至第五外，在其他年份均位于前四，出现频率约为71.43%；“第二产业固定资产投资效益”（B_{12}）则分别在2014年和2018年位于第四位，出现频率约为28.57%；“人力资本”（B_{11}）、“工业能源效率”（B_{13}）和“市场调控”（B_{32}）在研究期间排名均未进入前四，出现频率均为0%。分析原因可知，在2014年和2018年，邢台市与其他市在国企改革和第二产业固定资产投资效益方面的差距分别出现了缩小和扩大的情况，以2014 年为例，当年除了唐山市以外的其他 12 市的 B_{31} 均出现了下降，尤其是原本城镇国有经济就业人数在城镇就业人数中占比较高的张家口市和石家庄市分别出现了约为 43.06%和 14.31%的降幅，使得邢台市与其差距缩小，从而使 B_{31} 在当年对邢台市供给侧改革区域协同的阻碍作用减小；而原本第二产业固定资产投资效益最大的北京市在 2014 年和 2018 年均出现了提升，分别达到约 42.05%和42.08%的水平，使得邢台市与其差距进一步扩大。

(2) 时间加权障碍度

从时间加权障碍度进一步考察可知，各指标的时间加权障碍度排名与按照出现频率高低所得的排名基本上保持一致，可见邢台市供给侧改革区域协同的障碍因子在研究期间较为稳定。尤其是在产业结构高度化方面，邢台市与其他市之间的差距存在扩大的趋势，所以需要给予更多的重视，可以通过打造国家新能源产业基地和产业转型示范区来削减其对供给侧改革区域协同的阻碍作用。

3.3.2.8 保定市供给侧改革区域协同障碍因素分析

(1) 时点障碍度

由表 3-24、图 3-24 可知，保定市“要素供给”(B_1)障碍度在整体上呈波动下降的趋势，年均下降速度约为 0.14%，虽然“人力资本”(B_{11})、“第二产业固定资产投资效益”(B_{12})和“工业能源效率”(B_{13})的障碍度分别以年均约 6.92%、13.80%和0.27%的速度上升，但是由于“万人专利申请授权量”(B_{14})的障碍度呈波动下降的趋势，年均下降速度约为 4.63%，使得其对 B_1 的障碍度产生了较大影响；“产业供给”(B_2)障碍度在整体上呈下降趋势，年均下降速度约为 2.60%，这与其内部指标“基础设施产业投资占比”(B_{21})和“产业结构高度化”(B_{22})的障碍度分别以年均约 2.59%和 2.24%的速度下降有关；“制度供给”(B_3)障碍度在 2017 年以前与其内部指标“国企改革”(B_{31})障碍度的波动趋势相似，均呈阶梯状上升趋势，但是由于“市场调控”(B_{32})障碍度在 2018 年出现了约为 201.55%的涨幅，使得 B_3 的障碍度在当年也出现了约为 16.42%的涨幅。

表 3-24 2012—2018 年保定市供给侧改革区域协同障碍度

指标		2012	2013	2014	2015	2016	2017	2018	次数	频率（%）	时间加权	排名
B_1	B_{11}	3.59	3.94	3.23	5.05	4.88	4.96	4.72	0	0	4.62	8
	B_{12}	7.03	10.29	11.27	9.65	12.07	7.83	11.85	1	14.29	10.38	5
	B_{13}	8.83	8.56	9.21	9.52	9.22	9.70	8.89	0	0	9.20	6
	B_{14}	25.48	24.34	24.74	21.32	22.05	22.57	18.76	7	100	21.58	2
	合计	44.93	47.13	48.45	45.54	48.22	45.06	44.22	—		45.78	1
B_2	B_{21}	15.80	14.28	13.89	12.72	11.44	11.43	13.19	7	100	12.70	3
	B_{22}	25.45	24.60	23.69	24.25	23.27	25.67	21.81	7	100	23.68	1
	合计	41.25	38.88	37.58	36.97	34.71	37.10	35.00	—		36.38	2
B_3	B_{31}	10.14	10.51	9.85	13.05	12.92	13.33	7.17	5	71.43	10.72	4
	B_{32}	3.69	3.49	4.11	4.43	4.16	4.51	13.60	1	14.29	7.13	7
	合计	13.83	14.00	13.96	17.48	17.08	17.84	20.77	—		17.85	3

注：表中字母代表的指标见表 2-1。

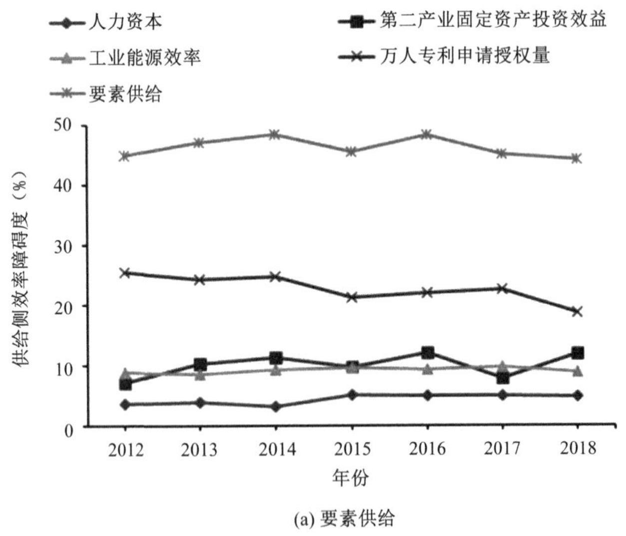

(a) 要素供给

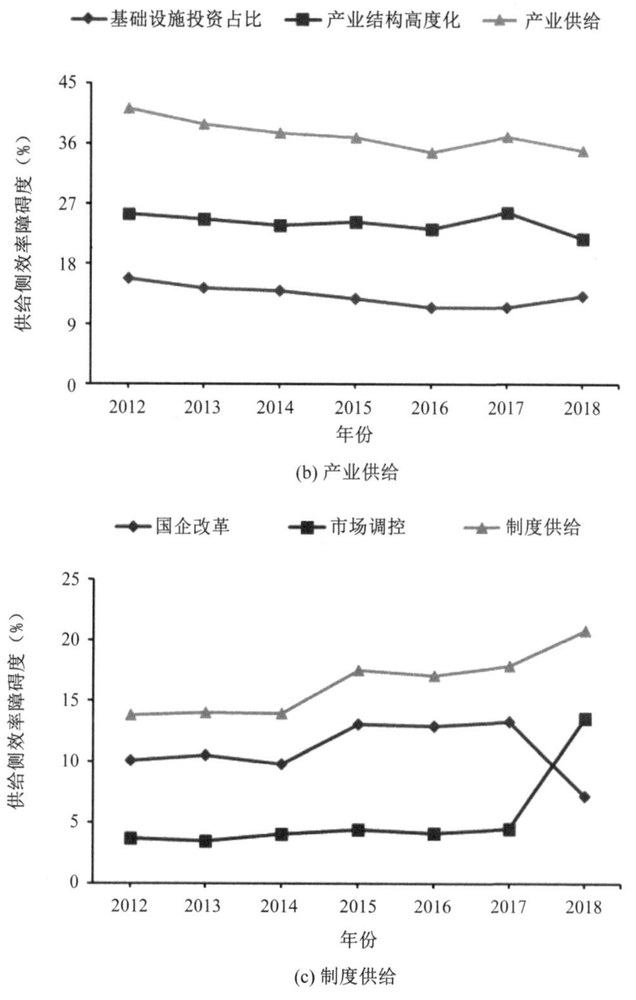

(b) 产业供给

(c) 制度供给

图 3-24　保定市供给侧改革区域协同各指标障碍度变化

按照出现频率高低排名可知,"万人专利申请授权量"(B_{14})、"基础设施产业投资占比"(B_{21})和"产业结构高度化"(B_{22})在 2012—2018 年排名均位于前四,出现频率均为 100%;"国企改革"(B_{31})主要在 2013 年以前和 2015—2017 年排名位于前四,出现频率约为 71.43%;"第二产业固定资产投资效益"(B_{12})和"市场调控"(B_{32})则分别在 2014 年和 2018 年进入前四,分别位于第四位和第三位,其出现频率均约为 14.29%;"人力资本"(B_{11})和"工业能源效率"(B_{13})在研究期间排名均未进入前四,出现频率均为 0%。分析排名前四的障碍因子发生变化的原因可知,保定市在 2018 年的地方财政支出出现了约为 58.28%的涨幅,使得市场调控在当年对其供给侧改革区域协同的阻碍作用凸显。

(2) 时间加权障碍度

从时间加权障碍度进一步考察可知,出现频率为0%的“工业能源效率”(B_{13})的时间加权障碍度排名超过了出现频率约为14.29%的“市场调控”(B_{32}),位于第六位。由上面的分析可知,由于市场调控的障碍度始终低于5%,仅在2018年突然出现了约为201.55%的巨大涨幅,使得当年的障碍度排名进入前四,所以对时间加权障碍度产生的影响有限;而工业能源效率的障碍度在研究期间均在9%的上下波动,所以使得其时间加权障碍度较大。

3.3.2.9 张家口市供给侧改革区域协同障碍因素分析

(1) 时点障碍度

由表3-25、图3-25可知,“要素供给”(B_1)障碍度以年均约0.39%的速度上升,虽然“工业能源效率”(B_{13})和“万人专利申请授权量”(B_{14})的障碍度分别以年均约1.68%和4.30%的速度下降,但是由于“人力资本”(B_{11})和“第二产业固定资产投资效益”(B_{12})障碍度的上升幅度较为明显,分别以年均约10.30%和19.87%的速度上升,使得B_1的障碍度在整体上呈现小幅上升的趋势;“产业供给”(B_2)障碍度与其内部指标“产业结构高度化”(B_{22})障碍度的整体变动趋势较为相似,分别以年均约1.86%和4.09%的速度下降,虽然“基础设施产业投资占比”(B_{21})障碍度以年均约1.39%的速度上升,但是由于其障碍度小且上升速度较缓,所以对B_2障碍度的影响有限;“制度供给”(B_3)障碍度与其内部指标“国企改革”(B_{31})障碍度的变化趋势保持一致,在研究期间均出现较为剧烈的波动,但是由于“市场调控”(B_{32})障碍度在整体上以年均约17.26%的速度上升,使得B_3的障碍度在整体上同样呈现上升的趋势,年均上升速度约为12.01%。

按照出现频率高低排名来看,“万人专利申请授权量”(B_{14})、“基础设施产业投资占比”(B_{21})、“产业结构高度化”(B_{22})在2012—2018年出现频率均为100%;“国企改革”(B_{31})主要在2016年以前位于前四,出现频率约为71.43%;“市场调控”(B_{32})则在2017—2018年排名位于第四位,出现频率约为28.57%;而“人力资本”(B_{11})、“第二产业固定资产投资效益”(B_{12})和“工业能源效率”(B_{13})在研究期间排名均未进入前四,出现频率均为0%。排名前四的障碍因子发生变化主要是由于张家口市在2017年后城镇就业人数出现了年均约为35.94%的涨幅,使其与其他市之间的差距缩小;大力建设基础设施使得地方财政支出的增加,从而导致其市场调控水平进一步降低,与其他市之间的差距扩大。

表 3-25　2012—2018 年张家口市供给侧改革区域协同障碍度

指标		2012	2013	2014	2015	2016	2017	2018	次数	频率(%)	时间加权	排名
B_1	B_{11}	3.09	3.04	4.41	3.32	3.36	4.18	4.91	0	0	4.08	8
	B_{12}	5.74	5.04	6.54	6.33	7.41	5.46	11.69	0	0	7.88	6
	B_{13}	7.15	7.26	7.99	6.69	6.51	7.01	6.28	0	0	6.77	7
	B_{14}	29.49	25.53	26.46	23.56	21.89	22.75	22.32	7	100	23.35	1
	合计	45.47	40.87	45.40	39.90	39.17	39.40	45.20	—		42.08	1
B_2	B_{21}	17.90	15.53	15.85	14.07	15.04	16.08	18.80	7	100	16.55	3
	B_{22}	24.01	23.34	23.50	20.11	20.71	22.73	18.02	7	100	20.80	2
	合计	41.91	38.87	39.35	34.18	35.75	38.81	36.82	—		37.35	2
B_3	B_{31}	7.52	14.92	8.05	18.09	17.65	9.91	6.07	5	71.43	10.97	4
	B_{32}	5.09	5.33	7.19	7.82	7.44	11.90	11.91	2	28.57	9.61	5
	合计	12.61	20.25	15.24	25.91	25.09	21.81	17.98	—		20.58	3

注:表中字母代表的指标见表 2-1。

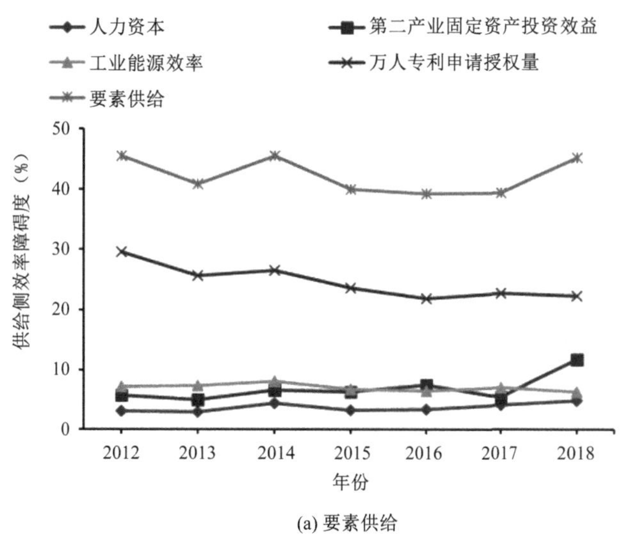

(a) 要素供给

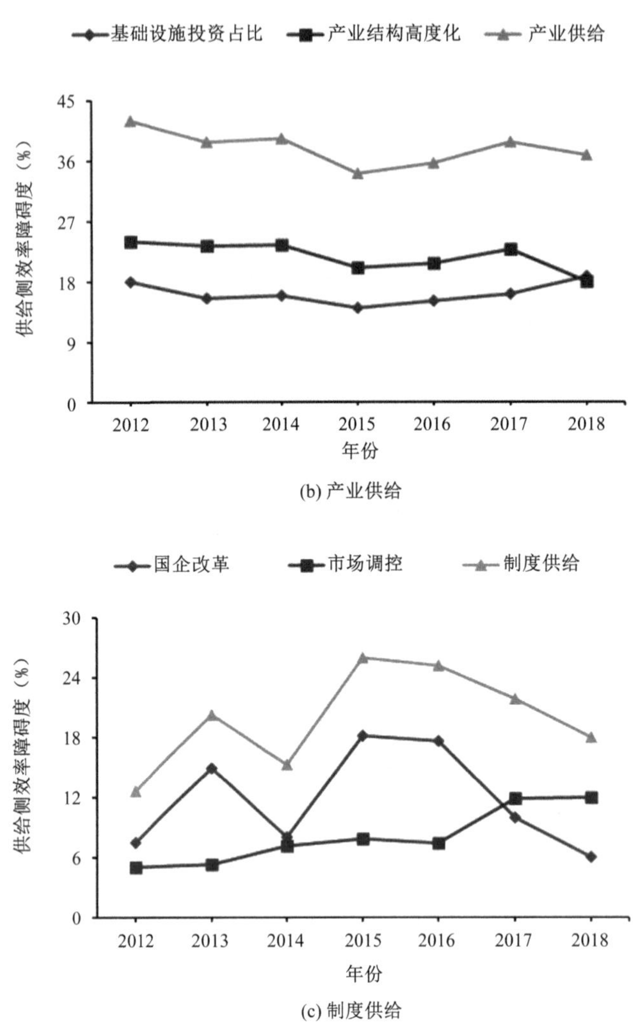

(b) 产业供给

(c) 制度供给

图 3-25　张家口市供给侧改革区域协同各指标障碍度变化

(2) 时间加权障碍度

从时间加权障碍度进一步考察可知，各指标的时间加权障碍度排名与按照出现频率高低所得的排名基本上保持一致，由此可知在研究期内张家口市供给侧改革区域协同的障碍因子较为稳定。究其原因，由于张家口市近年为了建设“奥运新城”而大力建设基础设施，使得其地方财政支出和基础设施产业投资占比分别以年均约 13.26%和 8.98%的速度上升。不过张家口市在未来应把握冬季奥运会所带来的契机，大力弘扬当地冰雪文化，进一步促进产业结构高度化和市场调控水平的提升。

3.3.2.10　承德市供给侧改革区域协同障碍因素分析

（1）时点障碍度

由表 3-26、图 3-26 可知，承德市“要素供给”（B_1）障碍度以年均约 0.11%的速度上升；就其内部指标来看，“人力资本”（B_{11}）、“第二产业固定资产投资效益”（B_{12}）和“工业能源效率”（B_{13}）的障碍度分别以年均约 1.60%、10.94%和 2.08%的速度上升，但是由于“万人专利申请授权量”（B_{14}）障碍度以年均约 2.60%的速度下降，使得“要素供给”（B_1）障碍度的上升幅度较小；“产业供给”（B_2）障碍度主要由于其内部指标的障碍度分别以年均约 0.37%和 0.66%的速度上升而同样呈现小幅上升趋势，年均上升速度约为 0.10%；“制度供给”（B_3）障碍度则与其内部指标“市场调控”（B_{32}）障碍度的变动趋势在整体上较为相似，但是由于“国企改革”（B_{31}）障碍度在研究期间以年均约 3.58%的速度下降，使得“制度供给”（B_3）的障碍度以年均约 0.04%的速度小幅上升。

表 3-26　2012—2018 年承德市供给侧改革区域协同障碍度

指标		2012	2013	2014	2015	2016	2017	2018	次数	频率（%）	时间加权	排名
B_1	B_{11}	3.09	3.01	2.67	3.00	3.22	3.49	3.33	0	0	3.22	8
	B_{12}	5.26	6.64	6.33	6.71	7.70	6.58	9.07	0	0	7.47	5
	B_{13}	6.84	6.86	6.92	6.72	6.68	7.78	7.65	0	0	7.27	6
	B_{14}	30.16	30.34	31.79	30.09	26.44	27.20	25.47	7	100	27.59	1
	合计	45.35	46.85	47.71	46.52	44.04	45.05	45.52	—		45.55	1
B_2	B_{21}	16.07	17.12	17.34	18.01	21.14	15.55	15.49	7	100	16.99	3
	B_{22}	21.66	21.05	20.73	20.67	20.27	23.23	22.28	7	100	21.75	2
	合计	37.73	38.17	38.07	38.68	41.41	38.78	37.77	—		38.74	2
B_3	B_{31}	12.37	10.37	10.55	10.94	11.02	10.56	9.79	7	100	10.51	4
	B_{32}	4.56	4.62	3.67	3.86	3.54	5.61	6.92	0	0	5.21	7
	合计	16.93	14.99	14.22	14.8	14.56	16.17	16.71	—		15.72	3

注：表中字母代表的指标见表 2-1。

按照出现频率高低排名来看，“万人专利申请授权量”（B_{14}）、“基础设施产业投资占比”(B_{21})、“产业结构高度化”(B_{22})和“国企改革”(B_{31})在2012—2018年排名均位于前四,出现频率均为100%;“人力资本”(B_{11})、“第二产业固定资产投资效益”(B_{12})、“工业能源效率”(B_{13})和“市场调控”(B_{32})在研究期间排名均未进入前四,出现频率均为0%。

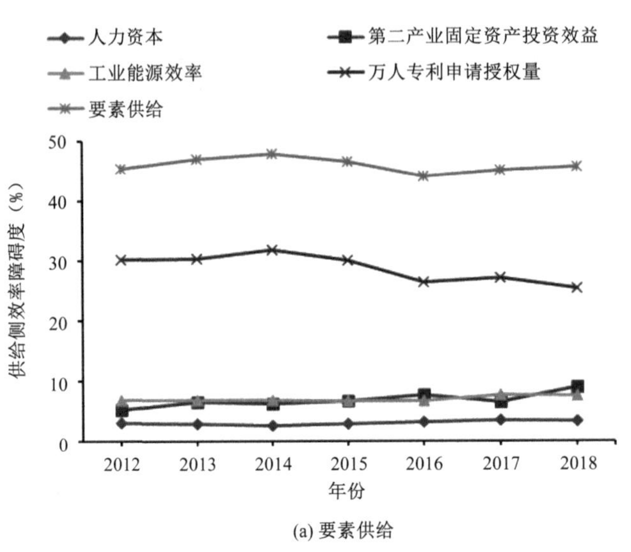

(a) 要素供给

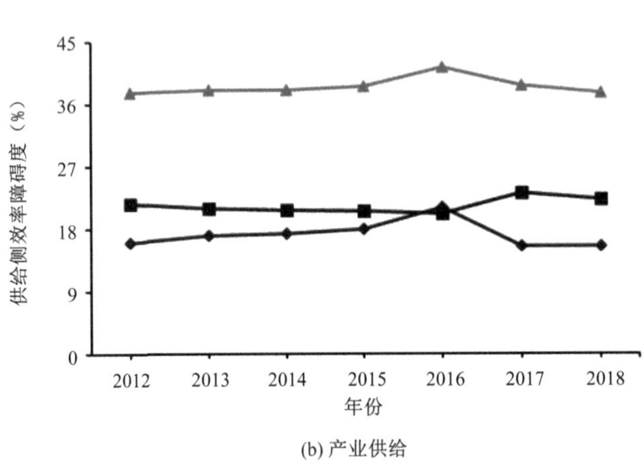

(b) 产业供给

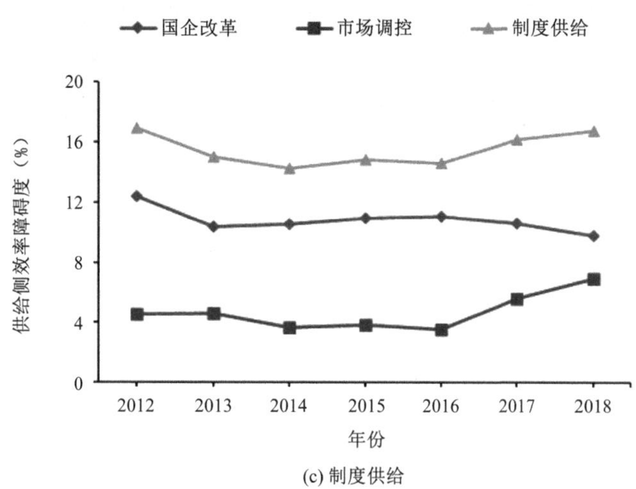

(c) 制度供给

图 3-26　承德市供给侧改革区域协同各指标障碍度变化

(2) 时间加权障碍度

从时间加权障碍度进一步考察可知，各指标的时间加权障碍度排名与按照出现频率高低所得的排名基本上保持一致，由此反映出承德市供给侧改革区域协同的障碍因子在研究期间较为稳定。分析原因，京津冀协同发展中对承德市生态涵养功能的城市定位，使得当地对基础设施建设较为重视，其年均基础设施产业投资占比约为 40.69%，仅次于张家口市；但同样由于城市功能定位，承德市工业化进程较落后，工业化中期特征不显著，无法孕育现代化企业，导致承德市在提升创新方面能力较弱，其年均万人专利申请授权量仅约为 1.61 件/万人，为 13 个市中的最小值；虽然其产业结构高度化水平在近年有所提升，但是与其他市的差距仍然较大，不过承德市在促进就业方面成效较为显著，当地城镇就业人数以年均约 10.55%的速度上升。

3.3.2.11　沧州市供给侧改革区域协同障碍因素分析

(1) 时点障碍度

由表 3-27、图 3-27 可知，沧州市“要素供给”(B_1)障碍度在 2012—2018 年以年均约 0.12%的速度下降，虽然“人力资本”(B_{11})、“第二产业固定资产投资效益”(B_{12})和“工业能源效率”(B_{13})的障碍度分别以年均约 5.25%、12.11%和 0.90%的速度上升，但是由于“万人专利申请授权量”(B_{14})的障碍度以年均约 5.20%的速度下降,使得“要素供给”(B_1)的障碍度在整体上呈现小幅下降的趋势;“产业供给”(B_2)障碍度在整体上以年均约 0.97%的速度下降,就其内部指标来看,由于“产业结构高度化”(B_{22})障碍度的年均下降速度大于“基础设施产业投资占比”(B_{21})障碍度的年均上升速度,分别约为 1.86%和 0.43%,使得“产业供给”(B_2)的障碍度在整体上呈现下降趋势;“制度供给”(B_3)障碍度则由于“国企改革”(B_{31})和“市场调控”(B_{32})的障碍度分别以年均约 3.88%和 3.77%的速度上升而在整体上也呈现上升趋势,年均上升速度约为 3.74%,由于“国企改革”(B_{31})的障碍度较大,使得“制度供给”(B_3)障碍度的波动趋势与其在整体上较为相似。

表 3-27　2012—2018 年沧州市供给侧改革区域协同障碍度

指标		2012	2013	2014	2015	2016	2017	2018	次数	频率(%)	时间加权	排名
B_1	B_{11}	4.17	3.20	3.59	4.57	4.53	4.98	5.29	0	0	4.69	8
	B_{12}	6.18	6.90	7.08	7.75	8.29	7.72	11.49	0	0	8.81	5
	B_{13}	7.60	7.64	8.32	8.01	8.17	8.38	7.97	0	0	8.09	6
	B_{14}	25.48	24.15	24.86	22.51	21.28	21.41	18.28	7	100	21.18	2
	合计	43.43	41.89	43.85	42.84	42.27	42.49	43.03	—		42.77	1
B_2	B_{21}	17.86	19.28	16.09	16.49	16.80	18.64	17.87	7	100	17.64	3
	B_{22}	24.34	23.42	23.43	22.67	22.50	23.41	21.66	7	100	22.68	1
	合计	42.20	42.70	39.52	39.16	39.30	42.05	39.53	—		40.32	2
B_3	B_{31}	9.65	10.75	11.51	12.55	12.90	10.12	11.59	7	100	11.44	4
	B_{32}	4.72	4.66	5.11	5.44	5.52	5.35	5.85	0	0	5.45	7
	合计	14.37	15.41	16.62	17.99	18.42	15.47	17.44	—		16.89	3

注:表中字母代表的指标见表 2-1。

按照出现频率高低排名来看,“万人专利申请授权量”(B_{14})、“基础设施产业投资占比”(B_{21})、“产业结构高度化”(B_{22})和“国企改革”(B_{31})在 2012—2018 年排名均位于前四,出现频率均为 100%;“人力资本”(B_{11})、“第二产业固定资产投资效益”(B_{12})、“工业能源效率”(B_{13})和“市场调控”(B_{32})在研究期间排名从未进入前四,出现频率均为 0%,可见沧州市供给侧改革区域协同的障碍因子在研究期间保持稳定。

(2) 时间加权障碍度

从时间加权障碍度进一步考察可知,各指标的时间加权障碍度排名与按照出现频率高低所得的排名基本上保持一致，这再次体现了阻碍沧州市供给侧改革区域协同的因子长期较为稳定。不过沧州市在提高创新能力和优化产业结构方面不断提升，使得“万人专利申请授权量”(B_{14})和“产业结构高度化”(B_{22})的障碍度在研究期间分别以年均约 5. 20%和 1. 86%的速度下降，这意味着沧州市与其他市之间的差距在逐渐缩小；但是沧州市在未来仍需加大基础设施建设投资，进一步提升其市场调控能力，以更好地促进沧州市供给侧改革区域协同的发展。

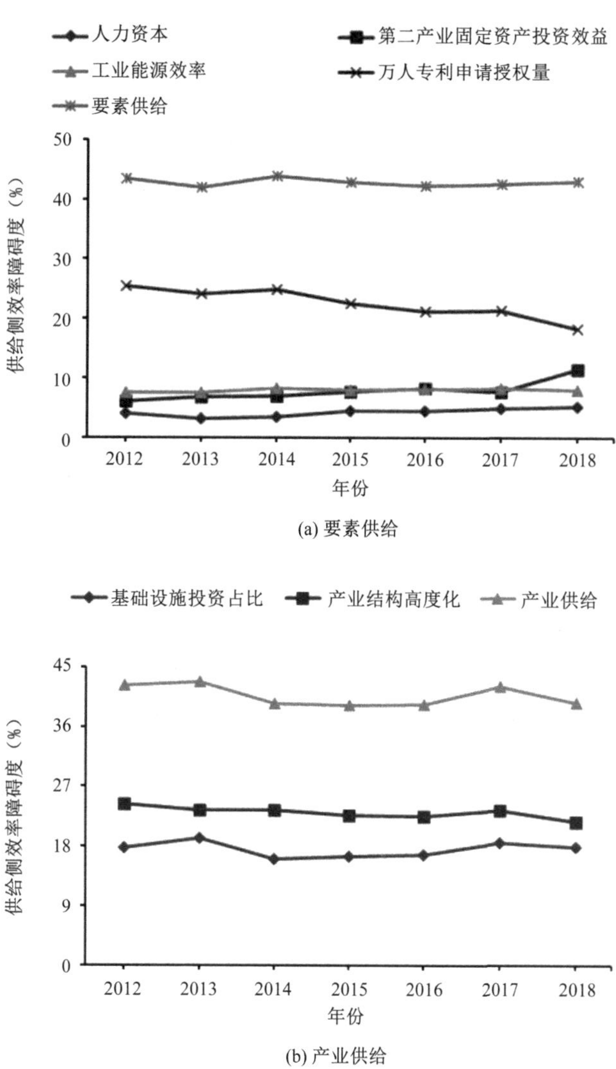

(a) 要素供给

(b) 产业供给

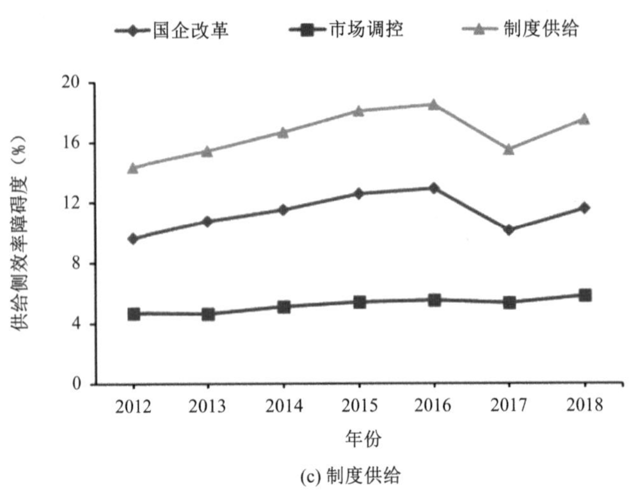

(c) 制度供给

图 3-27　沧州市供给侧改革区域协同各指标障碍度变化

3.3.2.12　廊坊市供给侧改革区域协同障碍因素分析

（1）时点障碍度

由表 3-28、图 3-28 可知，廊坊市“要素供给”(B_1)障碍度受其内部指标在整体上均呈上升趋势的影响，而以年均约 2.13%的速度上升，其中“人力资本”(B_{11})、“第二产业固定资产投资效益”(B_{12})、“工业能源效率”(B_{13})和“万人专利申请授权量”(B_{14})障碍度的年均上升速度分别约为 5.53%、10.90%、2.01%和 0.11%；“产业供给”(B_2)障碍度主要由于“产业结构高度化”(B_{22})的障碍度以年均约 1.83%的速度下降而在整体上呈现下降趋势，年均下降速度约为 0.45%，但是由于“基础设施产业投资占比”(B_{21})障碍度在 2017 年和 2018 年分别出现了约为 24.92%的降幅和 48.85%的升幅，使得 B_2 的障碍度在当年同样出现了波动；“制度供给”(B_3)障碍度与其内部指标“国企改革”(B_{31})障碍度的波动趋势基本保持一致，在 2017 年前分别以年均约 11.11%和 13.48%的速度上升，在 2018 年又分别以年均约为 49.24%和 65.98%的速度下降，虽然“市场调控”(B_{32})障碍度以年均约 10.75%的速度上升，但是由于其障碍度较小，所以对 B_3 障碍度产生的影响有限。

表 3-28　2012—2018 年廊坊市供给侧改革区域协同障碍度

指标		2012	2013	2014	2015	2016	2017	2018	次数	频率（%）	时间加权	排名
B_1	B_{11}	3.41	3.19	3.22	5.21	5.62	5.02	4.00	0	0	4.49	7
	B_{12}	5.92	7.13	7.26	7.63	8.08	6.72	10.01	1	14.29	8.10	6
	B_{13}	7.96	8.42	8.23	7.77	8.07	7.74	8.85	0	0	8.23	5
	B_{14}	26.97	26.17	28.62	26.13	25.45	23.44	26.60	7	100	25.81	1
	合计	44.26	44.91	47.33	46.74	47.22	42.92	49.46	—		46.63	1
B_2	B_{21}	13.48	13.76	13.28	13.06	12.76	9.58	14.26	7	100	12.68	4
	B_{22}	25.86	25.52	23.59	21.95	21.74	21.27	22.96	7	100	22.60	2
	合计	39.34	39.28	36.87	35.01	34.50	30.85	37.22	—		35.28	2
B_3	B_{31}	13.04	12.04	11.45	14.47	14.52	22.25	7.57	6	85.71	13.62	3
	B_{32}	3.35	3.77	4.35	3.77	3.74	3.97	5.74	0	0	4.45	8
	合计	16.39	15.81	15.80	18.24	18.26	26.22	13.31	—		18.07	3

注：表中字母代表的指标见表 2-1。

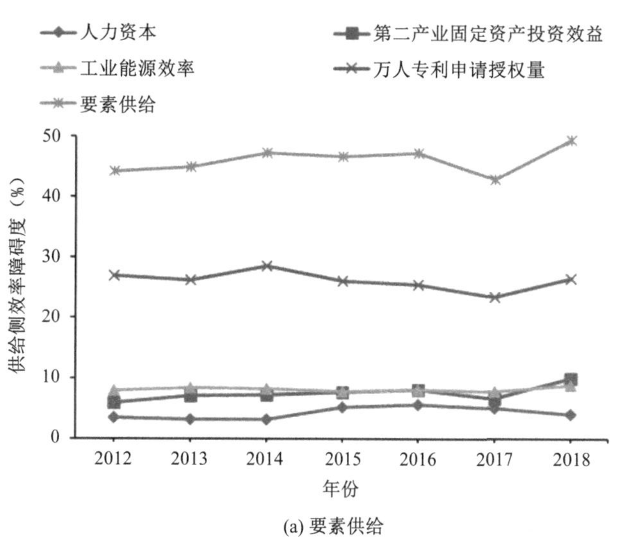

(a) 要素供给

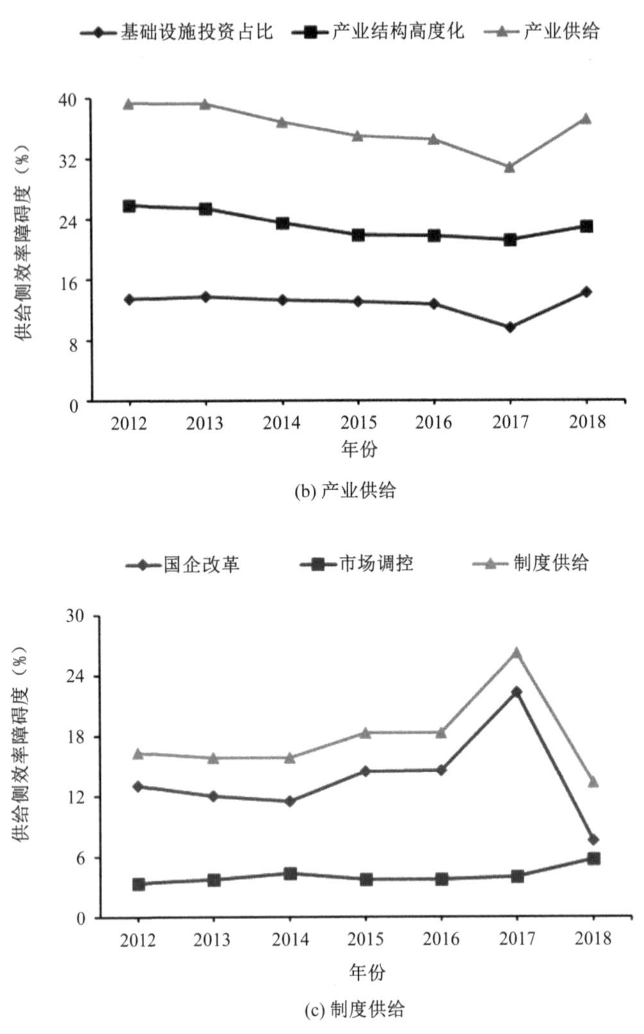

(b) 产业供给

(c) 制度供给

图 3-28　廊坊市供给侧改革区域协同各指标障碍度变化

按照出现频率高低排名来看，“万人专利申请授权量”（B_{14}）、“基础设施产业投资占比”（B_{21}）和“产业结构高度化”（B_{22}）在 2012—2018 年排名均位于前四，出现频率均为 100%；“国企改革”（B_{31}）主要在 2017 年以前排名位于前四，出现频率约为 85.71%；“第二产业固定资产投资效益”（B_{12}）的排名仅在 2018 年进入前四位，出现频率约为 14.29%；“人力资本”（B_{11}）、“工业能源效率”（B_{13}）和“市场调控”（B_{32}）在研究期间排名均未进入前四，出现频率均约为 0%。分析排名前四位的障碍因子发生变化的原因可知，2017 年以前，廊坊市城镇国有经济就业人数在城镇就业人数中的比重始终呈下降趋势，年均下降速度约为 12. 71%，使得廊坊市与其他市之间的差距较大，但是在 2018 年廊坊市城镇单位就业人员与城镇私营单位和个体就业人员分别出现了约为 47. 43%和 58. 58%的降幅，使得当年廊坊市与其他市之间的差距有所减小。

（2）时间加权障碍度

从时间加权障碍度进一步考察可知，出现频率为 0%的“工业能源效率”（B_{13}）的时间加权障碍度排名超过了出现频率约为 14. 29%的“第二产业固定资产投资效益”（B_{12}），位于第五位。究其原因，由于廊坊市第二产业固定资产投资效益以年均约 23. 04%的速度下降，而在 2017 年，第二产业固定资产投资效益较大的北京市出现了约为 30. 64%的降幅，使得当年该指标的障碍度也出现了约为 16. 83%的降幅，从而使得“第二产业固定资产投资效益”（B_{12}）的时间加权障碍度略小于“工业能源效率”（B_{13}）。

3. 3. 2. 13　衡水市供给侧改革区域协同障碍因素分析

（1）时点障碍度

由表 3-29、图 3-29 可知，衡水市“要素供给”（B_1）障碍度在整体上以年均约 2. 24%的速度上升，虽然“万人专利申请授权量”（B_{14}）的障碍度以年均约 1. 45%的速度下降，但是“人力资本”（B_{11}）、“第二产业固定资产投资效益”（B_{12}）和“工业能源效率”（B_{13}）的障碍度分别以年均约 8. 37%、11. 91%和 4. 26%的速度上升，使得 B_1 的障碍度在整体上呈现小幅上升的趋势；“产业供给”（B_2）障碍度在整体上呈现下降趋势，年均下降速度约为 1. 50%，这与其内部指标“基础设施产业投资占比”（B_{21}）和“产业结构高度化”（B_{22}）的障碍度分别以年均约 1. 28%、1. 18%的速度下降有关；“制度供给”（B_3）障碍度则与其内部指标“国企改革”（B_{31}）障碍度的波动趋势较为相似，不过由于“市场调控”（B_{32}）障碍度在 2012—2018 年以年均约 14. 63%的速度上升，使得 B_3 的障碍度在整体上呈现小幅上升的趋势，年均上升速度约为 1. 17%。

表 3-29　2012—2018 年衡水市供给侧改革区域协同障碍度

指标		2012	2013	2014	2015	2016	2017	2018	次数	频率（%）	时间加权	排名
B_1	B_{11}	3.20	2.53	4.73	4.13	4.47	3.87	3.95	0	0	3.98	8
	B_{12}	5.29	5.55	6.38	7.56	7.64	6.34	9.45	0	0	7.56	6
	B_{13}	7.57	7.58	7.42	8.85	9.96	9.47	9.53	1	14.29	9.12	5
	B_{14}	20.98	20.09	19.02	18.03	19.32	19.83	19.10	7	100	19.31	2
	合计	37.04	35.75	37.55	38.57	41.39	39.51	42.03	—		39.97	2
B_2	B_{21}	20.19	23.29	23.24	18.22	15.47	18.42	17.46	7	100	18.40	3
	B_{22}	30.20	29.59	26.16	27.09	26.38	28.40	27.82	7	100	27.70	1
	合计	50.39	52.88	49.40	45.31	41.85	46.82	45.28	—		46.10	1
B_3	B_{31}	9.79	8.47	8.70	11.88	12.84	9.68	7.01	6	85.71	9.47	4
	B_{32}	2.78	2.91	4.34	4.24	3.91	4.00	5.67	0	0	4.44	7
	合计	12.57	11.38	13.04	16.12	16.75	13.68	12.68	—		13.91	3

注：表中字母代表的指标见表 4-1。

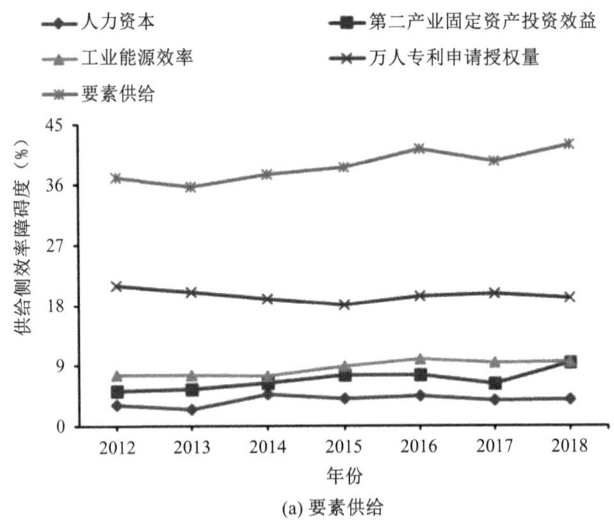

(a) 要素供给

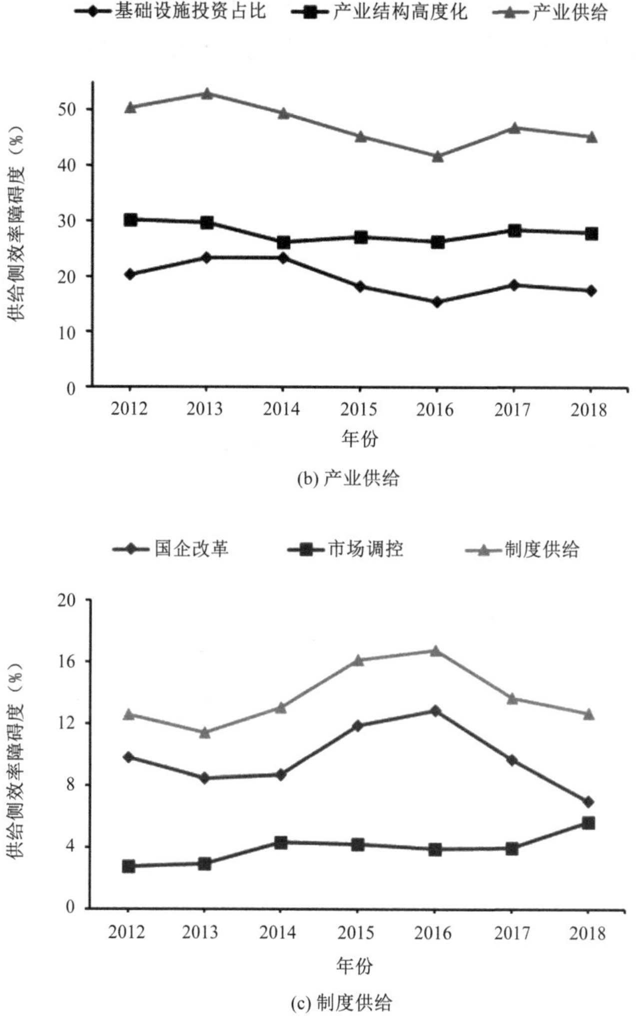

(b) 产业供给

(c) 制度供给

图 3-29　衡水市供给侧改革区域协同各指标障碍度变化

按照出现频率高度排名来看，“万人专利申请授权量”（B_{14}）、“基础设施产业投资占比”（B_{21}）和“产业结构高度化”（B_{22}）在 2012—2018 年排名均位于前四，出现频率均为 100%；“国企改革”（B_{31}）主要在 2017 年以前稳定于第四位，出现频率约为 85.71%；“工业能源效率”（B_{13}）则在 2018 年排名进入前四，出现频率约为 14.29%；“人力资本”（B_{11}）、“第二产业固定资产投资效益”（B_{12}）和“市场调控”（B_{32}）在研究期间排名均未进入前四，出现频率均为 0%。分析排名前四位的障碍因子发生变化的原因可知，从 2017 年开始，衡水市城镇就业人数开始以年均约

9.58%的速度上升，而其他市也逐渐度过了供给侧改革的阵痛期，就业情况开始好转，各市之间的差距开始逐渐缩小，国企改革的障碍度也开始以年均约26.10%的速度下降。

（2）时间加权障碍度

从时间加权障碍度进一步考察可知，各指标的时间加权障碍度排名与按照出现频率高低排名基本上保持一致，由此可知衡水市供给侧改革区域协同的障碍因子在研究期间较为稳定。研究期间衡水市在基础设施建设投资方面力度较小，年均基础设施产业投资占比仅约为11.42%，为13市中的最小值；虽然衡水市近年也在不断优化产业结构，第三产业增加值以年均约11.47%的速度上升，但是与其他市之间的差距仍然较大，在未来仍需更加重视创新能力的提升，同时加大对基础设施建设方面的投资力度。

3.3.2.14 京津冀供给侧改革区域协同障碍因素的空间格局分析

同样地，为便于总结京津冀供给侧改革区域协同障碍因素的空间异质性，在对13市供给侧改革区域协同障碍因素进行分析的基础上，依据时间加权障碍度进行排名，将≥10%、≥5%、<5%的指标界定为重点障碍因子、一般障碍因子和轻度障碍因子，在表中分别用“■、▲、★”标识，如表3-30所示；同时借助Geoda将结果以地图形式呈现，如图3-30所示，能够更加直观地体现空间异质性。

表3-30 京津冀13市供给侧改革区域协同时间加权障碍度及排名

指标		B_{11}	B_{12}	B_{13}	B_{14}	B_1	B_{21}	B_{22}	B_2	B_{31}	B_{32}	B_3
北京	障碍度	3.35	8.92	5.14	21.56	38.97	6.25	43.29	49.54	8.49	3.00	11.49
	排名	7★	3▲	6▲	2■	②	5▲	1■	①	4▲	8★	③
天津	障碍度	4.46	8.51	6.02	27.75	46.74	10.27	20.54	30.81	18.60	3.85	22.45
	排名	7★	5▲	6▲	1■	①	4■	2■	②	3■	8★	③
石家庄	障碍度	3.83	10.08	7.14	22.66	43.71	11.42	26.07	37.49	13.01	5.80	18.81
	排名	8★	5■	6▲	2■	①	4■	1■	②	3■	7▲	③
唐山	障碍度	3.58	8.82	8.84	19.57	40.81	12.89	28.33	41.22	9.72	8.24	17.96
	排名	8★	6▲	5▲	2■	②	3■	1■	①	4▲	7▲	③
秦皇岛	障碍度	2.78	9.66	6.02	20.42	38.88	11.98	37.60	49.58	8.21	3.33	11.54
	排名	8★	4▲	6▲	2■	②	3■	1■	①	5▲	7★	③

续表

指标		B_{11}	B_{12}	B_{13}	B_{14}	B_1	B_{21}	B_{22}	B_2	B_{31}	B_{32}	B_3
邯郸	障碍度	4.07	8.98	8.66	24.80	46.51	12.43	23.70	36.13	12.54	4.83	17.37
	排名	8★	5▲	6▲	1■	①	4■	2■	②	3■	7★	③
邢台	障碍度	3.78	8.73	7.52	20.49	40.52	15.16	29.91	45.07	9.97	4.45	14.42
	排名	8★	5▲	6▲	2■	②	3■	1■	①	4▲	7★	③
保定	障碍度	4.62	10.38	9.20	21.58	45.78	12.70	23.68	36.38	10.72	7.13	17.85
	排名	8★	5■	6▲	2■	①	3■	1■	②	4■	7▲	③
张家口	障碍度	4.08	7.88	6.77	23.35	42.08	16.55	20.80	37.35	10.97	9.61	20.58
	排名	8★	6▲	7▲	1■	①	3■	2■	②	4■	5▲	③
承德	障碍度	3.22	7.47	7.27	27.59	45.55	16.99	21.75	38.74	10.51	5.21	15.72
	排名	8★	5▲	6▲	1■	①	3■	2■	②	4■	7▲	③
沧州	障碍度	4.69	8.81	8.09	21.18	42.77	17.64	22.68	40.32	11.44	5.45	16.89
	排名	8★	5▲	6▲	2■	①	3■	1■	②	4■	7▲	③
廊坊	障碍度	4.49	8.10	8.23	25.81	46.63	12.68	22.60	35.28	13.62	4.45	18.07
	排名	7★	6▲	5▲	1■	①	4■	2■	②	3■	8★	③
衡水	障碍度	3.98	7.56	9.12	19.31	39.97	18.40	27.70	46.10	9.47	4.44	13.91
	排名	8★	6▲	5▲	2■	②	3■	1■	①	4▲	7★	③

注：表中"■、▲、★"分别表示重点障碍因子、一般障碍因子、轻度障碍因子。

（1）"人力资本"(B_{11})。如表 3-30 和图 3-30(a)所示，人力资本在京津冀 13 个市的时间加权障碍度均小于 5%，为轻度障碍因子。京津冀 13 市对教育的日益重视，使得各地在地方财政教育支出方面的差距缩小，再加上供给侧结构性改革以来，政府利用"有形的手"对要素扭曲情况的调节，使得地方财政支出在不同程度上有所增加，使得京津冀各市的人力资本水平差异进一步缩小，如北京市和邯郸市的年均人力资本水平分别约为 15.20%和 21.53%。

（2）"第二产业固定资产投资效益"(B_{12})。如表 3-30 和图 3-30(b)所示，第二产业固定资产投资效益的时间加权障碍度在石家庄市和保定市分别约为 10.08%和 10.38%，为重点障碍因子；在其他 11 市均介于 5%和 10%之间，为一般障碍因子。石家庄市第二产业固定资产投资效益年均水平在京津冀 13 市中最低，而由于供给侧结构性改革"去产能"的影响，京津冀地区的第二产业固定资产投资效益大都呈波动下降的趋势,使得石家庄市与其他市之间的差距缩小;而保定市在2012—2014年间的第二产业固定资产投资效益较好,虽呈现下降趋势,但是仍稳定在10%以上,在京津冀地区处于中上游水平,与北京市等较高效益市的差距较小,随后年间波动下降的趋势又进一步缩小与其他较低效益市的差距。

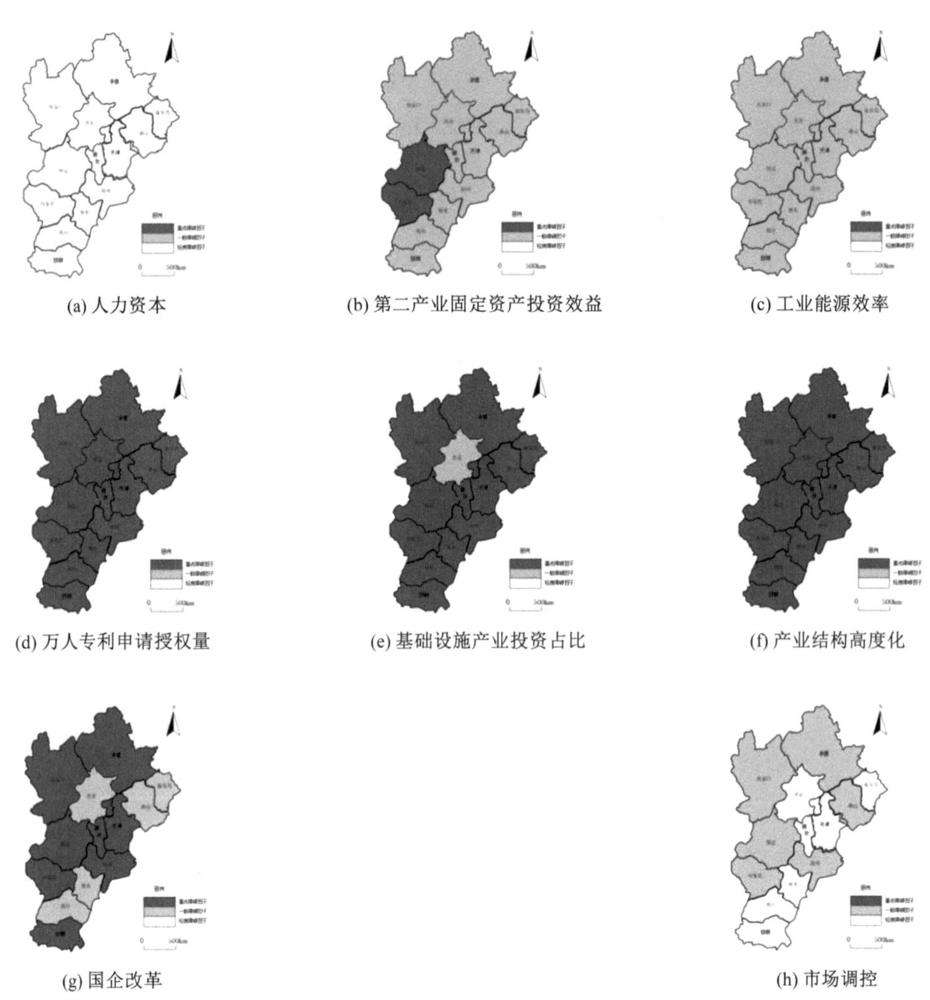

(a) 人力资本　(b) 第二产业固定资产投资效益　(c) 工业能源效率

(d) 万人专利申请授权量　(e) 基础设施产业投资占比　(f) 产业结构高度化

(g) 国企改革　(h) 市场调控

图 3-30　京津冀供给侧改革区域协同障碍因素空间格局

(3)“工业能源效率”(B_{13})。如表 3-30 和图 3-30(c)所示,工业能源效率的时间加权障碍度为一般障碍因子。2012 年以来,京津冀 13 个市的工业能源效率在整体上均呈上升趋势,这与 2012 年我国开始重视生态文明建设有关,再加上 2015 年“绿色发展”理念的提出,使各市在工业生产方面更加重视绿色、高效生产;而且供给侧结构性改革“去产能”的要求，也使得一些城市的工业能源消费总量下降，如北京市、邯郸市、邢台市、保定市和衡水市在 2015 年后其工业能源消费总量便分别出现了年均约 6.41%、1.85%、0.90%、0.35%和 1.13%的降幅，使得工业能源效率对京津冀各市供给侧改革区域协同的阻碍作用减小。

(4)“万人专利申请授权量”(B_{14})。如表 3-30 和图 3-30(d)所示，万人专利申请授权量的时间加权障碍度在京津冀 13 个市均超过 20%，为重点障碍因子。北京市作为科技创新中心，其创新能力和科技发展水平较高，且对高素质人才具有极强的吸引力，以年均约 40.82 件/万人的专利授权量遥遥领先于其他 12 市，并与均值排名第二的天津市(约为 22.83 件/万人)拉开将近一倍的差距。

(5)“基础设施产业投资占比”(B_{21})。如表 3-30 和图 3-30(e)所示，基础设施产业投资占比除了在北京市为一般障碍因子外(时间加权障碍度约为 6.25%)，在其他 12 市的时间加权障碍度均大于 10%，为重点障碍因子。2015 年以来，京津冀大部分市均加大对基础设施建设的投资，使得原本基础设施产业投资占比已较大的北京市与其他大部分市之间的差距有所缩小；而作为首都的北京市在基础设施建设方面始终拥有较强的投资能力，所以与近年为了大力建设“奥运新城”而加大基础设施建设的张家口市的差距也较小，所以该因子对北京市供给侧改革区域协同的阻碍作用较小。

(6)“产业结构高度化”(B_{22})。如表 3-30 和图 3-30(f)所示，产业结构高度化的时间加权障碍度在京津冀 13 市均大于 20%，为重点障碍因子。虽然京津冀 13 市的产业结构化在整体上均呈上升趋势，但是原本已处于后工业化时期的北京市在产业结构高度化的提升方面更具优势，在研究期间，其产业结构高度化以年均约 2.41%的速度上升，使得京津冀地区之间的差距更加明显。

(7)“国企改革”(B_{31})。如表 3-30 和图 3-30(g)所示，国企改革的时间加权障碍度在北京市、唐山市、秦皇岛市、邢台市和衡水市分别约为 8.49%、9.72%、8.21%、9.97%和 9.47%，为一般障碍因子；在另外 8 市均大于 10%，为重点障碍因子。由于供给侧结构性改革的提出以及国企改革的不断深化，京津冀地区国企改革效率大都产生了较大的波动，但是由于对政策响应速度之间的差异，所以在一定时期存在区域之间差距扩大的情况。

(8)“市场调控”(B_{32})。如表 3-30 和图 3-30(h)所示，市场调控的时间加权障碍度在北京市、天津市、秦皇岛市、邯郸市、邢台市、廊坊市和衡水市均小于 5%，为轻度障碍因子；在石家庄市、唐山市、保定市、张家口市、承德市和沧州市分别约为5.80%、8.24%、7.13%、9.61%、5.21%和5.45%，为一般障碍因子。由于我国正处于结构性调整时期，积极有力的财政政策可以起到很好的助力作用，使得京津冀13市的市场调控在2012—2018年期间整体呈现下降趋势，所以各市之间的差距都不是很大。

3.4 本章小结

为进一步分析导致京津冀供给侧协同改革现有水平与理想水平之间存在差距的障碍因素，通过个体累加求和改进传统障碍度模型，对2012—2018年京津冀供给侧改革及其区域协同障碍因素的障碍度进行测算并总结时间变化趋势，进而引入时间加权向量描述障碍因素的空间格局，结果发现：就供给侧改革而言，万人专利申请授权量、基础设施产业投资占比、产业结构高度化和市场调控为京津冀总体的重点障碍因子，且产业供给>要素供给>制度供给；人力资本为北京市和天津市的重点障碍因子，万人专利申请授权量和产业结构高度化为除北京市以外12市的重点障碍因子，基础设施产业投资占比为除张家口市和秦皇岛市以外11市的重点障碍因子，市场调控为北京市、天津市、秦皇岛市、邢台市、保定市、张家口市、承德市、廊坊市和衡水市的重点障碍因子，第二产业固定资产投资效益、工业能源效率和国企改革在京津冀13市均不是重点障碍因子；从各市准则层障碍度来看，除北京市和张家口市外，其他11市均为产业供给>要素供给>制度供给。就供给侧改革区域协同而言，万人专利申请授权量、基础设施产业投资占比、产业结构高度化和国企改革为京津冀总体的重点障碍因子，且要素供给>产业供给>制度供给；第二产业固定资产投资效益为石家庄市和保定市的重点障碍因子，万人专利申请授权量、产业结构高度化为京津冀13市的重点障碍因子，基础设施产业投资占比为除北京市以外12市的重点障碍因子，国企改革为天津市、石家庄市、邯郸市、保定市、张家口市、承德市、沧州市、廊坊市的重点障碍因子，人力资本、工业能源效率和市场调控在京津冀13市均不是重点障碍因子；从各市准则层障碍度来看，北京市、唐山市、秦皇岛市、邢台市和衡水市为产业供给>要素供给>制度供给，其他8市均为要素供给>产业供给>制度供给。

第4章　京津冀供给侧协同改革效率的空间相关性分析

京津冀是以首都为核心的重要经济区域,为更好更快地实现一体化发展,中央政府提出京津冀协同发展战略。随着京津冀协同发展战略的深入推进,优化城市布局和空间结构、构建现代化交通网络系统、扩大环境容量生态空间、推进产业升级转移、推动公共服务共建共享、加快市场一体化进程等工作取得显著成效,京津冀供给侧协同改革效率的空间相关性趋于显著。基于供给侧协同改革的定义,供给侧协同改革效率空间相关性涉及供给侧改革效率空间相关性和供给侧改革区域协同空间相关性,因此本章利用 Moran's I 从两方面入手对供给侧协同改革效率进行空间相关性分析。

4.1　探索性空间数据分析

根据地理学第一定律可知,事物之间均存在联系,距离越近的事物联系越大,这种联系被称为空间联系。为了量化这种空间联系,会将样本信息与距离信息融合,最常用的方法是将样本矩阵与空间权重矩阵相乘。空间权重矩阵是以两样本间距离为元素的对称矩阵,根据距离属性不同划分为两类:一类考虑样本的地理属性,利用地理位置关系构建空间权重矩阵,常见的有 0-1 矩阵和地理距离权重矩阵;另一类则结合所研究问题的特点,选择地理属性外的其他属性构建空间权重矩阵,例如以 GDP 为基础的经济距离矩阵。这些包含空间信息的数据被称为空间数据,其中,高于平均值的称为高值,低于平均值的称为低值。这些空间数据样本产生的影响被称为空间效应。

空间自相关是常见的空间效应之一,用来描述某市与周围市间的空间相关关系,分为正相关、负相关和不相关。正相关是指同属性的观测数据在空间上集聚分布,包括高值与高值集聚、低值与低值集聚;负相关是指不同属性的观测数据在空间上相邻分布,即高值与低值相邻;不相关是指观测数据分布不具有规律性。

测度空间自相关的方法有 Moran's I、Geary's C、Getis'G 和半变异函数等。对比其他测度方法，Moran's I 的优势体现在两方面：一方面，Moran's I 简洁明了，可直接用正负值反映正负相关；另一方面，关于 Moran's I 的研究较为充分，利用计算机可以在局部 Moran's I 的基础上绘制出 Moran 散点图和 LISA 集聚图，这两种表现形式的引入有助于研究不同空间的差异，即空间异质性。基于此，本书选择 Moran's I 进行探索性空间数据分析，Moran's I 分为全局 Moran's I 和局部 Moran's I。

4.1.1 全局 Moran's *I*

全局 Moran's I 用来描述样本的整体空间分布特征，其公式为：

$$\textit{Global}\ \text{Moran's}\ I = \frac{\sum_{a=1}^{n}\sum_{b=1}^{n} W_{ab}(y_a - \bar{y})(y_b - \bar{y})}{s^2 \sum_{a=1}^{n}\sum_{b=1}^{n} W_{ab}} \tag{4-1}$$

式中，y_a、y_b 分别表示 a 市与 b 市的观测值，$\bar{y}$、s^2 分别为观测值的均值与方差，W_{ab} 为 a 市与 b 市的空间权重距离矩阵元素，n 为市个数。全局 Moran's I 的取值范围为[-1,+1]，该值趋向于+1 时，表示空间正相关性越强；趋向于-1 时，表示空间负相关性越强；趋向于 0 时，表示各个市在空间上随机分布。

4.1.2 局部 Moran's *I*

由于全局 Moran's I 可能会忽略空间异质性，因此进一步引入局部 Moran's I 来描述观测值的局部空间分布特征，其公式为：

$$\textit{Local}\ \text{Moran's}\ I = \frac{(y_a - \bar{y})\sum_{j=1}^{n} W_{ab}(y_b - \bar{y})}{s^2} \tag{4-2}$$

式中，y_a、y_b、$\bar{y}$、s^2 和 W_{ab} 与式(3-31)中同义，局部 Moran's I 的取值范围为[-1,+1]，趋向于+1 时，表示该市与周围市均是高值或低值；趋向于-1 时，表示该市与周围市高低分布不同；趋向于 0 时，表示该市与周围市位于均值附近。

对比公式可知，京津冀 13 市整体只具有一个全局 Moran's I，但每个市均具有一个局部 Moran's I。因此，相比全局 Moran's I，局部 Moran's I 可以体现更多细节信息。但仅仅利用局部 Moran's I 数据值难以发现空间上的分布规律，需要借助 Moran 散点图和 LISA 集聚图进一步挖掘空间异质性。

(1) Moran 散点图

Moran 散点图是以某市空间数据为横轴、周围市空间数据为纵轴的坐标系图。

该图以全局 Moran's I 为界限将坐标系划分为四个象限，当某市位于右上角的高值-高值象限（H-H）时，表示其为高值并且被高值环绕；位于右下角的高值-低值象限（H-L）时，表示其为高值但被低值环绕；位于左下角的低值-低值象限（L-L）时，表示其为低值并且被低值环绕；位于左上角的低值-高值象限（L-H）时，表示其为低值但被高值环绕。利用 Moran 散点图可以进一步划分各市的空间格局，比如当全局 Moran's I 为正时，可以通过 Moran 散点图判断各市是集中位于 H-H 区（高值集聚）、L-L 区（低值集聚）或是均匀分布。

（2）LISA 集聚图

LISA 集聚图是利用颜色区分各市高低值分布的信息地图。其以均值为标准进行高低值划分，其借助蒙特卡洛模拟来检验每个市局部 Moran's I 的显著性，并且使用不同颜色体现各市空间分布特征，直观表现空间异质性，利用该特点可以将整体空间划分为不同性质的局部空间。

4.1.3　空间权重矩阵的选择

空间权重矩阵是分析京津冀供给侧协同改革效率空间相关性的基础，其选择原则是：结合所研究问题准确体现市域间的空间联系。

供给侧改革涉及要素供给、产业供给和制度供给，三方面市域间联系均与地理相关。在京津冀协同发展过程中，随着现代化交通运输与管理网络的不断完善，市域间经济联系紧密，能源效率与地理环境相关，人力资本、产业结构升级基于扩散效应会对周围地区产生经济影响，国有经济就业人数所反映的劳动力具有跨地区流动性。因此本书使用具有地理属性的空间权重矩阵对京津冀供给侧协同改革效率进行空间相关性分析。

该类空间权重矩阵包括邻接矩阵和地理距离权重矩阵。其中，邻接矩阵可以反映简单的几何空间关系，其将相邻市权重赋为 1，不相邻市权重赋为 0。这种方法简单明了，但认为不相邻市域间不具有空间联系不符合京津冀工业绿色协同发展实际，如京津高校会对河北省南部工业企业提供人才和技术支持以及京津冀“六横六纵”交通格局，均体现出不相邻市域间的空间联系。地理距离权重矩阵将市域间地理质心距离作为元素，其特点是市域间距离在合理范围内，均具有权重，且距离近的权重大，距离远的权重小。综上，本书选择可以正确体现京津冀空间联系的地理距离权重矩阵，其公式为：

$$w_{ab}=\begin{cases}1/d_{ab}, a\neq b\\0, a=b\end{cases} \tag{4-3}$$

式中，d_{ab} 代表 a 市与 b 市的地理质心距离。

4.1.4 变形地图

为进一步挖掘京津冀供给侧改革效率与其区域协同间的空间联系，利用变形地图绘制空间格局地图。变形地图是在保留空间单元位置关系的前提下，忽略空间单元的形状，反映与空间单元相关两种观测值大小的抽象地图。在京津冀 13 市供给侧协同改革效率的变形地图中，圆圈大小代表供给侧改革区域协同，圆圈越大代表区域协同越好；圆圈颜色代表供给侧改革效率，颜色越红代表效率越高。

4.2 京津冀供给侧改革效率的空间相关性分析

4.2.1 全局 Moran's *I* 检验

利用上文 2012—2018 年供给侧改革效率的测度值，通过 Geoda 软件计算供给侧改革效率全局 Moran's *I*，结果如表 4-1 所示。

表 4-1 京津冀供给侧改革效率全局 Moran's *I*

年份	Moran's *I*	*p* 值	*mean*	标准误	*Z* 值
2012	-0.105 5**	0.038 0	-0.083 9	0.016 5	-1.314 4
2013	-0.088 4	0.353 0	-0.082 4	0.016 7	-0.356 3
2014	-0.106 2**	0.033 0	-0.083 3	0.016 3	-1.408 9
2015	-0.113 0**	0.048 0	-0.083 8	0.019 8	-1.475 6
2016	-0.096 0	0.176 0	-0.083 8	0.017 3	-0.732 8
2017	-0.100 9*	0.084 0	-0.083 4	0.015 3	-1.146 8
2018	-0.106 0**	0.013 0	-0.828 0	0.013 9	-1.669 4

注：* 和 ** 分别表示在 10%、5%水平下显著。

2012—2018 年京津冀供给侧改革效率全局 Moran's *I* 均为负，且在-0.1 上下浮动，但 2013、2016 年未通过显著性检验。从总体趋势上来看，京津冀供给侧改革效率全局 Moran's *I* 未发生明显变化，京津冀供给侧改革效率虽然处于上升趋势，但京津冀供给侧改革效率的负空间相关性会抑制供给侧改革效率上升。

4.2.2 局部 Moran's *I* 检验

(1) Moran 散点图

上文已经从整体角度实证了京津冀供给侧改革效率的负空间相关性,但京津冀供给侧改革效率局部空间分布尚未可知。为了探究各市与周边市供给侧改革效率的空间关系,利用 Geoda 软件分别绘制 2012—2018 年京津冀供给侧改革效率的 Moran's *I* 散点图,结果如图 4-1 所示。

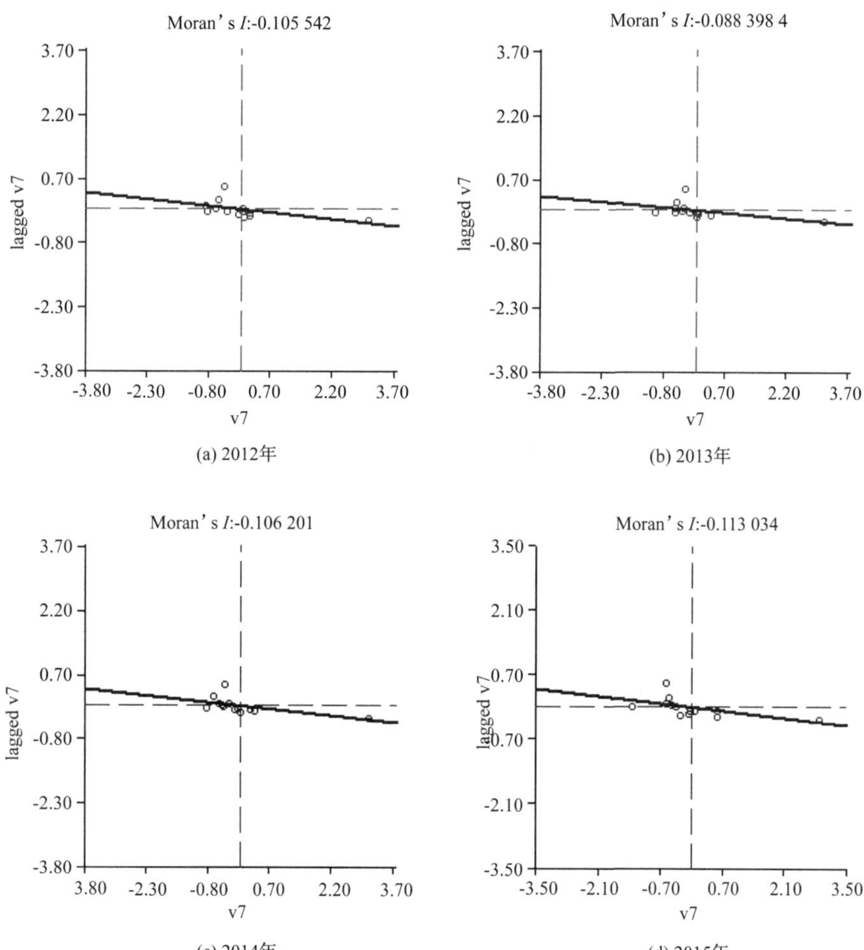

(a) 2012年　(b) 2013年

(c) 2014年　(d) 2015年

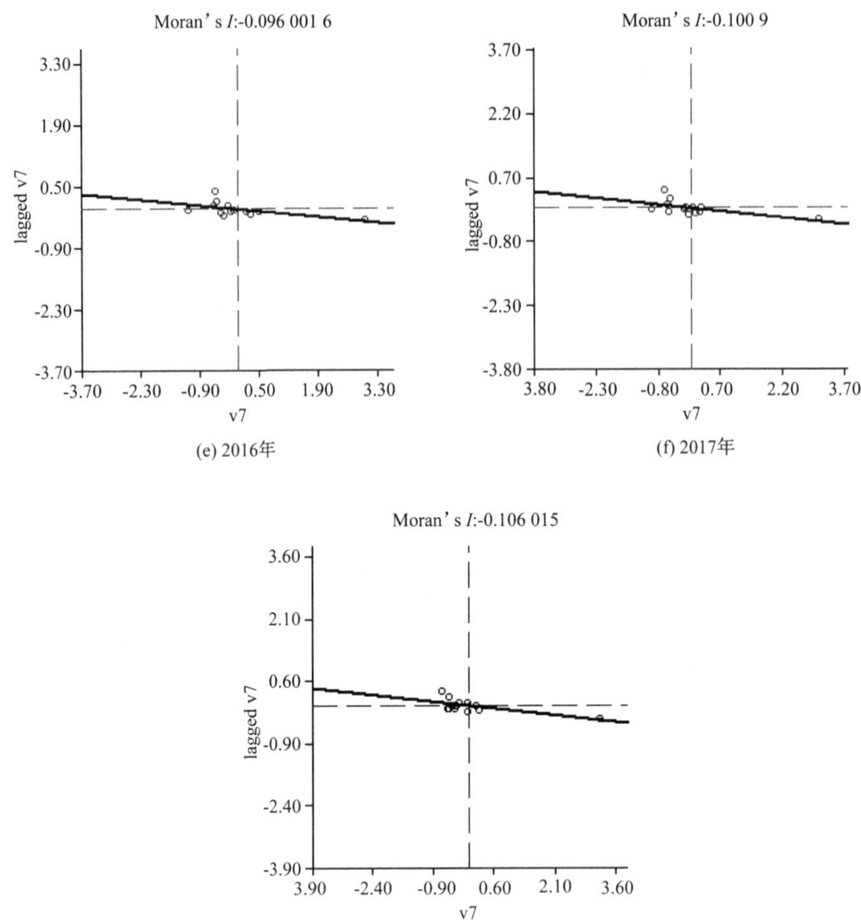

(e) 2016年

(f) 2017年

(g) 2018年

图 4-1 2012—2018 年京津冀供给侧改革效率 Moran 散点图

Moran 散点图呈负斜率直线分布，以图像形式再次验证京津冀供给侧改革效率的负空间相关性。在各个市局部 Moran' s I 的分布中未出现位于 H-H 区的市，仅出现个别位于 L-L 区的市，大部分市始终均匀地分布在 H-L 区和 L-H 区，说明京津冀供给侧改革效率局部空间特征为高低值交错分布外，某些市的局部空间特征类似，可能具有集聚趋势。

(2) LISA 集聚图

为了确定相似市的地理位置，进而判断是否具有集聚趋势，需进一步分析 LISA 集聚图，结果如图 4-2 所示。

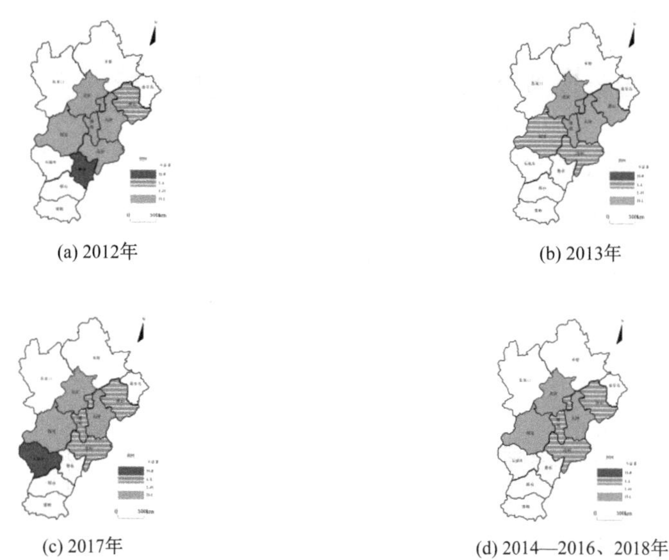

(a) 2012年　(b) 2013年

(c) 2017年　(d) 2014—2016、2018年

图 4-2　2012—2018 年京津冀供给侧改革效率 LISA 集聚图

如图 4-2 所示，北京市、天津市和保定市始终位于高值显著区，具有良好发展的稳定态势，呈现供给侧改革效率空间集聚状态。邢台市和邯郸市始终位于低值显著区，供给侧改革效率较其他市稍落后。唐山市的供给侧改革效率除 2013 年位于高值区外，其余年份均位于低值区。廊坊市的供给侧改革效率除 2012—2013 年位于高值区外，其余年份均位于低值区。衡水市和沧州市的供给侧改革效率除了 2012 年位于高值区外，其余年份均位于低值区。张家口市、承德市和秦皇岛市的空间关系始终不显著。

2012—2018 年京津冀供给侧改革效率空间格局呈现出高值区减少、低值区增加的低值集聚状态。京津冀 13 市的供给侧改革效率均呈上升趋势，但空间格局中的低值区仍在增加，这说明京津冀出现极端高值，不平衡状况加剧，市域间供给侧改革效率差距增大。

从京津冀供给侧改革效率 LISA 集聚图来看，虽然北京市、天津市和保定市具有稳定的聚集趋势，但进入低值区的空间单元不断增加，即位于均值以下的城市数量不断增加，这意味着北京市、天津市、保定市与周边市的供给侧改革效率差距在不断拉大。

综上，河北省整体的供给侧改革效率存在较大问题，河北省最北端三市的空间相关性不显著，尚未形成空间效应；河北省最南端五市虽具有显著的空间相关性，但是均处于低值区。

4.3 京津冀供给侧改革区域协同的空间相关性分析

4.3.1 全局 Moran's *I* 检验

利用上文 2012—2018 年供给侧改革区域协同指数,通过 Geoda 软件分别计算供给侧改革区域协同全局 Moran's *I*,结果如表 4-2 所示。

表 4-2 京津冀供给侧改革区域协同全局 Moran's *I*

年份	Moran's *I*	*p* 值	*mean*	标准误	*Z* 值
2012	-0.098 6*	0.068 0	-0.083 2	0.013 4	-1.144 4
2013	-0.129 3**	0.015 0	-0.082 9	0.018 1	-2.567 4
2014	-0.107 7*	0.060 0	-0.084 0	0.017 3	-1.369 3
2015	-0.141 5**	0.035 0	-0.083 7	0.024 1	-2.403 5
2016	-0.140 9**	0.021 0	-0.082 3	0.021 8	-2.695 7
2017	-0.119 1**	0.045 0	-0.083 5	0.017 6	-2.026 5
2018	-0.065 0	0.110 0	-0.829 0	0.015 9	-1.125 4

注: * 和 * * 分别表示在 10%、5%水平下显著。

2012—2018 年京津冀供给侧改革区域协同的全局 Moran's *I* 均为负,且在 -0.1 上下浮动,但 2018 年未通过显著性检验。从总体趋势上来看,京津冀供给侧改革区域协同的负空间相关性在供给侧结构性改革后明显下降,说明供给侧结构性改革后,京津冀供给侧改革区域协同提高。

4.3.2 局部 Moran's *I* 检验

(1) Moran 散点图

已经从整体角度实证了京津冀供给侧改革区域协同的负空间相关性,但京津冀供给侧改革区域协同局部空间分布尚未可知。为了探究各市与周边市的空间关系,利用 Geoda 软件分别绘制 2012—2018 年京津冀供给侧改革区域协同的 Moran 散点图和 LISA 集聚图,结果如图 4-3 所示。

Moran 散点图呈负斜率直线分布,以图像形式再次验证京津冀供给侧改革区域协同的负空间相关性。在各个市局部 Moran's *I* 的分布中发现极个别市位于

L-L 区和 H-H 区，大部分市始终均匀地分布在 H-L 区和 L-H 区，说明京津冀供给侧改革区域协同局部空间特征为高低值交错分布外，某些市的局部空间特征类似，可能具有集聚趋势。

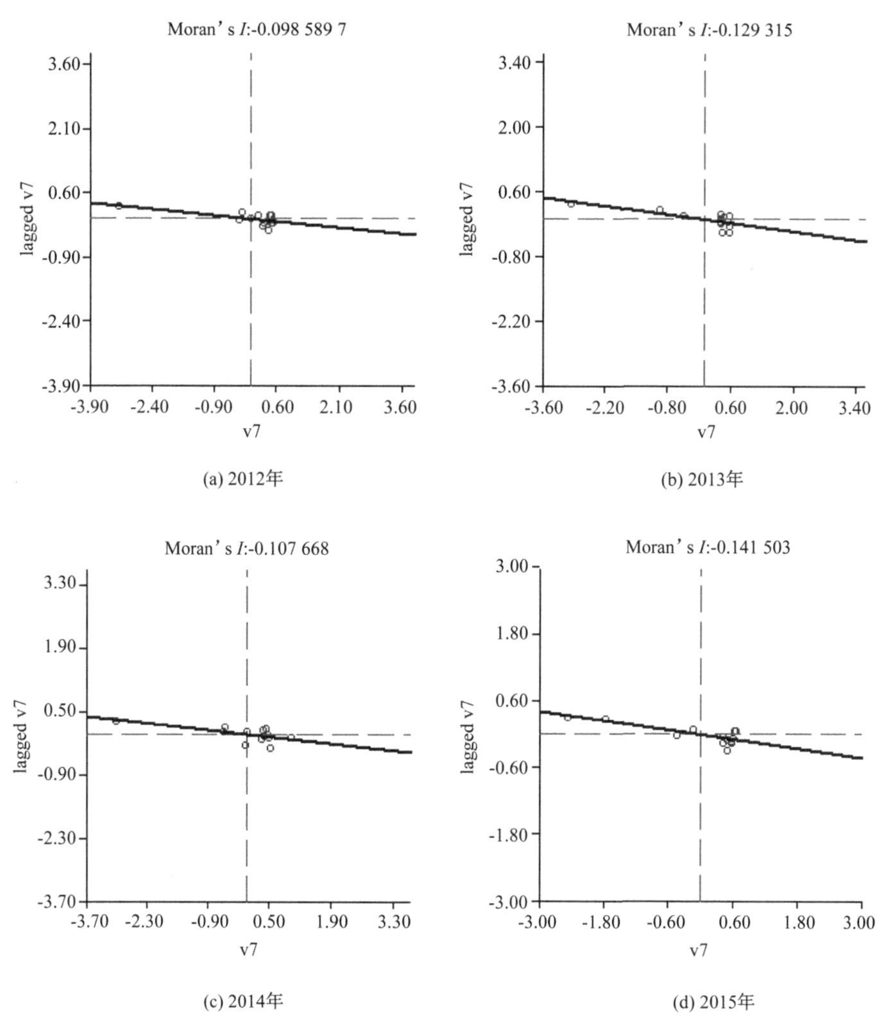

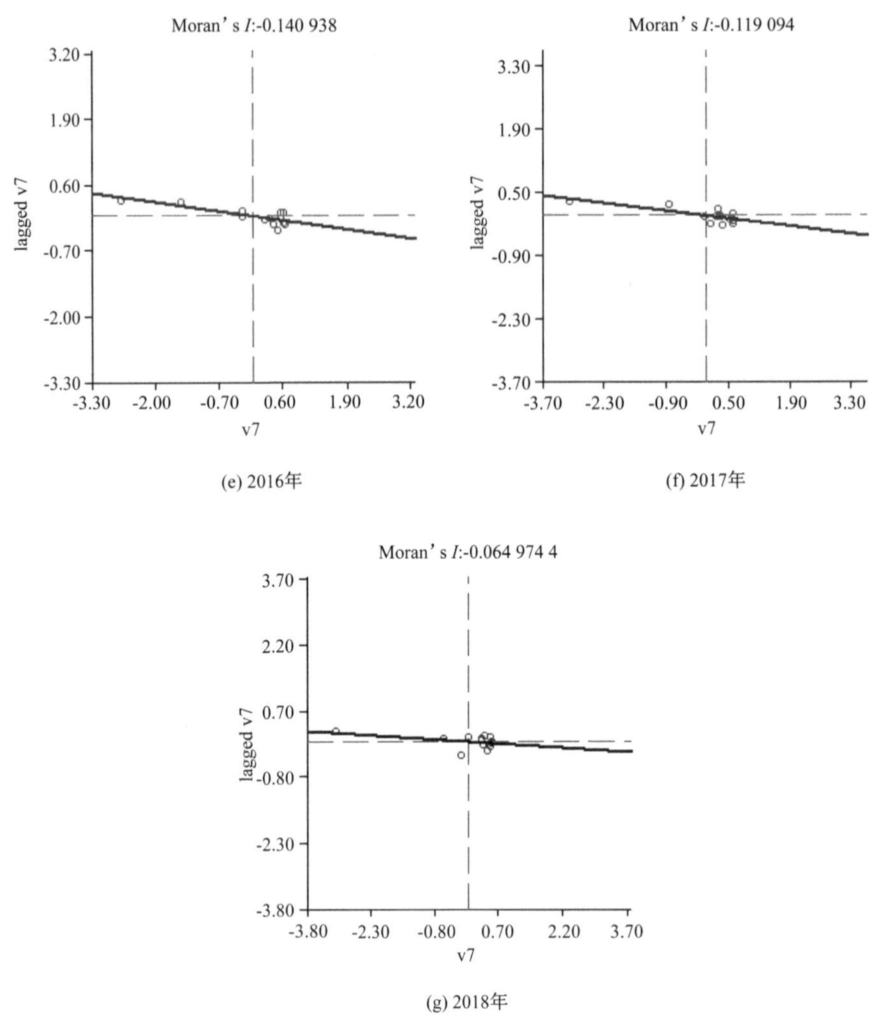

(e) 2016年

(f) 2017年

(g) 2018年

图 4-3　2012—2018 年京津冀供给侧改革区域协同 Moran' s *I* 散点图

(2) LISA 集聚图

为了确定相似市的地理位置,进而判断是否具有集聚趋势,进一步分析 LISA 集聚图,结果如图 4-4 所示。唐山市、沧州市、衡水市和廊坊市始终位于高值显著区,具有稳定良好的发展态势,供给侧改革区域协同呈现空间集聚状态。北京市和天津市始终位于低值显著区,与周边市供给侧改革区域协同较差。保定市除 2014—2016 年位于低值区外,其余年份均位于高值区。邢台市除 2014 年位于低值区外,其余年份均位于高值区。秦皇岛市除 2015—2016 年位于高值区外,其余年份与周边市的空间关系不显著。张家口市、承德市与周边市的空间关系始终不显著。

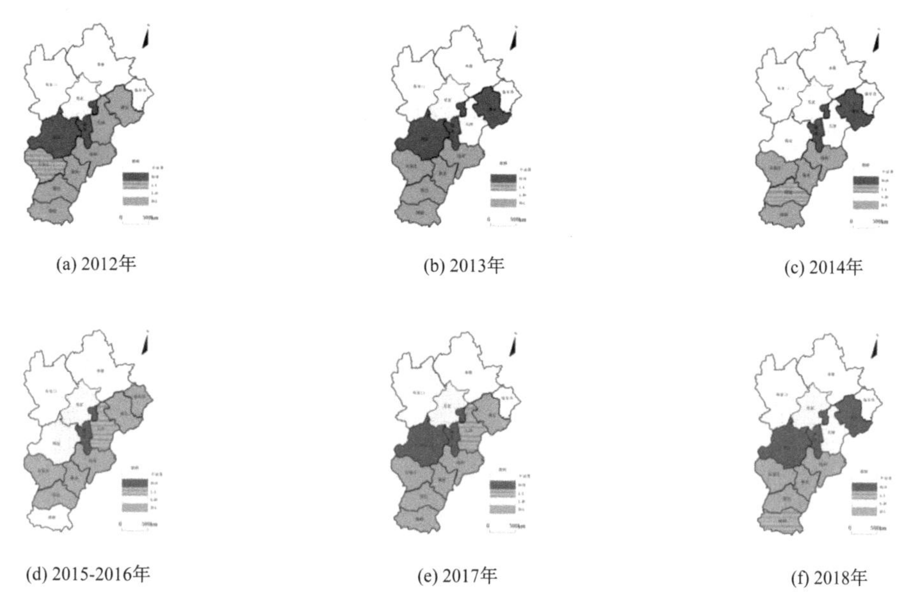

(a) 2012年　(b) 2013年　(c) 2014年

(d) 2015-2016年　(e) 2017年　(f) 2018年

图 4-4　2012—2018 年京津冀供给侧改革区域协同 LISA 集聚图

2012—2018 年京津冀供给侧改革区域协同的空间格局呈现出高值区增加、低值区减少的高值集聚状态。这说明京津冀供给侧改革区域协同具有良好态势，河北省南部各市已经形成供给侧改革区域协同的集聚态势，但京津始终是低值区，呈现区域极化状态。

从京津冀供给侧改革区域协同的 LISA 集聚图来看，唐山市、沧州市、衡水市和廊坊市具有稳定的聚集趋势，位于均值以上的市不断增加，这意味着京津冀供给侧改革效率协同不断上升，供给侧改革在京津冀协同方面具有初步成效。结合京津冀供给侧改革效率的 LISA 集聚图分析，北京市和天津市的工业供给侧效率位于高值区，但是供给侧改革区域协同位于低值区，说明北京市、天津市自身的供给侧改革效率较高，但对周边的辐射带动作用不佳。沧州、衡水和廊坊三市供给侧改革区域协同较佳，并且供给侧改革效率较高，三市基本实现供给侧协同改革。秦皇岛市、张家口市和承德市在供给侧协同改革的两方面均不具有空间联系，原因可能是三市先天经济基础薄弱，供给质量较差，改革发挥效用的时间较长。

4.4 京津冀供给侧改革效率与其区域协同的空间关联分析

京津冀供给侧改革效率呈现出以京津为高值中心的空间格局，而京津冀供给侧改革区域协同呈现以京津为低值中心的空间格局，表现出一定的规律性。为了挖掘两个空间格局的联系，本节依旧利用变形地图绘制京津冀供给侧协同改革的空间格局地图。变形地图的圆圈大小代表供给侧改革区域协同，圆圈越大代表区域协同越好；圆圈颜色代表供给侧改革效率，颜色越红代表效率越高。利用 Geoda 软件分别绘制 2012—2018 年京津冀供给侧协同改革的变形地图，如图 4-5 所示。

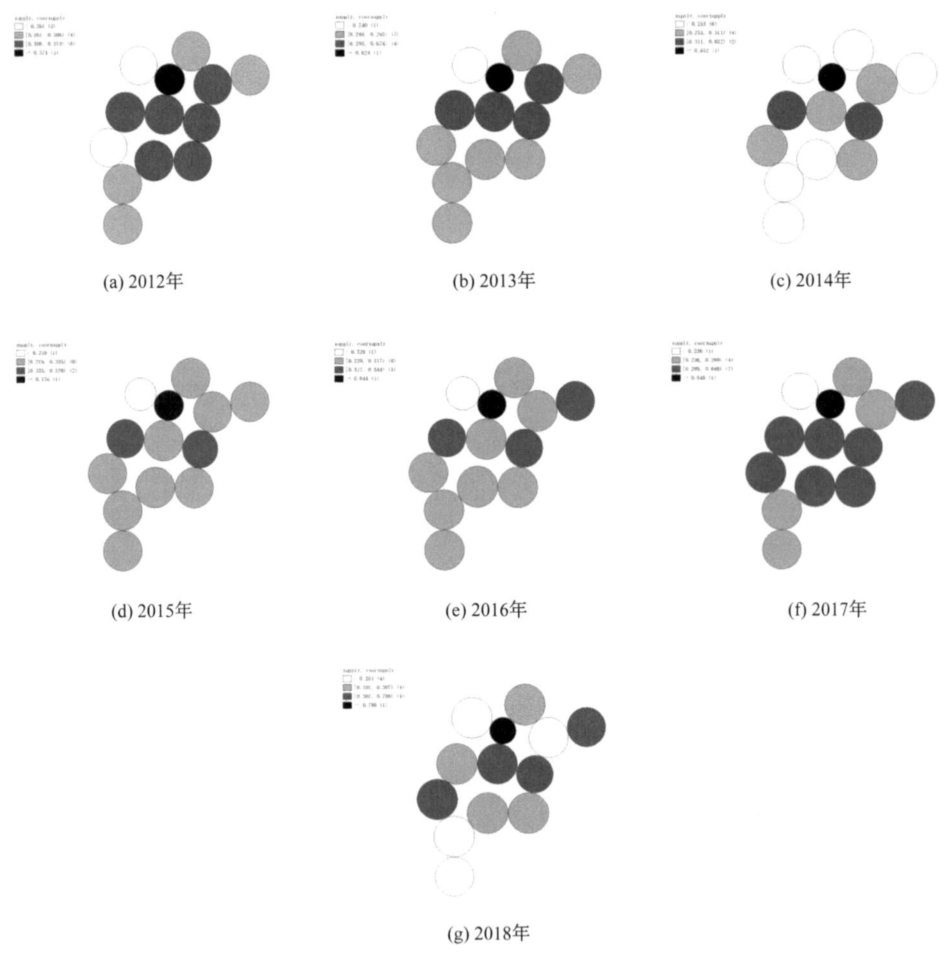

图 4-5　2012—2018 年京津冀供给侧协同改革空间格局

如图 4-5 所示，京津冀供给侧协同改革空间格局的颜色分布特点由“中间深，两端浅”转变为“深浅交错”,大小分布特点始终为“京津圈小、两端圈大”,同样具有显著的空间异质性。

实现供给侧协同改革的理想状态为圈既深又大,但就目前的趋势来看,京津圈在颜色加深的同时也在变小,甚至北京市在 2018 年为最深最小的圈,说明其供给侧效率极高但协同水平极差。在 2015 年前,京津及附近五市的圈既大又深,但京津北部三市与河北省南部两市圈颜色浅且大小适中,说明京津及邻近五市供给侧改革效率高且协同较好,而京津北部三市和河北省最南端两市协同良好但供给侧改革效率较低。在 2015 年以后,虽然京津圈颜色加深且变小的趋势未变,其他圈大小相对变化不明显,但总体颜色分布在供给侧结构性改革后具有显著变化,深色的圈分布更均匀,说明京津冀供给侧改革效率提高的同时市域间差距也发生了变化。

京津冀供给侧协同改革空间格局基本符合扩散效应理论,是以京津为中心向外扩散,但由原本的“向南扩散”变为“向南和东北扩散”。供给侧改革效率“向南扩散”的情况与工业绿色发展类似,两者空间格局在供给侧结构性改革前的一致性也侧面证实了供给侧改革是京津冀工业绿色协同发展的着力点,工业绿色发展不平衡仍需从供给侧改革入手,供给侧协同改革会促进工业绿色协同,但是之后空间格局的不一致可能是由于供给侧结构性改革效果的滞后性。

4.5 本章小结

随着京津冀协同的不断推进,京津冀供给侧改革的空间联系不断加强,运用探索性空间数据分析方法检验京津冀供给侧改革效率及其区域协同的空间相关性,并利用变形地图进一步挖掘两者间的空间联系,结果发现:京津冀供给侧改革效率及其区域协同均具有显著的负空间相关性,但后者趋于减弱。根据 LISA 集聚图可知,京津冀供给侧改革效率及其区域协同的空间格局相似但存在高低值市域分布差异,分别呈现“以京津为高值中心、周边逐渐递减”和“以京津为低值中心、周边逐渐递增”的空间格局。京津冀供给侧协同改革效率空间格局的颜色分布特点由“中间深,两端浅”转变为“深浅交错”,大小分布特点始终为“京津圈小、两端圈大”;京津圈在颜色加深的同时也在变小,说明其供给侧改革效率极高但协同极差;其他市圈大小均适中,京津周边市域颜色深,京津北部与河北南部市域颜色浅,且随着“供给侧结构性改革”的提出,深色的圈分布更均匀,说明京津冀总体供给侧改革效率提高并且市域间差距缩小。

第5章 京津冀供给侧协同改革效率的提升策略分析

根据以上分析,京津冀绿色低碳发展面临着要素市场扭曲、产业结构失衡、制度供给不足等供给侧问题,具体包括劳动力供求失衡、信贷资源错配、资源利用效率低下、创新不足等,供给侧改革势在必行[92-94]。由于供给侧改革偏重从长期来调节经济,而需求侧改革在短期调节中效果明显,再加上供给侧和需求侧息息相关,供给为需求创造对象,需求倒逼供给的转型升级,所以为了更好地促进工业绿色发展,需要供给侧和需求侧两端共同发力[95-96]。传统的需求侧改革是靠投资、出口和消费三驾马车来拉动经济增长,但是随着经济进入新常态,投资增速逐步下降,出口增速负增长[6],传统凯恩斯需求管理尤其是投资和出口管理的效果逐渐变弱[97]。对于消费来说,由于我国人均可支配收入不断提高,居民的消费意愿和消费能力也在上升,对于产品的要求也从"有没有"转变为"好不好"[45]。但是,国内低质产能过剩同时优质产品供给不足,就使得国内的消费外流,反而拉动了国外经济发展。因此,在提高供给质量的同时促使消费回流,让消费者信赖并选择国内产品也是促进工业绿色发展的重要命题。供给侧为主,配合需求端尤其是扩大内需的相关政策,就可以促进京津冀绿色低碳发展水平的整体上升[98]。

在供给侧结构性改革的三个因素中,产业供给是核心,要素供给是手段,制度供给是保障[56];2014年2月26日,习近平总书记在听取京津冀协同发展专题汇报时专门强调要以优化区域分工和产业布局为重点。因此要想疏解短板地区工业绿色协同发展的障碍,归根到底要靠绿色产业协同,而要促进绿色产业协同,就需要绿色要素推动以及制度保驾护航。产业为"一体",要素和制度为"两翼",一体两翼共同驱动京津冀绿色低碳协同发展。

5.1 提升要素供给效率

(1) 提升劳动力供给效率

第七次人口普查数据显示,2020年我国出生人口较2019年下降了约18%,平均每个家庭户规模降至2.62人;为了遏制人口下降趋势,2021年5月,国家宣布放开三胎,即一对夫妻可以生育三个子女,但效果并不理想。这除了与我国特殊的户籍制度有关外,还与目前的“少子化”倾向有很大关系。要提高年轻人的生育意愿,就必须降低抚育成本,这就要求降低房价收入比、完善产假制度、普及公办幼托机构以及减轻教育压力,突破“内卷”。而要突破“内卷”,关键就是通过创新增加更多的就业岗位,这又与提高人口质量息息相关,若不能提高人口素质,增强劳动力供给质量,适时将“人口红利”转化为“人才红利”,只会在低端供给上原地打转,而且还会带来失业、贫困等一系列社会问题,必然不利于绿色低碳发展的顺利推进,因此提高劳动力的数量和质量缺一不可。一方面政府应加大职业教育投入,动员社会民间力量投资教育,目前我国高技能人才短缺,无法满足智能制造发展的需求;另一方面高校应加强职业教育,政府出台优惠政策,中小企业建立现代企业制度,引导受过良好教育的劳动者向中小企业流动,实现资源合理配置,促进产业良性发展,发挥整个产业生产的协同效应;另外,应重视教育质量,加强教育体制改革,基于经济发展的需求灵活设置教学目标、方式和内容。除此之外,引进人才和防止人才外流也须格外重视,长短期政策叠加才能发挥最好的效果。劳动力是最活跃的生产要素,人口流向受基础设施以及公共服务供给的影响很大,因此政府在出台相关政策吸引人才的同时,还要在城市建设以及配套公共服务上下功夫,这样才能真正留住人才。当劳动力质量上升时,人才就会反哺城市,提高城市竞争力,从而形成良性循环。另外,城市文化建设水平的提高如图书馆、艺术馆数量的增加会有利于优秀文化的传播和普及。

(2) 提升资本供给效率

为解决信贷资源的错配现象,一方面加强政府宏观调控,引导投资流向绿色产业、传统产业绿色转型以及新兴产业,建立绿色金融,同时针对这些产业出台优惠政策,大力减税、降息、减费,降低债务负担,降低制度性交易成本,释放企业活力,提高企业竞争力,从而显著改善资源利用水平和环境治理水平;另外,加强基础设施产业投资,既可以改善投资环境,又可以提高绿色消费意愿,提升绿色生活水平;加强农业投资,提高农业机械化水平,加大农业补贴力度,重点攻克能够促进绿色农业发展的生物化学技术,提高受污染耕地安全利用率,降低单位耕地面积化肥、农药使用量。另一方面应厘清政府与市场的关系,加强资源垄断行业的市场化改革,减少资源浪费,提高资源利用效率。一些有条件的国企可依靠其雄厚的资金、人力、技术、政策等优势走在绿色转型的前列,向其他“观望”的企业证明绿色转型的收益,积累绿色转型的经验和技术,从而带动绿色产业的快速发展。但同时须深化国企改革,建立现代企业制度,优化市场环境,促进公平竞争,减少政府直接干预,避免出现新一轮的重复建设现象。

除此之外,扩宽融资渠道也是解决中小企业融资难、融资贵的有效手段。例如适当放宽企业上市条件,扩大注册制试点范围。另外鼓励金融创新,可以将产业升级的项目进行打包,通过资产证券化来吸引更多的投资者,这样一方面降低了中小企业的融资成本,另一方面也丰富了投资者的投资渠道。除了通过银行借贷、私募融资、风险投资等方式给予企业支持外,河北省利用秦皇岛、黄骅等地的港口优势同样可以提高投资质量。引入外商直接投资(FDI)既可以拓宽融资渠道,还可以引进国外的先进技术和制度体系,从而提高自身的要素利用效率,促进经济高质量发展。政府应严格监管外商引进方向,提高外商投资的绿色标准,促进其向清洁型、高效型制造业倾斜,避免投资进入"三高"企业。如衡水可依托滨湖新区建设大力发展高新技术产业,借助政策优势着力构建农产品生产加工的全产业链,提高产品附加价值。另外,充分利用"一带一路"的政策优势以及港口的地理优势强化外向性。唐山、沧州、秦皇岛分别依托曹妃甸工业区、渤海新区、北戴河新区,加强与其他地区的经济联系,主动融入"一带一路"倡议和环渤海合作大格局,成为京津冀经济连接世界的窗口城市。

(3) 提升资源供给效率

提高土地流转效率,一方面应推进户籍制度改革,放开落户限制;另一方面应提高土地流转收益形式的灵活多样性,如吸收农民为产业工人。降低单位 GDP 建设用地面积的主要思路是"改造存量,优化增量",对现有传统工业用地进行绿色改造,围绕行业龙头企业因地制宜的建设产业(链)聚集区,有利于外部经济性和聚集效益的发挥;严格新增项目的审批,控制资源消耗高、环境危害大、产能过剩的项目准入,合理布局产业,建设循环经济工业园区,提高工业废物综合利用率。

要提高能源效率,一方面要利用好现有能源,通过改变燃烧条件、提高燃烧技术等方法增加能源利用效率;另一方面积极寻找和开发新能源、新材料,在增加附加值的同时减少污染。低碳无污染的能源还可以催生出新的产业链,加快工业绿色协同发展。企业应积极提高资源的利用效率,主动开发和使用新能源,改善能源消耗结构。京津冀工业企业中,大多企业依旧使用能耗高,效率低,高污染的落后设备和生产方式,政府应适当给予补贴,激励企业更换淘汰这样的落后设备,积极进行生产方式的绿色转型。与此同时,单一的设备和生产方式改进并不能彻底提高资源利用效率,各地政府应推广新能源的使用,鼓励成立开发新能源服务公司,政府和市场共同引导企业降低传统能源的使用量,增加太阳能、风能等新能源的使用,以及水资源的循环利用等。河北的风能和太阳能储量丰富,具有发展风电光伏产业的天然优势,再加上京津技术优势和政策支持,河北发展新能源占据了天时地利人和。建立风电光伏产业集群后,上下游企业可以共用基础设施、先进技术与设备,节约资源利用。唐山和邯郸的工业基础雄厚,应加快先进技术对传统工业的改造,合理规划工业园区,发展循环经济;邢台依托邢东新区建设,把握新能源产业基地建设的政策优势,加大科技投入强度,聚焦新能源汽车充电桩技术、传统能源的清洁化技术等关键领域,积极投身能源替代产业。

(4) 提升创新供给效率

一方面政府应加大力度维护正常的竞争秩序以保证竞争机制的正常运行,保护企业的绿色创新成果,提高绿色创新收益,激活企业绿色创新活力,包括限制垄断、国企改革、专利保护等;另一方面应加强金融创新,为中小企业提供绿色创新支持,提高绿色产品竞争力。创新的基础是发明,企业绿色创新离不开大学科研机构的基础研究以及中介机构的知识传播,因此构建高效的产学研合作平台是十分必要的[99]。无论是企业出于逐利目的主动进行创新还是发达地区由于产业空心化被倒逼创新,都需要政府、实体企业、中介机构、高等院校等共同参与,才能充分发挥各主体的作用和优势。各主体之间的关系紧密而复杂,当创新体系形成良性循环后,新技术新思想就会相继迸发[100]。

北京市具有其他省市无法比拟的教育优势,高等院校林立为京津冀绿色产业创新奠定了坚实的人才基础。一方面高等院校可以作为各实体企业和中介机构的人才储备基地;另一方面实体企业、中介机构的高管与高校教师可以进行双向互动,教师在企业内获得行业前沿信息,高管在高校深造挖掘理论根源,产学研结合形成创新的正反馈机制。

科技服务中介机构是撮合新技术交易的做市商。它们首先搜集各类企业和高校对于新技术的供求信息,经过筛选后公布在统一的平台上,通过自有资金的买卖及撮合交易使得技术交易市场逐渐活跃和成熟,扩大其知名度和影响力,让更多的人参与进来,这样既鼓励了新技术的诞生又可以减少重复研发造成的资源浪费。而金融服务中介机构可以在科技服务中介机构成立初期为其提供资金支持,也可以作为交易主体本身参与新技术的买卖。通过扩大创新主体,增加创新主体的活跃度和能动性,就能建立创新导向型社会。

中小企业和大企业之间竞争和合作并存。中小企业对于市场变化拥有更敏锐的洞察力和更快的反应,但是由于抗风险能力弱以及资金约束等问题创新活动会受到阻碍;大企业占有的资源更加丰富但是其在经营方向、技术更新等方面转换成本较高,调整较为困难[101]。因此大企业可以在技术流通市场上购买中小企业的新技术,或者直接收购有潜力的中小企业,用自己的资源支持其发展。另外,中小企业通过降低创新门槛,也可以鼓励员工创新。例如利用先进技术优势开发简单好上手的操作系统,让没有太多计算机专业知识但是实践经验丰富的广大员工都可以利用操作系统生成可以提高自己工作效率的新系统。当一个个新系统生成时,小的创新就可以推动社会生产效率的巨大进步。

金融服务中介机构可以为企业提供资金周转帮助,不同金融机构根据项目的不同风险来选择性参与。在目前京津冀企业的融资渠道中,依靠企业自主融资和金融机构信贷得到的资金远少于政府的财政性资金投入,这在一定程度上制约了京津冀协同发展的质量和速度[102]。因此,拓宽融资渠道,加大金融机构对企业的支持力度势在必行。例如银行可参与企业的日常运营借贷活动,而新技术的研发过程具有期初投入多、回收期长、风险大的特点,较为适合风投、私募等参与。另外还可以将风险不同的几个项目进行打包评级,发行资产支持型证券(ABS),鼓励投资者可以根据自己的风险偏好进行选择。这不仅解决了绿色创新产业发展的资金约束问题,还为投资者提供了多样化的投资方式,并且加深了人们对于绿色产业的认识和接受程度,增加了总需求[103]。

政府在整个绿色低碳创新体系中处于管理和监督的角色,既要对高校创新活动给予支持、引导银行等金融机构增加对中小企业的贷款;也要监督各类中介机构按规运营并防止大企业对市场垄断;还要建立健全完善的知识产权保护体系,严厉打击“搭便车”侵权行为,提高企业创新收益,解决创新的后顾之忧,增加各主体的创新意愿。

(5) 以交通枢纽建设为抓手,畅通要素流动

长三角城市群建设较为成功的重要原因之一是其以黄金水道为依托建立起了四通八达的综合立体交通网[104],而目前京津冀的交通网络多集中在以北京、天津为核心的中部和东部,西、北部较少且河北省内部11市之间的直接联系并不紧密。

因此,只有真正建设起"轨道上的京津冀",使 13 个市之间以及内部的要素流动畅通,才能促进产业转移和承接,促进绿色低碳协同发展。

5.2　提升产业供给效率

聚焦关键绿色技术创新,增强绿色产业部门吸引力和扩散效应,带动整个产业升级。从工业化发展阶段来看,产业结构演进依次经历前工业化、工业化初期、中期、后期、后工业化、现代社会等六个阶段,其中在工业化中期阶段高能耗、高排放、高污染的重化工业占据主导地位,不仅导致人们的生活质量下降,而且直接影响到经济的长期持续增长,但由于其规模经济效益显著,在政府的干预下不断扩张造成了落后产能过剩[105]。因此,一方面对于传统产业,减少政府干预,加强市场调节,加速落后产能退出市场;另一方面对于绿色产业、服务业等,加强产业引导和扶持力度,增加基础设施建设的供给,加快产业结构升级步伐。

(1) 立足比较优势,深化产业链分工

在目前的发展阶段,并不是每一个城市都要一味做大,停止扩张并利用自己的比较优势进行发展反而会促进区域共同繁荣。因此,应整合现有资源,优势互补,在京津冀区域内构建完整产业链,补短板、锻长板,避免因产品同质造成不必要的资源浪费和恶性竞争。北京利用科研创新优势解决新能源的开发、储存、运输等技术问题以及高新技术产品的研发,天津负责将新技术转化为生产力,而河北则负责生产制造。这也与《京津冀协同发展规划纲要》中对于各地区的不同功能定位以及 2019 年国家发展改革委提出的"收缩型城市"的概念相契合。收缩不意味着衰败,尤其对河北省 11 市而言,根据各自功能定位、发挥自然资源和地理位置等优势专注发展农业、旅游业等产业比全部发展低端制造业对于促进整体京津冀工业绿色协同发展的作用更大。如承德和张家口受限于功能定位,两地不具备承接京津制造业的政策优势和基础条件,难以通过产业转移实现产业转型升级,因此应将重点放在把握与京津建设协同创新共同体的契机改造升级传统工业上;衡水应依托滨湖新区建设大力发展高新技术产业,借助政策优势着力构建农产品生产加工的全产业链,提高产品附加价值;邢台应依托邢东新区建设,把握新能源产业基地建设的政策优势,加大科技投入强度,聚焦新能源汽车充电桩技术、传统能源的清洁化技术等关键领域,积极投身能源替代产业。

(2) 聚焦产业集群数字化,加强产业合作

极化效应指如果地区间尤其是相邻城市之间存在发展差距,经济状况好的地区就会吸引落后地区的要素和产业流入,这样就会进一步拉大地区间的差距,造成两极分化。扩散效应是指在极化效应发生后,发达城市利用自己的资源优势促进了周边落后地区的发展。对于京津冀地区来说,目前京津的扩散效应对于南部的作用强于北部的原因有三:第一,北京地理上被河北包围,而河北西有太行山,北有燕山,东部沿海,南部为平原,特殊的地形使得北京西、北、东三面环山。河北像一个坚硬的头盔,在拱卫首都的同时也限制了北京对西部和北部的影响力,使北京不得不选择向南发展。第二,2012 年北京为了纾解中心城区的功能,将位于城市东南部的通州定位为城市副中心,此后北京市级行政中心和大批学校迁入通州。城市副中心的建立使得北京对于南部的影响力扩大。另外,天津位于北京东南方,两市的中心城区相距不过 150 公里,北京向南发展有利于和天津形成合力,共同促进区域发展。第三,对于天津来说,总书记在天津考察时强调要以滨海新区为龙头,吸引在京科技服务资源投资。滨海新区位于天津东南部,是环渤海的中心,其地理位置优越,又有港口优势和国家优惠政策,所以天津向南的扩散效应较强。

为了让京津辐射范围更广,产业集群数字化是必由之路[106]。目前产能过剩倒逼企业升级,但企业却面临资金和技术的双重约束,这就需要地方政府联合产业云创新中心给予企业帮助。政府提供资金补贴和政策支持,产业云创新中心提供软硬件技术和培训。地方政府的动力来自企业转型成功后会为地方创造更大的经济效益以及就业岗位,让城市在激烈竞争中领先;当新的产业链培育起来后,产业云创新中心作为产业链的一部分自然也会获益;就企业而言,数字化使生产的各个过程直接上云,上下游企业之间沟通和联系更加紧密,并且在研发过程中,云工业软件也会为企业节省大量的人力物力,缩短研发时间。对于京津冀来说,产业集群数字化不受空间位置的限制,北京和天津的技术优势可以直接覆盖整个京津冀地区,各地之间的沟通交流更加方便快捷,促进了京津冀地区的产业升级和优化。

除此之外,一二三产业的融合发展也是未来的发展趋势之一。例如传统农业和 5G、工业互联网的融合以及第二产业和第三产业的融合会碰撞出新的火花。5G 可以极大地提高上传和下载的数据量和速度,因此河北农村的田间地头就可以安装 5G 热敏摄像头,通过摄像头对农作物进行 24 小时的监控,采集到的数据可以立即上传到云端,由北京、天津研发的系统对病虫害、成熟度等进行分析,而系统也会

及时将结果传送到消杀病虫害及收割农作物的企业,企业就会派出专人进行处理。同时,大数据还可以针对各地的农作物生长状况进行综合分析,结合市场需求对农民提出种植建议,防止“谷贱伤农”的状况发生。工业和农业的结合极大地解放了生产力,减少农业生产成本的同时也增加了生产效率。在未来,三大产业之间的界限会逐渐模糊,类似先进制造业和现代服务业“两业融合”的概念会越来越多,从而为经济高质量发展赋能。

5.3 提升制度供给效率

供给侧结构性改革核心内容之一就是打破经济发展的桎梏,让制度变革推动先进生产力发展。在推动工业绿色协同发展过程中,制度是制约各类社会活动的“天花板”,个人、企业等都在制度的约束下行动[4],这就涉及了政府力量和市场力量的博弈问题。市场对于资源的配置较为准确,但是需要的时间较长且市场调整过程中可能会由于外部性、信息不对称等原因导致市场失灵,市场失灵将进一步导致区域差距扩大,降低工业绿色协同发展水平;政府规制对经济的影响作用大、见效快,但很容易会对经济造成过度干预,再加上可能出现的政府寻租行为,就会造成“政府失灵”[5]。制度阻碍了先进生产力的发展导致产业升级缓慢,为了尽快促进经济发展,政府对要素的价格、配置进行干预,但当干预过度时就会造成要素市场扭曲,进一步阻碍了工业绿色发展,形成恶性循环。因此,在工业绿色发展的不同阶段需要不断调整和平衡政府与市场的关系。

我国有政府调控的历史惯性。不管是古代大一统的中央集权制度还是新中国成立后持续实行四十多年的计划经济体制,都强调了政府的主导作用,形成了政府调控为主、市场调控为辅的格局。由于我国的市场经济还不成熟和完善,贸然放开管制会造成经济剧烈波动,因此在未来一段时期内有力政府调控的格局仍将持续,但是政府将在一些领域逐渐退出、简政放权,使经济逐步向完全市场化方向发展。

我国有市场调控的现实需要。2012 年经济进入新常态,随着我国全方面与世界接轨,经济社会不断发展,“弱市场”在要素合理配置、产业优化升级上无法发挥最大作用,“强政府—弱市场”的格局不再适应现实需要[5]。因此要培育发展“强市场”,让市场在资源配置中发挥决定性作用,政府调控与市场调控共同推进京津冀工业绿色协同发展。供给侧结构性改革的目标之一就是释放企业活力[13]、正确处理好政府和市场的关系[107]。因此为突出市场的重要作用,推动京津冀产业协同从而促进京津冀工业绿色协同发展,政府就要不缺位不越位,只做“裁判员”,不做“运动员”。在政府进行制度的顶层设计后,通过要素自由流动来促进产业协同,使经济达到帕累托最优。

(1) 建立多层次的利益协调机制

我国的三大经济圈中,只有京津冀位于北方,京津冀可以视为北方城市协同发展的试点和缩影[108],在“北方重政,南方重商”的背景下,如何开辟京津冀地区协同发展道路成为目前亟待解决的问题。长三角地区协同发展水平高的一个重要原因就是在组织架构上建立了包括决策层、协调层和执行层的“三级运作”机制[109-111],各省市域间都有联席会议定期进行利益协调。与长三角地区不同的是,河北与北京、天津之间的差距较大,河北各市在行政级别上与京津不对等,只靠地方很难建立行之有效的联席会议制度,因此要依靠中央的力量主导建立定期的多层次运作机制。除了京津冀之间,河北省内各市也要加强联系与沟通,对于涉及地方切身利益的财税制度、环境保护的利益补偿等进行进一步协商。因此,在京津冀协同发展顶层设计中的组织架构方面,需要建立市域间横向协调机制以及从中央到地方的纵向仲裁机制,形成对京津冀协同发展的软约束和硬约束,如图 5-1 所示。“燕赵多义士”,自元朝起北京成为首都,河北就成为畿辅重地,扮演着保卫北京的角色。“蓝天保卫战”中,处在工业化中期向后期过渡的河北关停大批重污染企业,在保护生态环境的同时也在经济上作出了牺牲。河北不仅放弃了部分潜在的发展机会,在一些地区还出现了因生态治理致贫的情况。但是京津的发展不能以牺牲河北为代价,河北和京津差距过大会造成更为严重的隐患[112]。环境保护具有显著的正外部性,同时环境破坏也具有显著的负外部性。京、津、冀三地地缘相接、人缘相亲,共荣共生,因此河北在环境保护中做出贡献的同时需要京津在产业转移、基础设施建设以及财政转移支付等方面给予补偿,以利益共享、成本共担、生态补偿为原则建立机制。

就利益共享机制而言,河北放弃的发展机会,京津要在产业转移中首先考虑河北来予以补偿。但是由于产业转移涉及税收问题,北京“不想放”河北“接不着”问题较为严重。即使一些企业迁入河北,在目前制度下税收权仍掌握在北京手中[113]。因此,除了促进产业分工和产业转移,还要改革现有的注册地纳税制度。京、津、冀三地可基于对企业成本—收益的区域贡献度来分享税收,即如产品的研发地位于北京,制造地位于河北,属于北京的应纳税所得额即总收益×研发成本占总成本的比重;属于河北的应纳税所得额即总收益×制造成本占总成本的比重。若河北降低制造业企业的税率,则会促使大批制造业企业落地河北,加速产业转移。

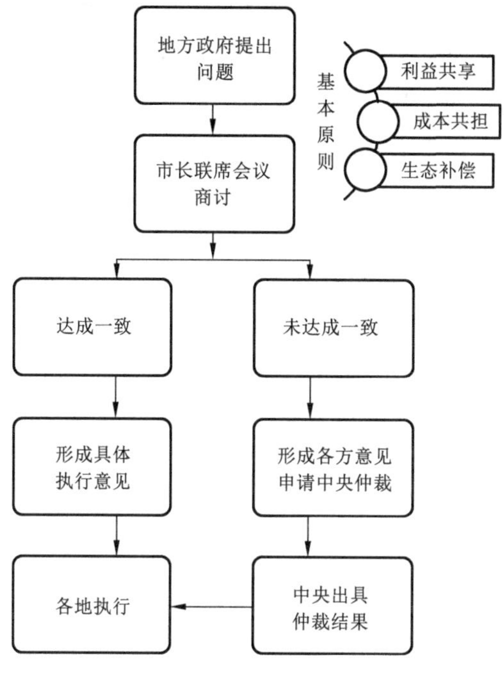

图 5-1　京津冀政府间的利益协调机制

就成本共担机制而言,京津冀绿色低碳协同发展中会涉及基础设施的建设,尤其是以 5G 基站建设、特高压、人工智能等为代表的新基建将成为经济发展的新动力。京津冀三地政府可依据基础设施对本地区贡献度为权重共同分摊成本,在计算权重时,不应仅考虑经济成本,还应该将社会成本、生态成本以及机会成本考虑在内,减少各地“搭便车”现象,达成共赢。

就生态补偿机制而言,污染治理和环境保护是急需的公共物品,会产生大量的交易成本[114],因此为了避免各地考虑交易费用后出现“理性无知”,需要建立适当的生态补偿机制,同时对京津和河北进行约束。具体而言,生态补偿主要包括恢复或破坏生态系统的成本补偿、经济活动破坏生态系统产生的外部成本内部化、区域保护生态系统的机会成本补偿、保护生态系统的投入。应根据“谁受益,谁付费”的原则建立生态补偿机制,包括补偿主体、对象、形式、标准等。其中,恢复或破坏生态系统的成本补偿、区域保护生态系统的机会成本补偿和保护生态系统的投入的主体主要是地方政府,但地方政府财力有限,因此应加大中央政府的财政支持,建立京津冀生态补偿中心,并引入公益性组织、私人部门参与;外部成本内部化的主体主要是企业,但由于市场机制不成熟,外部成本内部化并没有发挥减少破坏的作用,因此应尽快健全市场机制,包括碳排放权交易市场、排污权交易市场等。补偿形式单一化,补偿标准缺乏持续性,对补偿对象没有起到真正的激励作用,生态补偿机制将不能发挥效应,因此应针对不同对象,建立多元化机制,通过项目、资金、技术等多种形式给予补偿,如河北省为保护京津冀生态环境,关停了大量"三高两低"企业,放弃了很多发展机会,在短期内造成了经济损失,因此京津应通过产业转移给予补偿,中央政府应给予重大项目补偿。

除了京津冀三地政府之间要建立上述利益协调机制外,在各地区内也要注意政府、企业和劳动力三个主体之间的利益协调,如图 5-2 所示。对于政府而言,首先,同一地区不同届政府之间存在利益协调问题。囿于目前的政绩考核标准,当届政府可能会出现一些短期行为,这就可能会损害当地经济长远发展以及下一届政府的利益,因此将地区长远发展纳入考核标准是未来努力方向之一。其次,引入数字化治理模式可以打破信息孤岛,增强政企人之间的沟通互联,便利各主体之间的利益协调。利用北京技术优势,打造数字化治理模式,将所有的政务信息、科技创新信息、经济运行状况、环境联防联控信息、文化旅游信息等全部上云,在提高办事效率、提升政府对经济控制力的同时便于企业和个人搜索信息,减少不必要的资源浪费。最后,政府为了让经济、资源、环境协调发展,必须要在社会再生产的各个环节即生产、分配、交换和消费中完善其监管。重视生态成本和社会成本,通过碳交易以及征收碳税等方式促使企业重视污染的防治;通过就业的税收优惠等方式鼓励企业增加就业岗位。

企业受政府政策影响并发挥主观能动性追求利润最大化,不同企业之间也存在利益的协调。第一,在国企与中小企业尤其是国企中的"僵尸企业"和创新型中小企业之间存在着资源的竞争。在解决产能过剩问题中,"僵尸企业"大而不倒的现象十分突出。一方面"僵尸企业"已经生产不出市场需要的产品但是仍然占有大量的土地、银行贷款等资源;另一方面"僵尸企业"解决了一定数量的就业问题,骤然迫使其破产会造成失业率的上升以及经济动荡,同时一旦"僵尸企业"破产,银行就会产生大量的坏账,由于金融机构之间的借贷关系复杂,资金链的一部分断裂就有可能会产生连锁反应,引发金融市场的动荡。因此,政府应逐步减少对"僵尸企业"的支持,迫使其在破产和主动转型之间进行抉择,引导其利用自己的低成本资金以及劳动力、土地等优势投资或者收购创新型中小企业，同时针对其内部管理进行改革，用壮士断腕的决心让企业重获生机。第二，在创新型企业之间也存在资源竞争。生产同质产品很容易引发恶性竞争，因此在政府的逐步引导下利用上述数字化云平台在产业链中找到适合本企业的位置既有利于各企业之间优势互补，减少资源浪费，还有利于补全地区的产业链，发挥规模效应和成本优势。在创新型企业中，还可以继续发展技术与大型设备租赁的生产性服务业，创新资源共享有利于企业的共同发展。第三，企业也会为了追求眼前利益而存在短期行为，如套取国家创新补偿以及不经处理就任意排污等，这就损害了政府和其他企业的利益。因此除了加强政府监管外，还要倡导行业自律以及公众舆论监督。

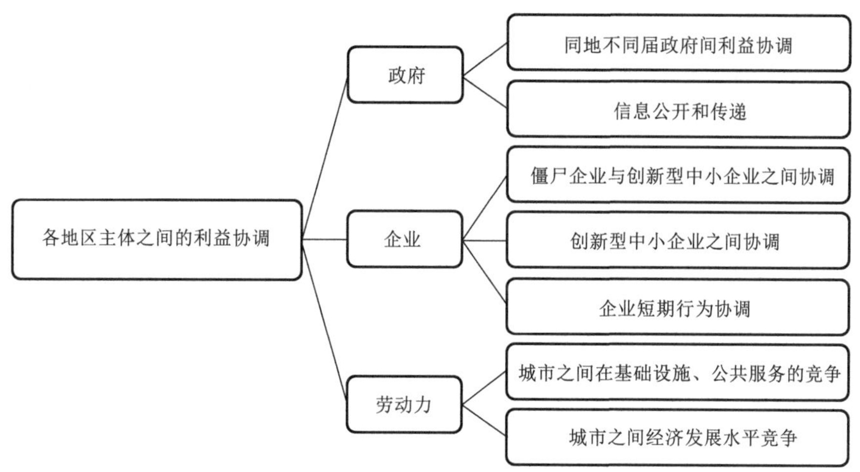

图 5-2　京津冀各主体之间的利益协调机制

劳动力是最活跃的生产要素，基础设施的差异很大程度影响了人口集聚的方向，而公共服务的跨区域供给则可以阻碍或者促进人口在各区域之间流动。因此人民与企业和政府之间存在隐形的利益协调问题，如果人民对现状不满意就可以“用脚投票”离开城市，而企业和城市失去了人才的支持则会进一步衰落，所以企业和政府之间的竞争也是人才的竞争。政府在布局新产业时需要将公共服务和配套生活设施考虑在内，企业在搬迁以及设立分部时也要衡量当地的经济发展水平。

《周易》言“利者，义之和也”，最高的道义就是满足最大多数利益相关者的需求。随着社会的发展以及新事物的产生，会有更多的新情况新现象出现，利益协调机制也要不断与时俱进，才能更好促进京津冀工业绿色协同发展，才能加快形成以国内大循环为主体，国内国际双循环相互促进的新发展格局。

(2) 打破预算软约束,减少价格扭曲和资源错配

政府为促进地区经济增长、增加就业,通过为国企背书等形式引导银行等金融机构将贷款资源向这些企业倾斜,使得国企的资金运用超过了其当期收益,即产生了预算软约束问题[115]。但这样一方面可能使国企产生道德风险,对经营风险、市场变化变得不敏感;另一方面又会迫使银行不能完全履行对贷款企业的监管和审查职责,当企业的经营发生问题不能及时归还贷款时,为了避免企业破产造成银行坏账过多从而引发连锁的系统风险,银行只能继续为这些“僵尸企业”贷款。因此,政府应逐步减少对“僵尸企业”的支持,在适当领域打破国企垄断,引入市场竞争,让市场逐步淘汰落后产业。债务方面,存量债务银行要加强成本控制和预算约束,通过资产管理公司对不良资产进行收购、管理和处置,逐渐消化存量;增量债务要严格审批,完善信息披露制度,加强银行监管和大众监督。实现资源“腾笼换鸟”,利用“僵尸企业”退出后腾出的资源促进高新技术企业发展,这在促进产业结构优化升级的同时也降低了系统性金融风险[116]。

(3) 引导社会资本投资流向,让企业在竞争中发展

目前形成的过剩产能除了政府通过行政手段促成以外,大批社会投资者根据政府产业政策指导来进行投资也是重要的原因[2]。因此,当地政府可以根据本地区的功能定位以及资源禀赋适当放出信号引导社会资本流向,但须注意政府扶持的尺度,不能重蹈目前落后产能的覆辙,再成立一批“僵尸企业”。目前市场上企业鱼龙混杂,甚至有企业挂羊头卖狗肉,套取政府补贴,造成“劣币驱逐良币”现象[117]。因此政府不能直接通过拉低要素价格对企业利润进行补贴,而应该让企业在竞争中发展,减少不必要的政府干预,降低制度性交易成本,为企业减负;将政府的工作重心转移至监督与提高公共事业水平中,强化政府的服务功能,优化创新环境,营造公平公正的市场环境,使企业能够自由进入或退出,这样通过市场机制筛选出来的企业才能禁受考验,才能促进产业升级,使各地区协同发展。

5.4 本章小结

基于前文对京津冀供给侧协同改革效率的双重异质性总结、障碍因素诊断及空间相关性分析,从要素供给效率、产业供给效率和制度供给效率三方面提出提升策略。

第 6 章　结论

加强生态文明建设是打造京津冀世界级城市群的重要突破口，绿色低碳发展是推进京津冀生态文明建设的题中之义。京津冀绿色低碳发展当前面临着传统要素驱动效应下降而新动能培育不足、资源环境约束严重、产品质量低下、产能过剩、区域间梯度差异显著、转型升级难等困境，必须立足京津冀协同发展战略，坚持供给侧改革加强要素创新、产业升级、制度改革才能走出一条新型工业绿色化道路。有鉴于此，本书立足供给侧改革实践始于 2012 年、"供给侧结构性改革"提出于 2015 年的理论认知，通过分阶段比较，总结时间异质性；立足京津冀发展不平衡的现实基础，通过分地区比较，总结空间异质性；立足京津冀协同发展的战略推进，论证空间相关性。主要观点和结论体现在以下几个方面。

供给侧改革是相对于需求侧改革而言的，着眼于生产端的劳动力、资本、土地（资源）、创新、制度等要素的有效供给，通过改革的方式解放和发展生产力，进而促进经济增长。2015 年，中央明确提出了供给侧结构性改革，分为要素层面、产业层面和制度层面，涵盖微观、中观和宏观。参考庆祝改革开放 40 周年系列选题研究中心对改革开放以来我国供给侧改革与需求侧改革的节点研判，基于学理论证和政策连贯的认知，供给侧结构性改革属于供给侧改革的范畴，更加强调改革的系统性和层次性，是对供给侧改革更精准和更高层面的深化。供给侧协同改革包括供给侧改革效率上升和供给侧改革区域协同（即区域之间供给侧改革效率差距的缩小），其中供给侧改革是基础。

基于供给侧改革的内涵，构建了涵盖要素供给、产业供给、制度供给 3 个准则 8 个指标的区域供给侧改革效率测度指标体系，兼顾主观与客观，综合运用 AHP 法和改进熵权法计算权重。在此基础上：(1) 对 2012—2018 年京津冀供给侧改革效率进行测度并总结时间变化趋势。结果发现：2012 年以来京津冀总体的供给侧改革效率较为稳定，波动趋势并不明显。其中，要素供给效率呈先下降后上升的"U"形趋势，产业供给效率呈线性增长态势，制度供给效率呈波动降低趋势。相对于 2012—2014 年，自 2015 年"绿色发展"和"供给侧结构性改革"提出以来，要素供给、产业供给以及供给侧改革效率平均增速有所上升；制度供给效率的平均增速由正转负，转为波动下降趋势。京津冀市域间经济发展不平衡，2012—2018 年京津冀 13 市供给侧改革效率存在较大差异，形成了北京“一家独大”的局面。其中，北京、天津、石家庄、秦皇岛、承德等供给侧改革效率呈波动上升趋势，其余市呈扁平“L”形降低趋势；要素供给效率除北京、天津、秦皇岛呈波动上升趋势外，其余市均呈扁平“V”形发展趋势；产业供给效率除天津外，其余市均呈波动上升趋势；制度供给效率除天津、石家庄、秦皇岛、承德呈波动上升趋势外，其余市均呈波动降低趋势。相对于 2012—2014 年，2015 年以来，除唐山、邯郸、保定等平均增速由正转负外，其余市供给侧改革效率的平均增速均有所提高；除唐山、邯郸、保定等要素供给效率进一步降低但速度减缓外，其余市平均增速均有所提高；天津市产业供给效率进一步降低，但降速减缓，唐山市年均增速由正转负，其余市平均增速均有所提高；除北京、天津、石家庄、秦皇岛等制度供给效率上升速度提高外，其余市年均增速均由正转负，转为波动降低趋势。为进一步明确空间格局，根据“厚今薄古”的原则引入时间加权向量，结果发现研究期内，其空间布局较为明显，高水平区域大多分布在“心房”和“心室”部位，即中部核心功能区与东部滨海区，低水平区域大多集中在“心底”部位，即西北部地区的生态涵养区。(2)综合运用协同度模型和收敛性模型，设置分级标准，分别对 2012—2018 年京津冀供给侧改革区域协同指数进行测度并总结时空特征，结果发现：自 2012 年以来京津冀总体要素供给、供给侧改革区域协同指数均呈先下降后回升的扁平“V”形趋势且已跌入中级协同区间；产业供给区域协同指数则呈先平稳后上升趋势但始终处于不协同区间；制度供给区域协同指数呈波浪式下降趋势且已跌入中级协同区间。相对于 2012—2014 年，2015 年以来京津冀总体要素供给、产业供给、制度供给、供给侧改革区域协同均逐渐改善，区域协同指数大体均由下降变为波动上升趋势。根据收敛性分析，供给侧改革相对低水平地区将逐渐趋同于高水平地区，京津冀总体供给侧改革区域协同有望升至优质协同区间；且京津冀总体供给侧改革收敛速度快于工业绿色发展，因此充分发挥供给侧改革利好机制可以有效促进京津冀工业绿色区域协同收敛。京津冀各市域间供给侧改革并不平衡，2012—2018 年间京津冀 13 市要素供给、制度供给区域协同指数基本呈波动下降趋势，石家庄、唐山、邢台、保定、衡水等要素供给区域协同指数均由良好协同跌至中级协同区间，张家口、保定等制度供给区域协同指数均跌至不协同区间；产业供给区域协同指数虽波动上升，但各市均处于不协同区间；供给侧改革区域协同指数呈现明显波动性特征，其中天津、张家口、北京等大体在不协同和初级协同之间徘徊，唐山、秦皇岛、邯郸、廊坊等由良好协同跌至中级协同区间，石家庄、张家口等则由中级协同跨入良好协同区间。相对于 2012—2014 年，2015 年以来要素供给、产业供给、供给侧改革区域协同指数的下降趋势均有所改善，除天津、石家庄、唐山、邯郸、保定等产业供给区域协同指数持续降低外，其余市均有所回升；制度供给区域协同指数波动性减弱，除保定市由良好协同跌至不协同区间外，其余市大体处于中级协同区间。为进一步明确空间格局，根据“厚今薄古”的原则引入时间加权向量，结果发现，沧州、廊坊、衡水等市供给侧改革区域协同趋势相对明朗，且均位于京津冀中“右心室”位置，而北京、天津等供给侧改革区域协同趋势相对较差，均位于京津冀中心部位，逐渐形成以北京、天津两市为夹心的半包围式空间格局。(3) 对京津冀供给侧改革效率与供给侧改革区域协同的互动关系进行格兰杰因果检验，结果表明：供给侧改革效率不是供给侧改革区域协同的格兰杰原因，而供给侧改革区域协同是供给侧改革效率的格兰杰原因；京津冀供给侧改革区域协同尚未对供给侧改革效率产生显著影响。

为进一步分析导致京津冀供给侧协同改革现有水平与理想水平之间存在差距的障碍因素，通过个体累加求和改进传统障碍度模型，对 2012—2018 年京津冀供给侧改革及其区域协同障碍因素的障碍度进行测算并总结时间变化趋势，进而引入时间加权向量描述障碍因素的空间格局，结果发现：(1) 就供给侧改革效率而言，万人专利申请授权量、基础设施产业投资占比、产业结构高度化和市场调控为京津冀总体的重点障碍因子，且产业供给>要素供给>制度供给；人力资本为北京市和天津市的重点障碍因子，万人专利申请授权量和产业结构高度化为除北京市以外 12 市的重点障碍因子，基础设施产业投资占比为除张家口市和秦皇岛市以外 11 市的重点障碍因子，市场调控为北京市、天津市、秦皇岛市、邢台市、保定市、张家口市、承德市、廊坊市和衡水市的重点障碍因子，第二产业固定资产投资效益、工业能源效率和国企改革在京津冀 13 市均不是重点障碍因子；从各市准则层障碍度来看，除北京市和张家口市外，其他 11 市均为产业供给>要素供给>制度供给。(2) 就供给侧改革区域协同而言，万人专利申请授权量、基础设施产业投资占比、产业结构高度化和国企改革为京津冀总体的重点障碍因子，且要素供给>产业供给>制度供给；第二产业固定资产投资效益为石家庄市和保定市的重点障碍因子，万人专利申请授权量、产业结构高度化为京津冀 13 市的重点障碍因子，基础设施产业投资占比为除北京市以外12市的重点障碍因子,国企改革为天津市、石家庄市、邯郸市、保定市、张家口市、承德市、沧州市、廊坊市的重点障碍因子,人力资本、工业能源效率和市场调控在京津冀13市均不是重点障碍因子;从各市准则层障碍度来看,北京市、唐山市、秦皇岛市、邢台市和衡水市为产业供给>要素供给>制度供给,其他8市均为要素供给>产业供给>制度供给。

随着京津冀协同的不断推进,京津冀供给侧改革的空间联系不断加强,运用探索性空间数据分析方法检验京津冀供给侧改革效率及其区域协同的空间相关性,并利用变形地图进一步挖掘两者间的空间联系,结果发现:京津冀供给侧改革效率及其区域协同均具有显著的负空间相关性,但后者趋于减弱。根据LISA集聚图可知,京津冀供给侧改革效率及其区域协同的空间格局相似但存在高低值市域分布差异,分别呈现"以京津为高值中心、周边逐渐递减"和"以京津为低值中心、周边逐渐递增"的空间格局。京津冀供给侧协同改革效率空间格局的颜色分布特点由"中间深,两端浅"转变为"深浅交错",大小分布特点始终为"京津圈小、两端圈大";京津圈在颜色加深的同时也在变小,说明其供给侧改革效率极高但协同极差;其他市圈大小均适中,京津周边市域颜色深,京津北部与河北南部市域颜色浅,且随着"供给侧结构性改革"的提出,深色的圈分布更均匀,说明京津冀总体供给侧改革效率提高并且市域间差距缩小。

参考文献

[1] 王晓芳,权飞过. 供给侧结构性改革背景下的创新路径选择[J]. 上海经济研究,2016(3):3-12.

[2] 鞠蕾,高越青,王立国. 供给侧视角下的产能过剩治理:要素市场扭曲与产能过剩[J]. 宏观经济研究,2016(5):3-15.

[3] 刘伟. 经济增长与结构演进[M]. 北京:中国人民大学出版社,2016.

[4] 冯俏彬,贾康. 我国供给侧改革的背景、理论模型与实施路径[J]. 经济学动态,2017(7):35-43.

[5] 王赫奕,王义保. 供给侧改革的动因与规制研究:基于政府与市场的博弈关系[J]. 中国软科学,2018(3):76-85.

[6] 余斌,吴振宇. 供需失衡与供给侧结构性改革[J]. 管理世界,2017(8):1-7.

[7] 许卫兵. 我省国企加快供给侧结构性改革[N]. 河北日报,2016-02-25(1).

[8] 贾康. 供给侧改革及相关基本学理的认识框架[J]. 新疆师范大学学报(哲学社会科学版),2018,39(2):44-51.

[9] 纪念改革开放40周年系列选题研究中心. 重点领域改革节点研判:供给侧与需求侧[J]. 改革,2016(1):35-51.

[10] 龚刚. 论新常态下的供给侧改革[J]. 南开学报(哲学社会科学版),2016(2):13-20.

[11] 方福前. 中国学者谈供给侧改革[M]. 北京:中国人民大学出版社,2017.

[12] 郝宇,郑少卿,彭辉. "供给侧改革"背景下中国能源经济形势展望[J]. 北京理工大学学报(社会科学版),2017,19(2):28-34.

[13] 洪银兴. 准确认识供给侧结构性改革的目标和任务[J]. 中国工业经济,2016(6):14-21.

[14] 贾康,苏京春. 论供给侧改革[J]. 管理世界,2016(3):1-24.

[15] 王一鸣. 通过供给侧改革重塑发展动力[N]. 人民日报,2015-12-28(17).

[16] 江小国. 供给侧改革[M]. 北京:中国人民大学出版社,2017.

[17] 文建东,宋斌. 供给侧结构性改革:经济发展的必然选择[J]. 新疆师范大学学报(哲学社会科学版),2016,37(2):20-27.

[18] 李雪冬,江可申,夏海力. 供给侧改革引领下双三角异质性制造业要素扭曲及生产率比较研究[J]. 数量经济技术经济研究,2018(5):23-39.

[19] 李佐军. 准确把握供给侧改革[N]. 北京日报,2015-12-28(17).

[20] 韩保江. 供给侧结构性改革是推动我国经济高质量发展的关键[N]. 中国经济时报,2019-03-01(6).

[21] 何立峰. 深化供给侧结构性改革 推动经济高质量发展[N]. 学习时报,2020-01-08(1).

[22] 周密,刘秉镰. 供给侧结构性改革为什么是必由之路?——中国式产能过剩的经济学解释[J]. 经济研究,2017(2):67-81.

[23] 洪银兴. 培育新动能:供给侧结构性改革的升级版[J]. 经济科学,2018(3):5-13.

[24] 李翀. 论供给侧改革的理论依据和政策选择[J]. 经济社会体制比较,2016(1):9-18.

[25] 黄群慧. 论中国工业的供给侧结构性改革[J]. 中国工业经济,2016(9):5-23.

[26] 徐成龙,庄贵阳. 供给侧改革驱动中国工业绿色发展的动力结构及时空效应[J]. 地理科学,2018,38(6):849-858.

[27] 李旭红. 我国减税降费政策的突出特点[N]. 中国财经报,2019-07-23(6).

[28] 方福前. 正确认识和处理供给侧改革与需求侧管理的关系[J]. 经济理论与经济管理,2021,41(4):4-11.

[29] 郭克莎. 供给侧结构性改革[J]. 经济研究,2022,57(5):4-12.

[30] 孙忠娟,范合君,李纪珍. 何种创新政策更有效?——基于企业规模的异质性分析[J]. 经济管理,2022(2):73-87.

[31] 任保平,苗新宇. 中国供给侧结构性改革的绩效评价研究[J]. 中国软科学,2022(8):19-30.

[32] 丁志国,张炎炎,任浩锋. 供给侧结构性改革的“去产能”效应测度[J]. 数量经济技术经济研究,2020(7):3-25.

[33] 朱方明,蔡彭真. 供给侧结构性改革如何提升制造业供给质量?[J]. 上海经济研究,2022(3):63-76.

[34] 黄群慧. 新冠肺炎疫情对供给侧的影响与应对:短期和长期视角[J]. 经济纵横,2020(5):46-57.

[35] 罗良文,梁圣蓉. 论新常态下中国供给侧结构性动力机制的优化[J]. 新疆师范大学学报(哲学社会科学版)2016,37(2):28-36.

[36] 孙久文,李承璋. 需求侧与供给侧结合的消费升级路径研究[J]. 中国人民大学学报,2022(2):52-62.

[37] 贺灿飞,陈韬. 供给侧路径、需求侧路径与出口比较优势提升[J]. 中国工业经济,2021(10):98-116.

[38] 高照军,张宏如. 供给侧结构性改革下制造业服务化与企业生产率的关系研究[J]. 科研管理,2022,43(1):49-60.

[39] 贾康,苏京春. 探析“供给侧”经济学派所经历的两轮“否定之否定”——对“供给侧”学派的评价、学理启示及立足于中国的研讨展望[J]. 财政研究,2014(8):2-16.

[40] 马一德. 聚焦“八字方针”深化供给侧结构性改革[N]. 经济日报,2019-01-17(12).

[41] 林远,梁倩. 供给侧改革的核心需激活生产要素[N]. 经济参考报,2015-11-30(8).

[42] 曹立. 新时代经济热点解读[M]. 北京:新华出版社,2018.

[43] 《供给侧结构性改革研究的基本理论与政策框架》课题组. 推进供给侧结构性改革的基本理论与政策框架[J]. 宏观经济研究,2017(3):3-15.

[44] 贾康,苏京春. 科学认识供给侧改革——中国供给侧改革与美国供给学派理论实践的区别[N]. 浙江日报,2016-04-11(15).

[45] 卢宁. 供给侧结构性改革的核心要义与地方政府实践探索——以浙江为例[J]. 华东经济管理,2016,30(10):31-36.

[46] 金碚. 基于价值论与供求论范式的供给侧结构性改革研析[J]. 中国工业经济,2017(3):5-16.

[47] 杨继国,朱东波. 马克思结构均衡理论与中国供给侧结构性改革[J]. 上海经济研究,2018(1):5-16.

[48] 孙久文,孙翔羽,夏添. 中国区域经济发展报告[M]. 北京:中国人民大学出版社,2018.

[49] 孙久文. 区域经济前沿:区域协调发展的理论与实践[M]. 北京:中国人民大学出版社,2020.

[50] 魏进平,刘鑫洋,魏娜. 京津冀协同发展的历程回顾、现实困境与突破路径[J]. 河北工业大学学报(社会科学版),2014,6(2):1-6,12.

[51] 田智宇,杨宏伟. 我国城市绿色低碳发展问题与挑战——以京津冀地区为例[J]. 中国能源,2014,36(11):25-29.

[52] 薄文广,陈飞. 京津冀协同发展:挑战与困境[J]. 南开学报(哲学社会科学版),2015(1):110-118.

[53] 张燕,魏后凯. 中国区域协调发展的 U 型转变及稳定性分析[J]. 江海学刊,2012(2):78-85.

[54] 李红锦,张宁,李胜会. 区域协调发展:基于产业专业化视角的实证[J]. 中央财经大学学报,2018(6):106-118.

[55] 冯志峰. 供给侧结构性改革的理论逻辑与实践路径[J]. 经济问题,2016(2):12-17.

[56] 徐君,李巧辉,王育红. 供给侧改革驱动资源型城市转型的机制分析[J]. 中国人口·资源与环境,2016,26(10):53-60.

[57] 王韶华,何美璇,张伟,等. 供给侧要素对京津冀工业能源强度的异质性影响分析[J]. 现代管理科学,2021(3):8-18.

[58] 王韶华,刘晔,何美璇,等. 京津冀工业部门供给侧效率测度——差异性、相关性与协调性[J]. 华东经济管理,2021,35(4):71-81.

[59] 王韶华,杨志葳,刘晔,等. R&D 投入、盈利能力和政府调控对京津冀工业绿色发展的影响分析——基于供给侧结构性改革视角[J]. 管理现代化,2021,41(5):33-38.

[60] 王韶华,赵旸春,何美璇,等. 京津冀供给侧改革效率与供给侧改革区

域协同的关系——基于变形地图和格兰杰因果检验[J]. 地域研究与开发,2022,41(2):21-26.

[61] 周密,朱俊丰,郭佳宏. 供给侧结构性改革的实施条件与动力机制研究[J]. 管理世界,2018(3):11-26.

[62] 邵光学,王锡森. 供给侧结构性改革研究评述[J]. 经济学家,2016(12):95-100.

[63] 孟祥兰,邢茂源. 供给侧改革背景下湖北高质量发展综合评价研究——基于加权因子分析法的实证研究[J]. 数理统计与原理,2019,38(4):675-687.

[64] 冯俏彬. 供给侧改革:核心是制度创新与制度供给[N]. 中国经济时报,2016-03-18(5).

[65] 杨丽,孙之淳. 基于熵值法的西部新型城镇化发展水平测评[J]. 经济问题,2015(3):115-119.

[66] 张旭,魏福丽,袁旭梅. 中国省域高质量绿色发展水平评价与演化[J]. 经济地理,2020,40(2):108-116.

[67] 王韶华,杨志葳,张伟,等. 京津冀工业绿色协同发展测度及障碍因子诊断[J]. 统计与信息论坛,2022,37(1):34-44.

[68] 郭亚军,姚远,易平涛. 一种动态综合评价方法及应用[J]. 系统工程理论与实践,2007(10):154-158.

[69] 周佳宁. 京津冀城市群绿色发展水平测度与提升路径研究[D]. 中国矿业大学,2019.

[70] 刘慧. 区域差异测度方法与评价[J]. 地理研究,2006(4):710-718.

[71] 段小微,叶信岳,房会会. 区域经济差异常用测度方法与评价——以河南省为例[J]. 河南科学,2014,32(4):632-638.

[72] 李胜会,宗洁. 优势制造业与区域协调发展的耦合研究——珠三角的实证[J]. 南方经济,2016(8):75-93.

[73] BARRO R J, SALA-I-MARTIN X. Technology diffusion convergence and growth[J]. Journal of Economic Growth,1997, 2(1): 1-26.

[74] 李巍,原付川,汤润清. 书写供给侧结构性改革的“唐山范本”[N]. 河北日报,2016-12-19(1).

[75] 赵弘. 北京供给侧结构性改革的推进路径和成效[N]. 北京日报,2016-09-26(18).

[76] 王一鸣. 中国经济新一轮动力转换与路径选择[J]. 管理世界,2017,281(2):1-14.

[77] 陈福中,刘成,卢景新. 供给侧结构性改革背景下技术创新对京津冀产业结构升级调整的影响——基于京津冀1985—2016年面板数据实证考察[J]. 科技管理研究,2019,39(9):10-16.

[78] 王莎,童磊,贺玉德. 京津冀产业结构与生态环境交互耦合关系的定量测度[J]. 软科学,2019,33(3):75-79.

[79] 李健,王尧,王颖. 京津冀区域经济发展与资源环境的脱钩状态及驱动因素[J]. 经济地理,2019,39(4):43-49.

[80] 戴宏伟,王云平. 产业转移与区域产业结构调整的关系分析[J]. 当代财经,2008(2):93-98.

[81] 张学良. 中国交通基础设施促进了区域经济增长吗——兼论交通基础设施的空间溢出效应[J]. 中国社会科学,2012(3):60-77,206.

[82] 郑新业,张阳阳,黄阳华. 供给侧结构性改革与宏观调控:分工与互补[J]. 中国人民大学学报,2017,31(5):51-59.

[83] 彭建交. 经济一体化与京津冀协同[M]. 北京:中国人民大学出版社,2017.

[84] 陈宗胜. 七大举措破解供给侧改革五个难题[N]. 天津日报,2016-03-07(9).

[85] 刘志彪. 二八定律 经济分化的规律性和供给侧改革的必要性[N]. 天津日报,2016-06-13(9).

[86] 毛涛. 解决好工业绿色发展外部性问题[N]. 中国环境报,2021-01-15(3).

[87] 秦容军. 国外碳达峰碳中和经验借鉴及对我国煤炭行业发展的启示[J]. 煤炭经济研究,2021,41(3):23-27.

[88] 孙才志,董璐,郑德凤. 中国农村水贫困风险评价、障碍因子及阻力类型分析[J]. 资源科学,2014(5):895-905.

[89] 王韶华,何美璇,刘晔,等. 京津冀工业绿色发展水平测度及障碍因子

诊断[J]. 统计与决策,2021,37(20):109-112.

[90] 黄石松. 北京供给侧改革的重点[N]. 北京日报,2016-05-30(18).

[91] 韦颜秋,贾宇洋. 深化供给侧改革 打造国家租赁创新示范区[N]. 天津日报,2021-08-23(9).

[92] 武义青,张云. 着力推进供给侧结构性改革[N]. 河北日报,2016-01-06(7).

[93] 任保平. 供给侧改革是高质量发展的主线和抓手[N]. 经济参考报,2019-08-21(5).

[94] 林勇明,任荣荣. 激发绿色发展内生动力[N]. 人民日报海外版,2021-09-21(8).

[95] 易先忠,郑帝. 大国供需对接助推供给侧结构性改革[N]. 中国社会科学报,2020-01-08(5).

[96] 曹新. 供给侧改革与需求侧管理有机结合形成新发展格局[N]. 中国审计报,2021-01-20(5).

[97] 刘伟. 经济新常态与供给侧结构性改革[J]. 管理世界,2016(7):1-9.

[98] 王遥. 协同发力 共促绿色发展[N]. 中国财经报,2021-08-26(5).

[99] 杨承训. 为绿色发展注入强劲科技动能[N]. 人民日报,2021-07-20(9).

[100] 张健. 产学研互动与区域协同发展[M]. 北京:中国人民大学出版社,2017.

[101] 王孝松,张瑜. 企业规模与创新效率——基于中国高技术产业的经验分析[J]. 吉林大学社会科学学报,2021,61(3):129-141,236-237.

[102] 刘宾. 非首都功能疏解背景下京津冀产业协同发展研究[J]. 宏观经济管理,2018(8):68-73.

[103] 赵红梅. 京冀合作启动永定河绿色发展股权投资基金[N]. 河北日报,2021-08-02(5).

[104] 熊娜,郑军,汪发元. 长三角区域交通高质量一体化发展水平评估[J]. 改革,2019(7):141-149.

[105] 吴进红. 绿色发展与产业结构变迁[M]. 南京:南京大学出版社,2019.

［106］ 张晓. 充分发挥数字经济对供给侧改革的驱动和支撑作用［N］. 人民邮电,2020-06-15(3).

［107］ 曹芳,陆卫明. 供给侧结构性改革研究谱系——概念厘定、理论旨趣与实践创制［J］. 现代经济探讨,2016(8):24-29.

［108］ 刘秉镰,孙哲. 京津冀区域协同的路径与雄安新区改革［J］. 南开学报(哲学社会科学版),2017(4):12-21.

［109］ 崔晶. 都市圈地方政府协作治理［M］. 北京:中国人民大学出版社,2015.

［110］ 王振. 长三角协同发展战略研究［M］. 上海:上海社会科学院出版社,2018.

［111］ 张学良,林永然,孟美侠. 长三角区域一体化发展机制演进:经验总结与发展趋向［J］. 安徽大学学报(哲学社会科学版),2019,43(1):138-147.

［112］ 王淑佳,任亮,孔伟,等. 京津冀区域生态环境-经济-新型城镇化协调发展研究［J］. 华东经济管理,2018,32(10):61-69.

［113］ 齐子翔. 府际关系背景的利益协调与均衡:观察京津冀［J］. 改革,2014(2):79-89.

［114］ 赵新峰,袁宗威. 京津冀区域政府间大气污染治理政策协调问题研究［J］. 中国行政管理,2014(11):18-23.

［115］ 中国人民银行营业管理部课题组,周学东,李宏瑾,等. 预算软约束、融资溢价与杠杆率——供给侧结构性改革的微观机理与经济效应研究［J］. 经济研究,2017,52(10):53-66.

［116］ 徐立文. 多措并举推动央企绿色发展［N］. 中国环境报,2021-09-27(3).

［117］ 薛洲,耿献辉,曹光乔,等. 定额补贴模式能够促进农机装备制造企业创新吗——以拖拉机制造行业为例［J］. 农业经济问题,2021(2):98-106.

附 表

附表 1 北京市 2012—2018 年供给侧改革效率测度指标、标准化数据及区域协同指数

类型	原数据								标准化数据								区域协同指数							
年份	B_{11}	B_{12}	B_{13}	B_{14}	B_{21}	B_{22}	B_{31}	B_{32}	B_{11}	B_{12}	B_{13}	B_{14}	B_{21}	B_{22}	B_{31}	B_{32}	B_{11}	B_{12}	B_{13}	B_{14}	B_{21}	B_{22}	B_{31}	B_{32}
2012	17.06	24.41	1.36	36.43	24.35	418.98	18.90	79.92	0.32	0.85	0.38	0.42	0.31	0.85	0.74	0.58	0.81	0.47	0.61	0.13	0.68	0.16	0.62	0.94
2013	16.32	29.63	1.71	42.51	23.07	419.37	17.66	79.47	0.26	1.00	0.52	0.51	0.29	0.85	0.77	0.56	0.85	0.27	0.53	0.12	0.71	0.16	0.66	0.94
2014	16.40	34.70	1.88	42.05	25.46	422.52	17.69	79.38	0.27	0.99	0.59	0.60	0.33	0.86	0.77	0.56	0.87	0.17	0.52	0.11	0.68	0.16	0.72	0.94
2015	14.91	43.32	1.94	18.28	24.15	444.71	16.52	75.78	0.14	0.41	0.61	0.75	0.31	0.91	0.80	0.43	0.80	0.30	0.53	0.14	0.72	0.16	0.63	0.92
2016	13.85	47.09	2.08	34.21	23.71	453.58	16.48	75.04	0.05	0.80	0.67	0.82	0.30	0.93	0.80	0.41	0.75	0.18	0.51	0.13	0.74	0.16	0.63	0.91
2017	14.13	49.27	2.26	23.73	31.83	467.51	15.73	75.64	0.08	0.55	0.74	0.86	0.45	0.96	0.82	0.43	0.73	0.17	0.51	0.13	0.72	0.17	0.63	0.91
2018	13.73	57.33	2.91	42.08	33.65	482.81	15.30	77.43	0.04	0.99	1.00	1.00	0.48	1.00	0.83	0.49	0.78	0.12	0.41	0.16	0.69	0.17	0.63	0.93

附表 2 天津市 2012—2018 年供给侧改革效率测度指标、标准化数据及区域协同指数

类型	原数据								标准化数据								区域协同指数							
年份	B_{11}	B_{12}	B_{13}	B_{14}	B_{21}	B_{22}	B_{31}	B_{32}	B_{11}	B_{12}	B_{13}	B_{14}	B_{21}	B_{22}	B_{31}	B_{32}	B_{11}	B_{12}	B_{13}	B_{14}	B_{21}	B_{22}	B_{31}	B_{32}
2012	17.67	14.15	1.20	14.09	25.35	59.01	15.23	83.62	0.37	0.31	0.31	0.24	0.33	0.03	0.84	0.71	0.83	0.69	0.61	0.17	0.63	0.72	0.52	0.95
2013	18.10	16.88	1.25	10.65	23.57	59.54	14.92	82.61	0.41	0.23	0.33	0.29	0.30	0.03	0.84	0.67	0.89	0.69	0.60	0.17	0.66	0.72	0.56	0.95

续表

类型	原数据								标准化数据								区域协同指数							
年份	B_{11}	B_{12}	B_{13}	B_{14}	B_{21}	B_{22}	B_{31}	B_{32}	B_{11}	B_{12}	B_{13}	B_{14}	B_{21}	B_{22}	B_{31}	B_{32}	B_{11}	B_{12}	B_{13}	B_{14}	B_{21}	B_{22}	B_{31}	B_{32}
2014	17.92	17.37	1.35	7.88	21.12	59.81	12.39	81.93	0.39	0.16	0.37	0.30	0.26	0.03	0.91	0.65	0.89	0.66	0.59	0.17	0.65	0.72	0.52	0.95
2015	15.70	24.14	1.50	7.13	24.84	60.08	10.27	80.75	0.21	0.14	0.43	0.42	0.32	0.03	0.96	0.61	0.83	0.63	0.58	0.19	0.67	0.71	0.41	0.94
2016	13.58	25.44	1.67	9.73	21.82	60.97	9.58	79.26	0.03	0.21	0.50	0.44	0.27	0.03	0.98	0.55	0.74	0.50	0.55	0.19	0.68	0.71	0.39	0.94
2017	13.24	26.77	1.81	1.22	21.95	63.92	9.38	82.30	0.00	0.00	0.56	0.46	0.27	0.04	0.98	0.66	0.69	0.28	0.56	0.19	0.69	0.70	0.41	0.93
2018	14.44	35.06	1.89	1.19	16.57	67.03	8.70	83.50	0.10	0.00	0.59	0.61	0.18	0.05	1.00	0.70	0.80	0.26	0.54	0.21	0.59	0.70	0.37	0.90

附表 3　石家庄市 2012—2018 年供给侧改革效率测度指标、标准化数据及区域协同指数

类型	原数据								标准化数据								区域协同指数							
年份	B_{11}	B_{12}	B_{13}	B_{14}	B_{21}	B_{22}	B_{31}	B_{32}	B_{11}	B_{12}	B_{13}	B_{14}	B_{21}	B_{22}	B_{31}	B_{32}	B_{11}	B_{12}	B_{13}	B_{14}	B_{21}	B_{22}	B_{31}	B_{32}
2012	23.55	3.32	0.64	6.76	16.00	71.49	43.04	89.69	0.87	0.13	0.09	0.05	0.17	0.07	0.13	0.92	0.87	0.38	0.64	0.49	0.69	0.75	0.67	0.94
2013	22.21	3.62	0.68	3.90	17.13	71.62	35.15	89.25	0.76	0.07	0.11	0.05	0.19	0.07	0.33	0.91	0.84	0.32	0.63	0.53	0.67	0.74	0.71	0.93
2014	21.20	4.18	0.75	4.23	19.11	74.61	30.12	89.04	0.67	0.07	0.13	0.06	0.22	0.08	0.46	0.90	0.85	0.56	0.63	0.51	0.71	0.74	0.76	0.93
2015	19.95	5.41	0.81	2.35	20.81	79.17	40.57	87.46	0.57	0.03	0.16	0.08	0.25	0.09	0.20	0.84	0.89	0.44	0.63	0.52	0.72	0.73	0.59	0.92
2016	21.34	6.49	0.87	1.92	22.54	83.24	46.46	87.41	0.68	0.02	0.18	0.10	0.28	0.10	0.05	0.84	0.85	0.33	0.62	0.49	0.75	0.73	0.52	0.92
2017	20.78	6.89	0.95	4.02	27.18	89.18	16.87	86.94	0.63	0.07	0.21	0.11	0.36	0.11	0.79	0.83	0.88	0.70	0.61	0.52	0.76	0.73	0.66	0.92
2018	19.88	10.46	1.06	2.29	35.68	94.60	23.92	83.70	0.56	0.03	0.26	0.17	0.51	0.13	0.62	0.71	0.87	0.52	0.61	0.53	0.68	0.72	0.85	0.92

附表 4 唐山市 2012—2018 年供给侧改革效率测度指标、标准化数据及区域协同指数

类型	原数据								标准化数据								区域协同指数							
年份	B_{11}	B_{12}	B_{13}	B_{14}	B_{21}	B_{22}	B_{31}	B_{32}	B_{11}	B_{12}	B_{13}	B_{14}	B_{21}	B_{22}	B_{31}	B_{32}	B_{11}	B_{12}	B_{13}	B_{14}	B_{21}	B_{22}	B_{31}	B_{32}
2012	19.90	2.34	0.42	29.93	17.15	50.79	27.22	91.64	0.56	0.70	0.00	0.03	0.19	0.01	0.53	0.99	0.89	0.55	0.56	0.54	0.70	0.73	0.79	0.92
2013	19.56	3.11	0.45	20.27	28.74	49.81	25.66	91.88	0.53	0.46	0.01	0.04	0.39	0.01	0.57	1.00	0.90	0.53	0.56	0.55	0.65	0.72	0.80	0.91
2014	20.77	3.39	0.49	8.86	27.85	50.29	25.96	91.57	0.63	0.19	0.03	0.05	0.38	0.01	0.56	0.99	0.86	0.67	0.56	0.53	0.66	0.72	0.80	0.91
2015	20.81	4.11	0.51	7.35	27.94	51.54	22.75	90.30	0.64	0.15	0.04	0.06	0.38	0.01	0.65	0.94	0.87	0.64	0.56	0.58	0.68	0.71	0.74	0.89
2016	18.16	4.18	0.52	6.90	28.82	54.04	22.36	89.89	0.41	0.14	0.04	0.06	0.39	0.02	0.66	0.93	0.87	0.58	0.54	0.57	0.68	0.71	0.73	0.90
2017	20.19	4.66	0.54	4.50	27.90	57.84	26.92	89.85	0.58	0.08	0.05	0.07	0.38	0.03	0.54	0.93	0.88	0.66	0.53	0.60	0.76	0.71	0.79	0.89
2018	19.38	6.69	0.58	5.05	18.65	60.64	25.83	88.11	0.52	0.09	0.06	0.11	0.21	0.04	0.57	0.87	0.88	0.50	0.54	0.63	0.64	0.72	0.82	0.88

附表 5 秦皇岛市 2012—2018 年供给侧改革效率测度指标、标准化数据及区域协同指数

类型	原数据								标准化数据								区域协同指数							
年份	B_{11}	B_{12}	B_{13}	B_{14}	B_{21}	B_{22}	B_{31}	B_{32}	B_{11}	B_{12}	B_{13}	B_{14}	B_{21}	B_{22}	B_{31}	B_{32}	B_{11}	B_{12}	B_{13}	B_{14}	B_{21}	B_{22}	B_{31}	B_{32}
2012	17.44	3.97	0.53	23.60	29.35	119.90	33.92	82.45	0.35	0.54	0.05	0.06	0.40	0.19	0.36	0.67	0.83	0.65	0.62	0.44	0.62	0.49	0.80	0.96
2013	16.69	4.55	0.58	11.90	26.73	121.59	32.50	82.86	0.29	0.26	0.06	0.07	0.36	0.20	0.40	0.68	0.87	0.72	0.61	0.44	0.68	0.48	0.75	0.96
2014	16.91	4.27	0.61	9.61	27.08	121.94	31.70	82.34	0.31	0.20	0.07	0.06	0.36	0.20	0.42	0.66	0.88	0.64	0.61	0.50	0.67	0.49	0.72	0.95
2015	18.58	9.87	0.66	8.95	35.01	123.92	31.13	81.74	0.45	0.19	0.10	0.16	0.50	0.20	0.43	0.64	0.88	0.57	0.62	0.36	0.61	0.50	0.71	0.95
2016	19.72	10.40	0.69	12.16	38.24	127.56	29.99	81.80	0.55	0.27	0.11	0.17	0.56	0.21	0.46	0.64	0.88	0.45	0.62	0.36	0.58	0.51	0.70	0.95
2017	19.37	9.71	0.63	12.03	43.44	132.89	23.91	82.49	0.52	0.26	0.08	0.16	0.65	0.23	0.62	0.67	0.88	0.30	0.59	0.42	0.61	0.52	0.78	0.95
2018	19.11	9.20	0.66	14.69	38.86	132.39	21.81	82.19	0.49	0.33	0.10	0.15	0.57	0.23	0.67	0.66	0.89	0.29	0.60	0.56	0.65	0.55	0.82	0.93

附表 6　邯郸市 2012—2018 年供给侧改革效率测度指标、标准化数据及区域协同指数

类型	原数据								标准化数据								区域协同指数							
年份	B_{11}	B_{12}	B_{13}	B_{14}	B_{21}	B_{22}	B_{31}	B_{32}	B_{11}	B_{12}	B_{13}	B_{14}	B_{21}	B_{22}	B_{31}	B_{32}	B_{11}	B_{12}	B_{13}	B_{14}	B_{21}	B_{22}	B_{31}	B_{32}
2012	25.12	1.25	0.43	16.86	20.98	65.12	34.46	87.45	1.00	0.38	0.01	0.01	0.25	0.05	0.35	0.84	0.82	0.75	0.57	0.48	0.69	0.78	0.79	0.95
2013	23.28	1.59	0.46	8.74	19.47	65.24	19.84	88.01	0.85	0.18	0.02	0.02	0.23	0.05	0.72	0.86	0.80	0.64	0.56	0.51	0.71	0.78	0.72	0.94
2014	22.37	1.60	0.50	4.44	15.40	67.97	19.13	86.86	0.77	0.08	0.03	0.02	0.16	0.06	0.74	0.82	0.81	0.58	0.57	0.49	0.64	0.78	0.77	0.95
2015	19.51	3.50	0.52	3.59	18.88	72.12	17.65	83.61	0.53	0.06	0.04	0.05	0.22	0.07	0.77	0.71	0.89	0.60	0.56	0.61	0.70	0.77	0.66	0.94
2016	20.06	2.22	0.55	3.85	22.86	75.82	17.35	84.18	0.57	0.06	0.05	0.03	0.29	0.08	0.78	0.73	0.88	0.60	0.56	0.46	0.75	0.77	0.66	0.94
2017	21.26	2.56	0.58	2.74	23.10	81.23	26.07	83.81	0.68	0.04	0.07	0.03	0.29	0.09	0.56	0.72	0.87	0.63	0.57	0.48	0.74	0.77	0.79	0.94
2018	19.07	4.10	0.63	2.48	23.83	86.17	29.53	81.88	0.49	0.03	0.09	0.06	0.31	0.11	0.47	0.65	0.89	0.54	0.58	0.52	0.69	0.77	0.75	0.93

附表 7　邢台市 2012—2018 年供给侧改革效率测度指标、标准化数据及区域协同指数

类型	原数据								标准化数据								区域协同指数							
年份	B_{11}	B_{12}	B_{13}	B_{14}	B_{21}	B_{22}	B_{31}	B_{32}	B_{11}	B_{12}	B_{13}	B_{14}	B_{21}	B_{22}	B_{31}	B_{32}	B_{11}	B_{12}	B_{13}	B_{14}	B_{21}	B_{22}	B_{31}	B_{32}
2012	22.93	1.36	0.63	11.58	12.52	48.05	27.04	83.67	0.82	0.25	0.08	0.01	0.10	0.01	0.54	0.71	0.88	0.62	0.64	0.50	0.62	0.70	0.79	0.96
2013	21.08	1.59	0.71	7.09	10.70	47.82	23.76	83.85	0.66	0.14	0.12	0.02	0.07	0.00	0.62	0.72	0.87	0.55	0.63	0.51	0.51	0.70	0.79	0.96
2014	19.16	1.77	0.75	3.34	8.51	49.38	22.86	82.11	0.50	0.05	0.13	0.02	0.03	0.01	0.64	0.66	0.90	0.46	0.63	0.51	0.42	0.71	0.80	0.95
2015	20.46	3.46	0.80	2.87	12.13	52.07	22.97	78.83	0.61	0.04	0.15	0.05	0.10	0.02	0.64	0.54	0.88	0.52	0.63	0.61	0.55	0.72	0.74	0.95
2016	20.15	3.59	0.85	4.08	15.93	54.29	22.48	79.28	0.58	0.07	0.17	0.05	0.17	0.02	0.65	0.56	0.88	0.61	0.63	0.58	0.65	0.72	0.73	0.95
2017	21.46	3.85	0.91	3.68	21.56	56.93	24.12	79.98	0.69	0.06	0.20	0.06	0.26	0.03	0.61	0.58	0.87	0.71	0.61	0.58	0.72	0.70	0.78	0.95
2018	19.69	6.24	0.95	3.27	22.65	59.58	22.00	76.99	0.54	0.05	0.21	0.10	0.28	0.04	0.66	0.47	0.87	0.58	0.61	0.63	0.68	0.70	0.83	0.93

附表 8 保定市 2012—2018 年供给侧改革效率测度指标、标准化数据及区域协同指数

类型	原数据								标准化数据								区域协同指数							
年份	B_{11}	B_{12}	B_{13}	B_{14}	B_{21}	B_{22}	B_{31}	B_{32}	B_{11}	B_{12}	B_{13}	B_{14}	B_{21}	B_{22}	B_{31}	B_{32}	B_{11}	B_{12}	B_{13}	B_{14}	B_{21}	B_{22}	B_{31}	B_{32}
2012	20.59	2.39	1.39	20.17	14.28	65.68	32.49	85.90	0.62	0.46	0.39	0.03	0.14	0.05	0.40	0.79	0.89	0.71	0.60	0.54	0.67	0.78	0.81	0.96
2013	16.98	2.86	1.42	18.22	18.27	64.67	26.76	84.15	0.31	0.41	0.40	0.04	0.21	0.05	0.54	0.73	0.88	0.57	0.61	0.55	0.69	0.78	0.79	0.96
2014	19.02	2.95	1.64	12.11	18.40	65.45	24.96	84.92	0.49	0.26	0.49	0.04	0.21	0.05	0.59	0.75	0.90	0.53	0.57	0.54	0.70	0.79	0.81	0.95
2015	21.54	3.70	1.77	8.39	22.36	69.50	24.82	82.83	0.70	0.17	0.54	0.05	0.28	0.06	0.59	0.68	0.85	0.59	0.56	0.60	0.72	0.78	0.74	0.95
2016	21.36	4.11	1.80	11.36	23.75	71.32	23.53	82.40	0.68	0.25	0.55	0.06	0.30	0.07	0.63	0.67	0.85	0.48	0.56	0.58	0.74	0.78	0.74	0.95
2017	21.78	4.71	1.88	4.28	27.90	77.16	29.25	80.76	0.72	0.07	0.59	0.07	0.38	0.08	0.48	0.61	0.86	0.69	0.57	0.60	0.76	0.78	0.75	0.95
2018	15.75	6.91	1.96	5.78	25.09	80.98	23.94	65.79	0.21	0.11	0.62	0.11	0.33	0.09	0.62	0.08	0.85	0.47	0.56	0.63	0.69	0.79	0.85	0.83

附表 9 张家口市 2012—2018 年供给侧改革效率测度指标、标准化数据及区域协同指数

类型	原数据								标准化数据								区域协同指数							
年份	B_{11}	B_{12}	B_{13}	B_{14}	B_{21}	B_{22}	B_{31}	B_{32}	B_{11}	B_{12}	B_{13}	B_{14}	B_{21}	B_{22}	B_{31}	B_{32}	B_{11}	B_{12}	B_{13}	B_{14}	B_{21}	B_{22}	B_{31}	B_{32}
2012	19.37	0.59	0.43	13.08	39.11	75.70	31.73	78.39	0.52	0.29	0.00	0.00	0.58	0.08	0.42	0.52	0.88	0.68	0.57	0.28	0.49	0.72	0.81	0.92
2013	16.83	0.95	0.45	11.78	36.79	74.66	41.83	77.61	0.30	0.26	0.01	0.01	0.53	0.08	0.16	0.50	0.88	0.72	0.56	0.37	0.55	0.72	0.61	0.92
2014	15.61	1.19	0.48	6.01	33.96	73.81	23.82	75.56	0.20	0.12	0.02	0.01	0.48	0.07	0.62	0.42	0.84	0.67	0.55	0.40	0.58	0.74	0.81	0.90
2015	16.59	1.78	0.53	4.00	38.36	76.28	48.35	71.38	0.28	0.07	0.05	0.02	0.56	0.08	0.00	0.28	0.86	0.63	0.57	0.39	0.58	0.75	0.50	0.87
2016	17.18	1.89	0.57	3.52	43.21	82.11	48.05	71.68	0.33	0.06	0.06	0.02	0.65	0.09	0.01	0.29	0.86	0.56	0.57	0.42	0.54	0.74	0.51	0.88
2017	16.93	2.22	0.59	3.36	49.76	88.69	29.46	66.88	0.31	0.05	0.07	0.03	0.76	0.11	0.48	0.12	0.83	0.70	0.58	0.45	0.54	0.73	0.74	0.82
2018	13.99	3.04	0.65	12.96	63.06	86.50	25.27	63.54	0.06	0.28	0.09	0.04	1.00	0.11	0.58	0.00	0.79	0.31	0.59	0.42	0.42	0.77	0.83	0.80

附表 10　承德市 2012—2018 年供给侧改革效率测度指标、标准化数据及区域协同指数

类型	原数据								标准化数据								区域协同指数							
年份	B_{11}	B_{12}	B_{13}	B_{14}	B_{21}	B_{22}	B_{31}	B_{32}	B_{11}	B_{12}	B_{13}	B_{14}	B_{21}	B_{22}	B_{31}	B_{32}	B_{11}	B_{12}	B_{13}	B_{14}	B_{21}	B_{22}	B_{31}	B_{32}
2012	21.82	0.80	0.60	17.28	30.88	59.44	39.28	80.05	0.72	0.39	0.07	0.00	0.43	0.03	0.23	0.58	0.89	0.75	0.64	0.36	0.60	0.78	0.72	0.94
2013	20.18	0.85	0.63	13.77	35.93	58.52	31.94	79.42	0.58	0.30	0.08	0.00	0.52	0.03	0.41	0.56	0.89	0.67	0.63	0.34	0.56	0.78	0.76	0.94
2014	18.29	0.85	0.67	8.32	35.77	59.61	30.22	81.06	0.43	0.17	0.10	0.00	0.52	0.03	0.46	0.62	0.90	0.69	0.62	0.31	0.56	0.78	0.76	0.95
2015	19.50	1.40	0.67	5.27	42.65	61.67	28.53	78.47	0.53	0.10	0.10	0.01	0.64	0.04	0.50	0.53	0.89	0.66	0.62	0.32	0.53	0.78	0.74	0.95
2016	20.00	1.68	0.68	6.40	56.60	64.25	27.59	78.89	0.57	0.13	0.10	0.02	0.89	0.04	0.52	0.54	0.88	0.60	0.61	0.39	0.42	0.77	0.73	0.95
2017	19.66	2.17	0.72	4.20	41.96	68.57	28.16	76.96	0.54	0.07	0.12	0.03	0.63	0.05	0.51	0.47	0.88	0.69	0.60	0.44	0.62	0.77	0.77	0.93
2018	18.97	3.51	0.74	3.53	41.00	73.36	20.30	74.54	0.48	0.06	0.13	0.05	0.61	0.06	0.71	0.39	0.89	0.57	0.60	0.47	0.62	0.78	0.78	0.91

附表 11　沧州市 2012—2018 年供给侧改革效率测度指标、标准化数据及区域协同指数

类型	原数据								标准化数据								区域协同指数							
年份	B_{11}	B_{12}	B_{13}	B_{14}	B_{21}	B_{22}	B_{31}	B_{32}	B_{11}	B_{12}	B_{13}	B_{14}	B_{21}	B_{22}	B_{31}	B_{32}	B_{11}	B_{12}	B_{13}	B_{14}	B_{21}	B_{22}	B_{31}	B_{32}
2012	23.68	1.45	1.23	19.20	11.57	67.37	33.80	88.92	0.88	0.44	0.32	0.02	0.09	0.05	0.37	0.90	0.87	0.73	0.63	0.50	0.59	0.77	0.80	0.94
2013	20.00	1.79	1.33	9.87	11.99	66.27	30.32	88.30	0.57	0.21	0.37	0.02	0.10	0.05	0.45	0.87	0.90	0.69	0.62	0.52	0.55	0.78	0.77	0.94
2014	19.75	2.09	1.41	7.58	15.43	65.66	29.07	87.83	0.55	0.15	0.40	0.03	0.16	0.04	0.49	0.86	0.89	0.70	0.61	0.53	0.65	0.79	0.77	0.94
2015	21.34	3.01	1.32	5.10	14.74	67.63	28.34	85.40	0.68	0.09	0.36	0.04	0.14	0.05	0.50	0.77	0.85	0.66	0.61	0.56	0.62	0.79	0.74	0.93
2016	21.13	3.58	1.26	4.70	14.54	70.42	27.22	85.76	0.66	0.09	0.34	0.05	0.14	0.06	0.53	0.78	0.85	0.63	0.60	0.58	0.61	0.79	0.73	0.93
2017	22.18	4.03	1.35	2.95	15.66	74.87	25.44	84.89	0.75	0.04	0.37	0.06	0.16	0.07	0.58	0.75	0.84	0.66	0.60	0.59	0.58	0.78	0.79	0.93
2018	20.99	6.46	1.31	2.00	15.15	79.65	29.24	83.07	0.65	0.02	0.36	0.10	0.15	0.08	0.48	0.69	0.83	0.48	0.60	0.63	0.58	0.79	0.75	0.93

附表 12 廊坊市 2012—2018 年供给侧改革效率测度指标、标准化数据及区域协同指数

类型	原数据								标准化数据								区域协同指数							
年份	B_{11}	B_{12}	B_{13}	B_{14}	B_{21}	B_{22}	B_{31}	B_{32}	B_{11}	B_{12}	B_{13}	B_{14}	B_{21}	B_{22}	B_{31}	B_{32}	B_{11}	B_{12}	B_{13}	B_{14}	B_{21}	B_{22}	B_{31}	B_{32}
2012	20.98	3.32	1.27	16.36	17.95	56.44	23.88	85.06	0.65	0.37	0.34	0.05	0.20	0.02	0.62	0.76	0.90	0.75	0.63	0.49	0.70	0.77	0.74	0.96
2013	18.34	3.57	1.34	12.36	20.73	58.41	22.64	84.95	0.43	0.27	0.37	0.05	0.25	0.03	0.65	0.76	0.91	0.71	0.62	0.53	0.71	0.78	0.77	0.96
2014	17.79	4.77	1.34	7.11	19.93	61.93	19.37	86.10	0.38	0.14	0.37	0.07	0.24	0.04	0.73	0.80	0.90	0.69	0.62	0.47	0.71	0.79	0.77	0.95
2015	15.39	6.49	1.39	6.56	18.00	66.30	19.31	80.52	0.18	0.13	0.39	0.10	0.20	0.05	0.73	0.60	0.83	0.65	0.61	0.47	0.69	0.79	0.69	0.95
2016	15.51	6.62	1.50	4.94	18.48	70.52	18.88	81.29	0.19	0.09	0.43	0.11	0.21	0.06	0.74	0.63	0.81	0.63	0.59	0.48	0.70	0.79	0.69	0.95
2017	16.63	7.37	1.63	3.07	26.13	76.27	11.07	79.77	0.29	0.05	0.49	0.12	0.35	0.07	0.94	0.57	0.83	0.68	0.59	0.50	0.76	0.78	0.50	0.95
2018	17.40	11.47	1.66	3.03	34.31	80.91	24.00	80.04	0.35	0.04	0.50	0.19	0.49	0.08	0.61	0.58	0.88	0.57	0.58	0.50	0.68	0.79	0.85	0.93

附表 13 衡水市 2012—2018 年供给侧改革效率测度指标、标准化数据及区域协同指数

类型	原数据								标准化数据								区域协同指数							
年份	B_{11}	B_{12}	B_{13}	B_{14}	B_{21}	B_{22}	B_{31}	B_{32}	B_{11}	B_{12}	B_{13}	B_{14}	B_{21}	B_{22}	B_{31}	B_{32}	B_{11}	B_{12}	B_{13}	B_{14}	B_{21}	B_{22}	B_{31}	B_{32}
2012	22.85	2.18	1.44	15.23	9.05	46.35	25.56	84.09	0.81	0.34	0.41	0.03	0.04	0.00	0.57	0.73	0.88	0.74	0.58	0.54	0.48	0.68	0.77	0.96
2013	18.37	2.46	1.56	10.73	7.60	46.10	25.04	82.66	0.43	0.23	0.46	0.03	0.02	0.00	0.59	0.67	0.91	0.72	0.57	0.55	0.38	0.68	0.80	0.96
2014	15.10	2.40	1.75	5.63	6.62	48.30	19.65	78.89	0.16	0.11	0.53	0.03	0.00	0.01	0.72	0.54	0.81	0.65	0.55	0.54	0.34	0.69	0.78	0.93
2015	16.16	3.44	1.99	3.88	11.70	51.74	30.07	77.96	0.25	0.07	0.63	0.05	0.09	0.01	0.46	0.51	0.85	0.63	0.52	0.61	0.53	0.71	0.72	0.94
2016	16.53	3.67	2.33	4.39	14.44	55.28	29.93	78.68	0.28	0.08	0.77	0.05	0.14	0.02	0.46	0.53	0.84	0.63	0.47	0.58	0.61	0.72	0.71	0.95
2017	18.81	4.68	2.16	3.62	15.30	59.10	26.14	80.42	0.47	0.06	0.70	0.07	0.15	0.03	0.56	0.60	0.87	0.71	0.53	0.60	0.57	0.72	0.79	0.95
2018	16.76	5.78	2.23	3.78	15.24	61.86	23.83	76.95	0.30	0.06	0.73	0.09	0.15	0.04	0.62	0.47	0.87	0.56	0.52	0.61	0.58	0.72	0.85	0.93